国家自然科学基金课题

定向移动对象基于有偏随机走的概率模型研究
基于差分式更新的数字地图制图模型研究
项目支持

Web 2.0 GIS原理与方法教程

主　编　尹章才　李　霖
副主编　袁艳斌　王　红

武汉理工大学出版社

·武汉·

内容提要

本教材针对 Web 2.0 环境下的地理信息技术，从基础语言、关键技术和实践应用等三个层面进行了总结和阐述。其中，语言篇主要介绍了 Web 2.0 GIS 的基础性语言，即 XML 及其扩展的标记语言，如 GML、XSLT、SVG 等，并集成了基于 XML 的地图表达系统；技术篇主要介绍了 Web 2.0 GIS 的关键技术，如 Web 地图服务，Ajax，GeoRSS，Mashup，KML、Web 地图 API、参与型 GIS 等，这些技术之间不是孤立的，而是相互联系的；应用篇介绍了几个典型的 Web 2.0 GIS 应用。本教程不需要特别的基础性知识，如果已学习了 Web (1.0)GIS 或 Web 知识，将有助于本教程的学习。

本书适应于地理信息系统、资源管理和城乡规划等专业的本科生、研究生作为专业课的教材使用。

图书在版编目(CIP)数据

Web 2.0 GIS 原理与方法教程/尹章才，李霖主编. —武汉：武汉理工大学出版社，2011.9 (2020.4 重印)

ISBN 978-7-5629-3585-8

Ⅰ.①W… Ⅱ.①尹…②李… Ⅲ.地理信息系统-高等学校-教材 Ⅳ.①P208

中国版本图书馆 CIP 数据核字(2011)第 187068 号

项目负责人：陈军东 陈 硕　　责任编辑：陈 硕
责任校对：陈军东　　装帧设计：董君承
出版发行：武汉理工大学出版社
社　　址：武汉市洪山区珞狮路 122 号
邮　　编：430070
网　　址：http://www.wutp.com.cn
经　　销：各地新华书店
印　　刷：北京虎彩文化传播有限公司
开　　本：787×1092 1/16
印　　张：12.5
字　　数：321 千字
版　　次：2011 年 9 月第 1 版
印　　次：2020 年 4 月第 2 次印刷
定　　价：25.00 元

凡购本书，如有缺页、倒页、脱页等印装质量问题，请向出版社发行部调换.
本社购书热线电话：027-87515778 87515848 87785758 87165708(传真)

前　言

相对于传统的纸质地图、单机版 GIS 而言，Web 地图/GIS 的出现极大地促进了地理信息的共享，但这种共享主要表现为地理信息的发布，对地理信息的采集、处理、用户体验以及免费的、简单的二次开发应用等还未引起关注。Web 2.0 的出现，改变了传统 Web 地图/GIS 的 Web 环境，随之也产生了 Web 2.0 GIS 技术，如 KML、OpenStreetMap、PPGIS 等，这些技术不仅继承了传统 Web 地图/ GIS 单项发布地理信息功能，而且还能让用户参与到地理信息的采集、管理、加工、处理、分析等环节中来，也使得普通公众使用地理信息具有更好的用户体验，并通过免费的 API 共享和应用地理信息，从而实现真正意义上的地理信息大众化。

由于 Web 2.0 GIS 的开放性，使得虚拟的 Web 2.0 地理信息与现实的地理环境相互映射，相互构建。传统的纸质地图、Web GIS 的功用主要是地理信息的发布，而 Web 2.0 地图/GIS 则不仅仅是地理信息，而是地理信息媒介——人类活动 80%的信息与地理位置有关，所以可以说——在这种地理信息媒介上承载人类 80%的信息。

本书遵循理论与实践相结合的原则，在介绍基础性语言、技术的同时总是尽量结合实际应用实例，让读者不仅掌握理论、技术的意义，而且还初步掌握应用的方法，为 Web 2.0 GIS 的发展起到了一定的阶段性总结的作用。

从 Web 2.0 技术出发，结合当前 Web 2.0 GIS 的范例，本书阐述了 Web 2.0 GIS 的相关语言，如 XML、GML、XSL、SVG 等，分析了 Web 2.0 GIS 的相关技术，如 Ajax、GeoRSS、Mashup、KML 等，最后探索了 Web 2.0 GIS 产品的应用。因此，本书将分为三篇：语言篇；技术篇和应用篇。

一、语言篇

本篇主要介绍了 Web 2.0 广泛运用的基础语言 XML，及其与 Web 2.0 GIS 应用密切相关的语言，如 SVG、XSLT 等。这些语言具有互补的关系，因而它们之间的联系也比较紧密。本篇将从相互联系的角度，以地理信息的 Web 为基础，分别介绍 XML、SVG、XSLT 等语言，并通过地理信息可视化将它们联系在一起。

第 1 章：绪论，介绍了 Web 2.0 基础及 Web 2.0 地理信息技术。

第 2 章：基于 Web 的图示表达，介绍了 XML 在地理信息图示表达中的意义与模型，并从概念模型的角度将 XML、SVG、XSLT 等联系起来，从而在总体上把握 XML 及其扩展标记语言在地理信息地图表达中的功能和角色。

第 3 章：地图制图标记语言，介绍 XML 基础以及作为元标记语言如何构建地图制图标记语言的过程。让学生不仅了解数据结构类型、XML 的基本原理，而且初步掌握如何利用 XML 构建自定义的文档结构。

第 4 章：基于 XSL 的表达规则，介绍 XSL 语言基础，以及基于 XSL 的地理信息图示表达规则的描述方法。让学生不仅了解 XSL 语言规范，还将 XSL 应用于图示表达规则的描述中，同时也介绍了 GML 通过 XSLT 转换到 SVG 格式的方式。这样，学生可以进一步把握 XML 将内容与样式分离的意义以及内容与样式结合的方法。

第 5 章:基于 SVG 的表达规范,介绍了 SVG 图形表示规范,以及应用于地图符号表示的方法。

第 6 章:Web 地图表达系统集成,本章是与第 2 章相呼应的。通过第 2 章概念模型的介绍,以及第 3、4、5 章具体内容的实现,从而达到第 6 章系统的集成。此外,也延伸了用户参与地理信息技术的功能和工具。

上述各章内容可以分为两个部分,一是基础语言,另一则是语言的应用,因此后者可以作为选修内容。

二、技术篇

本篇主要介绍 Web 2.0 GIS 的关键技术,主要是介绍 Web 服务及其二次开发应用技术,包括 Web 服务、Ajax、Google 地图服务、Web 脚本语言、混搭和聚合等,这些技术大多涉及 XML 技术或者直接建立在 XML 基础上。因此,从这个角度上讲,中篇的内容是 XML 在 Web 2.0 GIS 中的深入应用,并在应用过程中能较全面体现 XML 的特点,包括优点和不足。

第 1 章:Web 地理信息服务,是中篇的基石,主要介绍 Web 服务以及主要的和基本的 Web 地理信息服务。

第 2 章:Ajax 地图发布,主要介绍 Web 2.0 的重要特征之一的 Ajax 技术及其在 Web 地图发布中的应用与特点。

第 3 章:Google 地图服务技术,主要介绍 Google 地图服务基础及其开放的 API、KML 等。

第 4 章:Web 脚本与 GeoJSON。介绍了 Web 脚本语言与 GeoJSON 技术。

第 5 章:Web 地理信息混搭与聚合。主要介绍 Mashup 技术和地理信息聚合标准。

上述各章是按照技术进行的划分,但其内容相互联系,都是 Web 2.0 地理信息技术组成中不可或缺的成分。

三、应用篇

本篇介绍了部分 Web 2.0 地理信息技术的应用,包括基于 Google 地图的协同设计、公众参与地理信息收集和处理、Google 地图的混搭等。

本书在总体结构上将纷繁复杂的 Web 2.0 地理信息技术与实践进行了分类。虽然语言、技术和应用密不可分,但我们在语言篇仅仅介绍 Web 2.0 的基础性语言;在技术篇介绍的技术,也包括一定的专有或专业性的语言,如 KML 等。这意味着,技术篇并不是不包含语言的介绍,这也是传统分类方法的不足。如果从 Web 2.0 的分众分类的角度,KML 的标签有:Web 2.0 语言和 Web 2.0 技术。本书的三篇内容相互联系,逐级推进,内容覆盖从基础性语言、技术到实际的应用领域。这种联系,在语言篇表现尤甚,各章内容共同构成了地理信息的 Web 地图表达系统。同时,每篇内容又自成体系,在每章,不是仅仅介绍语言或技术,而是先介绍语言或技术再深入介绍语言在地理信息技术中的应用方法与实践。

本书是作者在多年从事 Web GIS 教学工作、参与国家“863”课题《网络空间信息标准与共享服务关键技术(子课题〈地理信息可视化符号描述规则〉)编号:2002AA131030,2002 年》和主持国家自然科学基金课题《定向移动对象基于有偏随机走的概率模型研究》(41071283)及《基于差分式更新的数字地图制图模型研究》(40871178)基础上编写而成的。本书由尹章才、李霖担任主编,袁艳斌、王红任副主编,参编人员有何晓蓉、黎华、夏琳、袁梅、张晓盼。在编写过程中,得到了武汉理工大学资源与环境工程学院规划系的领导、老师的大力支持,尤其是崔巍教授、黄解军、詹云军、吴浩、彭华老师等的鼓励，还有参与本科毕业设计的学生王世民、赵晶辉、张世伟、李彦鹤、周沂、吴迎霞、张林、陈有超、张辉、蔡育秋、农耘、裴璐颖，在此一并表示感谢！我们还参阅、引用了其他书籍和论文的部分内容或思想，在此对相关作者表示衷心感谢。

作为一本新书，必然会有学术观点的不同，也可能存在学识上的片面甚至错误。我们衷心地欢迎与期待同行及广大读者提出批评与建议。

作　者

2011 年 6 月于鉴湖

目　录

语言篇

XML是HTML的一种升级换代,是针对网络的深层次应用而提出的国际标准网络语言。如果说HTML是Web 1.0 GIS的主要网络语言,那么XML就是Web 2.0 GIS的核心语言。本书将在第一篇介绍与Web 2.0 GIS相关的XML语言及其扩展语言,为后续篇章提供基础。首先,介绍XML并构建制图标记语言MapMML;然后,利用XSL描述规则,并将GML转换为MapMML;其次,利用SVG描述地图符号;最后,集成实现地理信息基于XML的地图表达系统。

1 绪　　论

1.1 Web 2.0基础

1.1.1 Web 2.0发展简介

Web 2.0是相对Web 1.0(2003年以前的互联网模式)的新的一类互联网应用的统称，是一次从核心内容到外部应用的革命。由Web 1.0单纯通过网络浏览器浏览html网页模式向内容更丰富、联系性更强、工具性更强的Web 2.0互联网模式的发展已经成为互联网新的发展趋势。表1.1枚举了Web 2.0与Web 1.0的部分对应实例。

表1.1 Web 2.0与Web 1.0的部分对应实例

Web 1.0	Web 2.0
大英百科全书在线	维基百科全书(Wikipedia)
个人网站	博客(Blog)
屏幕抓取(screen scraping)	网络服务(web services)
发布	参与
内容管理系统	维基
目录(分类)	标签("分众分类"等)
粘性	聚合

Web 1.0到Web 2.0的转变，具体地说，从模式上是单纯的"读"向"写"、"共同建设"发展；由被动地接收互联网信息向主动创造互联网信息迈进！从基本构成单元上，是由"网页"向"发表/记录的信息"发展；从工具上，是由互联网浏览器向各类浏览器、RSS阅读器等内容发展；运行机制上，由"Client Server"向"Web Services"转变；作者由程序员等专业人士向全部普通用户发展。Web 2.0实际上是对Web 1.0的信息源进行扩展，使其多样化和个性化。

总之，Web 2.0是以Flickr、Craigslist、Linkedin、Tribes、Ryze、Friendster、Del.icio.us、43Things.com等网站为代表，以Blog、TAG、SNS、RSS、Wiki等应用为核心，依据六度分隔、XML、Ajax等新理论和技术实现的新一代互联网模式。Web 2.0是信息技术发展引发社会变革所带来的面向未来、以人为本的创新2.0模式在互联网领域的典型体现，是由专业人员织网到所有用户参与织网的创新民主化进程的生动注释。

1.1.2 Web 2.0的主要特点

(1)用户参与网站内容制造

与 Web 1.0 网站单项信息发布的模式不同,Web 2.0 网站的内容通常是用户发布的,使得用户既是网站内容的浏览者也是网站内容的制造者,这也就意味着 Web 2.0 网站为用户提供了更多参与的机会,例如博客网站和 Wiki 就是典型的以用户创造内容为指导思想,而 tag 技术(用户设置标签)则将传统网站中的信息分类工作直接交给用户来完成。

(2)Web 2.0 更加注重交互性

在发布内容过程中,Web 2.0 实现了用户与网络服务器之间的交互,而且,也实现了同一网站不同用户之间的交互,以及不同网站之间信息的交互。其中,网站之间信息的交互在有的 Web 类型划分中被独立为 Web 3.0。

(3)Web 2.0 网站与 Web 1.0 没有绝对的界限

Web 2.0 符合 Web 标准的网站设计。Web 2.0 技术可以成为 Web 1.0 网站的工具,一些在 Web 2.0 概念之前诞生的网站本身也具有 Web 2.0 特性,例如 B2B 电子商务网站的免费信息发布和网络社区类网站的内容也来源于用户。

(4)Web 2.0 的核心不是技术而在于指导思想

Web 2.0 有一些典型的技术,这些技术是为了达到某种目的所采取的手段。Web 2.0 技术本身不是 Web 2.0 网站的核心,但典型的 Web 2.0 技术体现了具有 Web 2.0 特征的应用模式。因此,与其说 Web 2.0 是互联网技术的创新,不如说是互联网应用指导思想的革命。

1.1.3 Web 2.0技术

对于 Web2.0 概念的说明,通常采用典型 Web 2.0 网站案例介绍,加上对部分 Web 2.0 相关技术的解释,这些 Web 2.0 技术主要包括:博客(Blog)、RSS、Wiki、网摘、社会网络(SNS)、P2P、即时信息(IM)等。

(1)Blog——博客/网志

Blog 的全名应该是 Web log,后来缩写为 Blog。Blog 是一个易于使用的网站,用户可以在其中迅速发布想法、与他人交流以及从事其他活动,所有这一切都是免费的。

Blog 是个人或群体以时间顺序所作的一种记录,并且不断更新。Blog 之间的交流主要是通过回溯引用(TrackBack)和回响/留言/评论(comment)的方式来进行的。Blog 大量采用了 RSS 技术,所有的 RSS 文件都必须符合由 W3C 发布的 XML 1.0 规范。对读者来说,可以通过 RSS 订阅一个 Blog,确知该 Blog 作者最近的更新。对 Blog 作者来说,RSS 可以使自己发布的文章易于被计算机程序理解并摘要。

(2)RSS

RSS(也叫聚合内容)是站点用来和其他站点之间共享内容的一种简易的技术和数据交换规范,它起源于网景通讯公司的推(Push)技术,是将用户订阅的内容传送给他们的通讯协同格式(Protocol)。

(3)Wiki

Wiki 是一种多人协作的写作工具。Wiki 站点可以由多人(甚至任何访问者)维护,每个人都可以发表自己的意见,或者对共同的主题进行扩展或者探讨。

(4)网摘

“网摘”又名“网页书签”,起源于一家叫做 del. icio. us 的美国网站自 2003 年开始提供的一项叫做“社会化书签”(Social Bookmarks)的网络服务,网友们称之为“美味书签”(Delicious Bookmarks,delicious),在英文中的意思就是“美味的;有趣的”。

(5)SNS——社会网络

Social Network Sofware,社会性网络软件,依据六度理论,以认识朋友的朋友为基础,扩展自己的人脉。SNS 帮你运营朋友圈的朋友,无限扩张自己的人脉,在需要的时候,可以随时获取一点,得到该人脉的帮助。

(6)P2P——对等联网

P2P 是 peer－to－peer 的缩写,peer 在英语里有“(地位、能力等)同等者”、“同事”和“伙伴”等意义。这样一来,P2P 也就可以理解为“伙伴对伙伴”、“点对点”的意思,或称为对等联网。目前人们认为其在加强网络上人的交流、文件交换、分布计算等方面大有前途。

(7)IM——即时通讯

即时通讯(Instant Messenger,IM)软件可以说是目前我国上网用户使用率最高的软件。聊天一直是网民们上网的主要活动之一,网上聊天的主要工具已经从初期的聊天室、论坛变为以 MSN、QQ 为代表的即时通讯软件。大部分人只要上网就会开着自己的 MSN 或 QQ。

作为使用频率最高的网络软件,即时聊天已经突破了作为技术工具的极限,被认为是现代交流方式的象征,并构建起一种新的社会关系。它是迄今为止对人类社会生活改变最为深刻的一种网络新形态,没有极限的沟通将带来没有极限的生活。

(8)Tag

Tag(标签)是一种更为灵活、有趣的日志分类方式,用户可以为每篇日志添加一个或多个 Tag,然后可以看到 BlogBus 上所有和该用户使用了相同 Tag 的日志,并且由此和其他用户产生更多的联系和沟通。不仅如此,通过与 Technorati 的合作,还可以把用户的 Tag 发送到全球 Blog 空间,和全世界的人们共同分享。

Tag 体现了群体的力量,使得日志之间的相关性和用户之间的交互性大大增强,可以让用户看到一个更加多样化的世界,一个关联度更大的 Blog 空间,一个热点实时播报的新闻台。Tag 为用户提供前所未有的网络新体验……

当然,也可以简单地把一个 Tag 理解为一个日志分类,但是 Tag 和分类的不同之处也很明显:首先,分类是在写日志之前就定好的,而 Tag 是在写完日志之后再添加的;其次,可以同时为一篇日志贴上好几个 Tag,方便随时查找,而原先一篇日志只能有一个分类;再次,当积累了一定数量的 Tag 之后,可以看看用户自己在 Blog 中最经常写的是哪些话题;最后,可以看到有哪些人和用户自己使用了一样的 Tag,进而找到和自己志趣相投的 Blogger。

(9)屏幕抓取

屏幕抓取是使用软件工具从 HTTP Response 的 HTML 页面中提取出可以通过编程进行使用和操作的信息及其语义结构(李峰　等,2009)。

1.1.4 六度关系理论

目前流行的“六度分隔”理论是 20 世纪 60 年代由美国的心理学家米格兰姆(Stanley Milgram)提出的,这个理论可以通俗地阐述为:最多通过六个人你就能够认识任何一个陌生人。

“六度分隔”成为人际关系世界中无可否认而又令人震惊的特征，许多社会学上的深入研究也给出令人信服的证据，说明这一特征不只是特例，在一般情形下也存在。最近，美国哥伦比亚大学社会学系的瓦茨教授领导的 EMAIL 试验也再次证明了这一人际关系世界中惊人的规律。然而，在现实世界中，六十多亿人怎么可能真的构成如此紧密的相互关联呢？是互联网使一切成为现实。

1.1.5 Web 2.0 的基本原则

正如许多重要的理念一样，Web 2.0 没有一个明确的界限，而是一个重力核心。不妨将 Web 2.0 视作一组原则和实践，由此来把距离核心或远或近的网站组成为一个类似太阳系的网络系统，这些网站或多或少地体现着 Web 2.0 的原则（图 1.1）。该图是在名为“O'Reilly 的朋友”(Friend of O'reilly，FOO)的会议的一个研讨会上产生的。这个图基本上仍处于演化阶段，但已经描绘出了从 Web 2.0 核心理念中衍生出的许多概念。

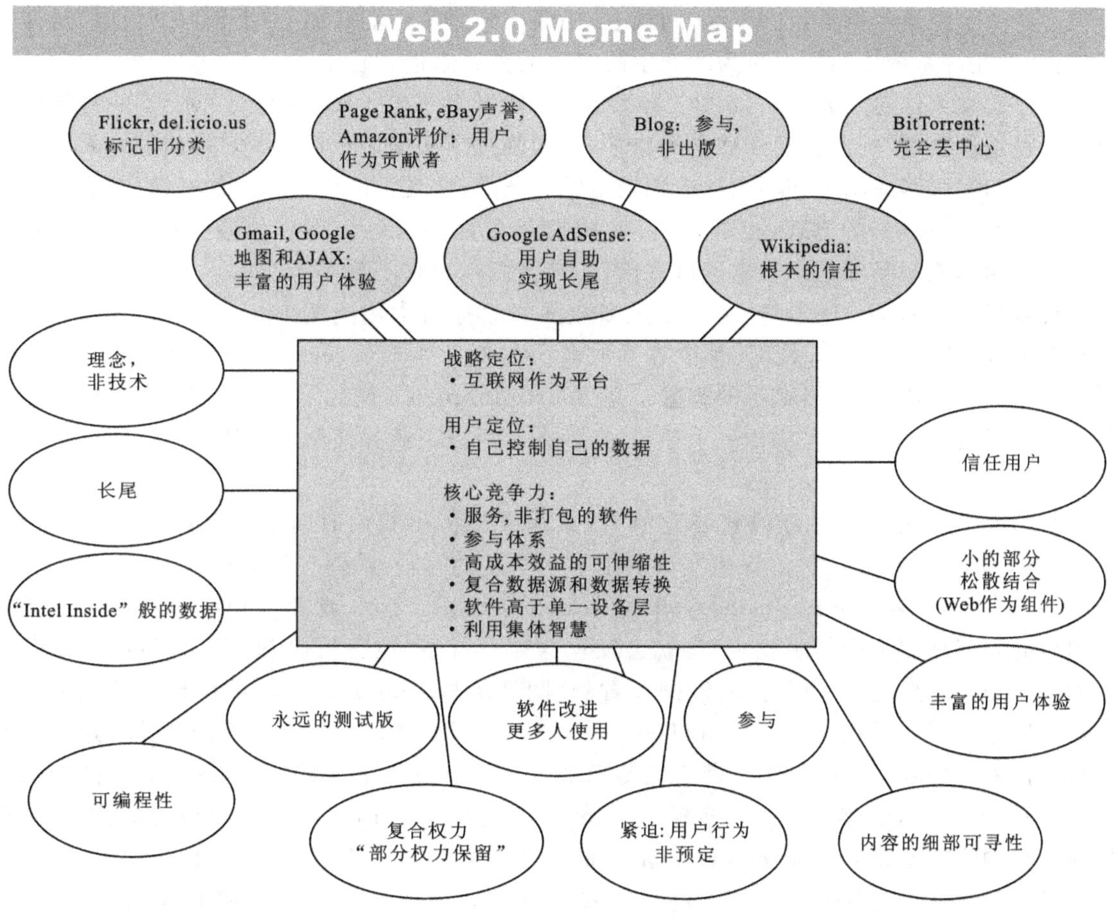

图 1.1 Web 2.0 的“模拟图”

(1)互联网作为平台

我们早先的 Web 1.0 的楷模中的两个，DoubleClick 和 Akamai 公司，皆是将网络当做平台的先驱。人们往往不认为这是一种网络服务，但事实上，广告服务是第一个被广泛应用的网络服务，同时也是第一个被广泛应用的混合处理(Mashup)。如果用另一个近来流行的词来说的话，每个旗帜广告(banner AD)都是用来在两个网站之前无缝合作，向位于另外一台计算机上的读者传递页面信息。

如果 Netscape 可以称为 Web 1.0 的旗手，那么 Google 可以说是 Web 2.0 的旗手。

(2)利用集体智慧

维基百科全书(Wikipedia)是一种在线百科全书，其实现基于一种看似不可能的观念。该观念认为一个条目可以被任何互联网用户所添加，同时可以被其他任何人编辑。无疑，这是对信任的一种极端的实验，将埃里克雷・蒙德(Eric Raymond)的格言："(源自开放源码软件的背景之下)有足够的眼球，所有的程序缺陷都是肤浅的(with enough eyeballs, all bugs are shallow)"运用到了内容的创建之中。本书中的大量内容来源于维基百科和百度百科，这意味着本书也是基于 Web 2.0 的。

"分众分类"是一种使用用户自由选择的关键词对网站进行协作分类的方式，而这些关键词一般称为标签。标签化运用了像大脑本身所使用的那种多重的、重叠的关联，而不是死板的分类。举一个经典的例子，在 Flickr 网站上，一幅小狗照片可能被加上"小狗"和"可爱"这样的标签，从而允许系统依照用户行为所产生的自然的方式来进行检索。

协作式垃圾信息过滤产品，例如 Cloudmark，就聚集了电子邮件用户们对于"一封邮件是或者不是垃圾邮件"的众多相互独立的决策，从而胜过了依赖于分析邮件本身的那些系统。

伟大的互联网成功者并不主动地到处推销其产品，这几乎成为公理。他们采用"病毒式营销"(viral marketing)的方式，也就是说，一些推介会直接从一个用户传播到另外一个用户。如果一个网站或产品依赖广告来进行宣传，几乎可以断定它不是 Web 2.0。

许多互联网基础设施本身，包括在大多数网络服务器中用到的 Linux，Apache，MySQL，以及 Perl，PHP 或 Python 代码，都依靠开放源码的对等生产(peer－production)的方式。其中包含了一种集体的、网络赋予的智慧。在 SourceForge. net 网站上列有至少 10 万种开放源码软件项目，任何人都可以添加一个项目，任何人都可以下载并使用项目代码。

(3)数据是下一个 Intel Inside

数据库管理是 Web 2.0 的核心竞争力，其重要性使得我们有时候称这些程序为"讯件"(infoware)而不仅仅是软件。该事实也引出了一个关键问题：谁拥有数据？

注意一下由 MapQuest、maps. yahoo. com、maps. msn. com 或者 maps. google. com 等网站提供的每张地图下面的版权声明，就会发现这样一行字"地图版权 NavTeq，TeleAtlas"，或者如果使用的是新的卫星图像服务，则会看到"图像版权 Digital Globe"的字样。这些公司对其数据库进行了大量的投资(仅 NavTeq 一家，就公布投资 7.5 亿美元用于创建其街道地址和路线数据库。Digital Globe 则投资 5 亿美元来启动其自有卫星工程，来对政府提供的图像进行改进)。NavTeq 竟然已做了很多模仿 Intel 的耳熟能详的 Intel Inside 标识的事：例如带有导航系统的汽车就带有"NavTeq Onboard"的印记。数据是许多此类程序事实上的 Intel Inside，是一些系统的唯一的信息源组件，这些系统的软件体系多数是开放源码的，也有商业化的。

当前竞争火热的网络地图(Web Mapping)领域显示着，对拥有软件核心数据的重要性的疏忽，将最终削弱其竞争地位。MapQuest 在 1995 年率先进入地图领域，随后是 Yahoo!，再后来是 Microsoft，而最近 Google 也挺进这一市场，他们可以轻松地通过对同一数据的授权来提供一个具有竞争力的程序。

Google 的轻量型编程模型已经引发了不计其数的增值服务的出现，这些服务以数据混合的方式，将 Google 的地图同其他可以通过互联网访问的数据源相结合。保罗·拉特马赫(Paul Rademacher)的 housingmaps. com 是这种混合的一个上佳范例，其网站将 Google 的地图同 Craigslist 的公寓出租，以及住宅购买数据相结合，来创建一种交互式的房屋搜索工具。

(4)软件发布周期的终结

运营必须成为一种核心竞争力。

用户必须作为共同开发者来对待，这是从对开放源码开发实践的一种反思中得出的(即便所涉及的软件不太可能以开放源码授权方式来发行)。开放源码的格言“早发布并常发布(release early and release often)”事实上已经演变成一种更为极端的定位“永远的测试版(the perpetual beta)”。

(5)轻量型编程模型

Amazon. com 的网络服务有两种形式：一种坚持 SOAP 网络服务堆栈的形式主义；另一种则简单地在 HTTP 协议之外提供 XML 数据，这在轻量型方式中有时被称为 REST。虽然商业价值更高的 B2B 连接(例如那些在 Amazon 和一些像 ToysRUs 这样的零售伙伴之间的连接)使用 SOAP 堆栈，但是根据 Amazon 的报道，95%的使用来自于轻量型 REST 服务。

(6)软件超越单一设备

(7)丰富的用户体验

1.1.6 Web 2.0 公司的核心竞争力

前文中已经强调了 Web 2.0 的一些主要特性。本书中探讨的每一个例子都将体现着这些原则中的一个或多个，但是可能不满足其他的原则。Web 2.0 核心竞争力总结如下：

①服务，而不是打包的软件，具有高成本效益的可伸缩性。

②控制独特的、难以再造的数据源，并且用户越多内容越丰富。

③把用户作为共同开发者来信任。

④利用集体智慧。

⑤通过客户的自服务来发挥长尾的力量。

⑥软件超越单一设备。

⑦采用轻量型用户界面、开发模式和商业模式。

1.2 Web 2.0 地理信息技术

Web GIS 是利用 Internet 技术来扩展和完善 GIS 的一项新技术，其核心是在 GIS 中嵌入 HTTP 标准的应用体系，实现 Internet 环境下的空间信息管理和发布。Web GIS 可采用多主机、多数据库进行分布式部署，通过 Internet/Intranet 实现互联，是一种服务器/浏览器(B/S)结构，服务器端向客户端提供信息和服务，浏览器(客户端)具有获得各种空间信息和应用的功能。Web GIS 客户端采用 Web 浏览器，如 IE 等，这是 Web GIS 区别于 C/S 模式的 Internet GIS 的特征之一。

1.2.1 Web GIS 特点

(1)全球化的服务器/浏览器应用

全球范围内任意一个 WWW 节点的 Internet 用户都可以访问 Web GIS 服务器提供的各种 GIS 服务,甚至还可以进行全球范围内的 GIS 数据更新。

(2)真正大众化的 GIS

由于 Internet 的爆炸性发展,Web 服务正在进入千家万户,GIS 通过 Web 功能得以扩展,真正成为一种大众使用的工具。Web GIS 给更多用户提供了使用 GIS 的机会,从 Web 的任意一个节点,Internet 用户可以浏览 Web GIS 站点中的空间数据、制作专题图,以及进行各种空间检索和空间分析,从而使 GIS 进入千家万户。

现在流行的 Web GIS 平台有:ArcIMS, Mapgis IMS, Super Map IS, TopMap World, MapXtreme 等国内外成熟产品。Web GIS 可以使用通用浏览器进行浏览、查询,也可通过浏览器上的插件(plug-in)、ActiveX 控件和 Java Applet 来进行 Web GIS 功能的访问,浏览器和这些插件都是免费的,易获取的,这在很大程度上扩大了 GIS 的潜在用户范围。而以往的 GIS 由于成本高和技术难度大,往往成为少数专家拥有的专业工具,很难推广。

(3)良好的可扩展性

Web GIS 很容易与 Web 中的其他信息服务进行无缝集成,可以建立灵活多变的 GIS 应用。

(4)跨平台特性

在 Web GIS 以前,尽管一些厂商为不同的操作系统(如:Windows、UNIX)分别提供了相应的 GIS 软件版本,但是没有一个 GIS 软件真正具有跨平台的特性。而基于 Java 的 Web GIS 可以做到"一次编程,到处运行 (write once, run anywhere)",把跨平台的特点发挥得淋漓尽致。

1.2.2 Web GIS 关键技术

Web GIS 的发展与信息技术的发展密不可分。许多 Internet 组网技术可直接移植于 Web GIS 系统。但 Web GIS 自身还有一些关键技术必须解决,如高质量数据压缩技术、宽带和高码率 WAP(Wireless Application Protocol 无线应用协议)技术、组件式 GIS 设计等。随着宽带网的加速、普及和 WAP 技术的快速发展,Web GIS 的应用领域将不断拓宽。

(1)空间数据的压缩与解压缩

GIS 中海量的空间数据会产生数据传输和存储问题,即使是宽带高速网,也不能使影像在万维网上以各种比例尺任意漫游,因此空间数据的压缩就显得尤为重要。此外,空间数据的管理和使用,如影像数据库的建立(影像无缝漫游)、网上数据分发、数据通信传播等都要求对空间数据进行压缩和解压缩。目前,由于小波理论能有效地应用于空间数据的压缩和解压缩,从而成为地理信息数据压缩领域的研究热点。

(2)基于 WAP 技术的 Web 浏览

由于无线互联网属于窄带网,网络环境并不十分稳定,但本身技术含量又特别高,因此,如何解决客户端的负荷是一个关键问题。最好的解决办法就是强化服务器端,同时研究具有可兼容、扩展和交互的、满足客户端要求的 Web 浏览技术。

(3)分布式 Web GIS 数据库管理

目前 Web GIS 数据访问技术有 CGI、Web 服务器专用 APl、JDBC、Object Web 四种方法。Object Web 是最新一代的动态网页技术，主要是 Java/CORBA 和 Active X/DCOM 两种互相竞争的技术。Object Web 通过分布式对象技术，允许客户机直接调用服务器，开销小，避免了 CGI 形成的“瓶颈”。但 Active X/DCOM 目前只能运行在 Win 95/NT 上，而 Java/CORBA 具有跨平台的特性，具有十分突出的特点。

1.2.3 Web GIS 功能

(1)地理信息的空间分布式获取

Web GIS 可以在全球范围内通过各种手段获取各种地理信息，使数据的共享和传输更加方便。

(2)地理信息的空间查询、检索和联机处理

利用浏览器的交互能力，Web GIS 可以实现图形及属性数据的查询检索，并通过与浏览器的交互使不同地区的客户端来操作这些数据。

(3)空间模型的分析服务

在高性能的服务器端提供各种应用模型的分析与方法，通过接收用户提供的模型参数，进行快速的计算与分析，即时将计算结果以图形或文字等方式返回至浏览器端。

(4)互联网上资源的共享

互联网上大量的信息资源多数都具有空间分布的特征，利用 Web GIS 对这些信息进行组织管理，为用户提供基于空间分布的多种信息服务，提高资源的利用率和共享程度。

1.2.4 Web GIS 实现方法

20 世纪末以来，地图制图学开创了一个新的应用领域：网络地图制图。最近几年来，大多数 GIS 软件能支持网络地图发布(表 1.2)，网络地图已经成为重要的被广泛使用的空间信息数据源(Kolbe，2003)。

Web 技术极大地改变了传统电子地图、GIS 的体系结构及其开发使用方式。用于实现网络电子地图、GIS 的方法多种多样，其中主流的技术有：公共网关接口法(CGI)、插件法(Plug—in)、ActiveX 方法和 Java Applet 方法。

表 1.2 典型的因特网地图服务

Internet Map Server	Transferred Geo data	Platform of IMS	Browser Extension	Data Interface
Are View IMS 1.0a(ESRI)	Raster	UNIX Win 9X. NT	Html. Applet	Shapefiles Coverage's, SDE Layer, …
MapObjects IMS 2.0 (ESRI)	Raster	Win 9X. NT	Html, Applet	Shapefiles Coverage's, SDE Layer, …
Arc IMS 3.1 (ESRI)	Raster, Vector, (Internal ESRI formats)	Win 98, NT	Html, Applet	Shapefiles Coverage's, SDE Layer, …

续表 1.2

Internet Map Server	Transferred Geo data	Platform of IMS	Browser Extension	Data Interface
MapXtreme NT Ver 2.0 (MapInfo)	Raster	Win NT	Html, Applet	MapInfo format map, Shapefiles, SDE Layer, Raster format
Map Xtreme Java Ver 2.0 (MapInfo)	Raster, Vector	Win NT, UNJX, …	Applet	
MapGuide 4.0(AutoDesk)	Raster, Vector	Win NT	Plug-in, ActiveX, Applet	EWG, DXF, DGN, Shapefiles, Coverage's MapInfo
GeoMedia Web Map/ Enterprise 3.0 (Intergraph)	Raster, Vector	Win NT	Plug-in, ActiveX	MGE, Shapefiles, Coverage's MapInfo, Oracle, Access,...
Map Server 3.5 (Minuesota DNR)	Raster, Vector	Win 9X, NT Win 2000	Html, Applet	Shapefiles, SDE Layer, Raster format

(资料来源:Alesheikh 2002)

(1)CGI 方法

公共网关接口方法就是互联网络服务器通过调用外部应用程序的接口扩展网络服务器的功能。它的一般工作流程如下:Web 浏览器用户发出 URL 和地图数据请求;Web 服务器接受请求,通过 CGI 脚本,将用户请求传送给地图服务器;地图服务器接受请求后进行数据处理(放大、缩小、漫游、查询、分析等),并将结果形成 GIF\JPEG 图像,通过 CGI 脚本、Web 服务器传送给浏览器显示(图 1.2)。

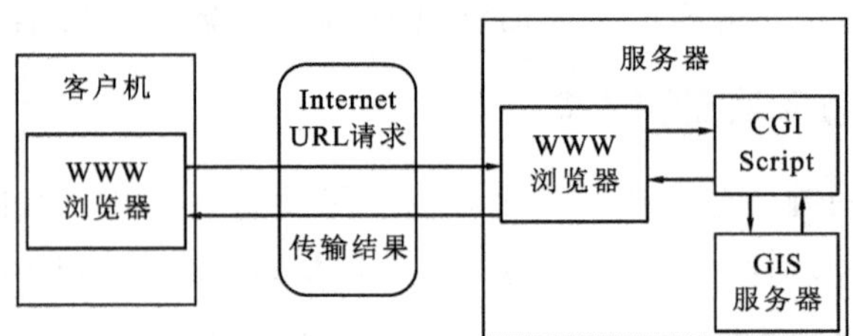

图 1.2 CGI 实现方式

采用 CGI 技术构建的系统,虽然增强了用户端交互性,使用户可以获取各种地理空间数据和地图,但传给用户的信息仍然是静态的。用户不能操作单个地图实体以及快速放大和缩小地图,因为在用户端,整个地图图像是一个实体,任何用户的操作,如放大、缩小等都需要服务器来完成。当互联网流量较高时,系统反应会很慢。解决这一问题的方法之一是把一部分服务器的功能移到用户端。这样不仅可以大大加快用户操作的反应速度,而且也减少了互联网上流量和服务器的负载。

(2)Plug—in 方法

Plug—in 技术方法是在客户端的浏览器上增加一个能识别矢量图形数据的插件。通过这样的插件,使得服务器的矢量无需转换,就能直接通过 Web 浏览器实现地图浏览、查询、分析等操作功能,大大减少了网络的数据传输,较好地解决了网络上图形数据信息的传输“瓶颈”。同时,矢量图形与其属性数据已建立的对应、关联关系也易得到保存。

Plug—in 模式的一般工作流程如下:Web 浏览器发出地图数据请求;Web 服务器接收到用户请求,进行处理,并将用户所要的信息传送到 Web 浏览器;客户端接收到地图数据并进行解译,同时查找相关的 Plug—in,如果已有则显示数据,如果没有则需要先安装 Plug—in 然后进行相应的地图操作。

这种方式建立的系统的优点是速度快,客户端操作的是矢量地图数据。缺点是它需要先在互联网上获取特定的插件,不同的浏览器需要设计不同的插件;不同的数据需要安装不同的插件,如果要访问多个不同数据格式的网站点,需要把每个相应的插件都装上,客户端的浏览器会变得相当的臃肿;插件的升级和更新后需要用户重新下载安装。

(3)ActiveX 方法

ActiveX 是 Microsoft 建立在 OLE(Object Linking and Embedding 对象连接与嵌入)基础上的组件标准,能被支持 OLE 标准的任何程序和应用系统所使用。组件式的电子地图软件通过在网络功能方面进行加强和改造,扩展 IE 的功能,进行地图数据的网上发布。

它的一般工作流程如下:Web 浏览器发出地图数据请求;Web 服务器接受用户的请求,进行处理,并将用户所要的数据和 ActiveX 控件传到 Web 浏览器;客户端接受 Web 服务器传来的地图数据和 ActiveX,启动 ActiveX 控件,对数据进行处理与地图操作(芦东昕 等,2007)。

(4)Java Applet 方法

普通的浏览器一般都是 Applet 的容器,在网页运行时,能自动从服务器下载可执行代码到客户端,代码在 Java 虚拟机上运行,与浏览器紧密结合,以扩展浏览器功能。

它的一般工作流程如下:Web 浏览器发出地图数据请求;Web 服务器接收到用户请求,进行处理,并将用户所要的信息和 Java Applet 传到 Web 浏览器;浏览器启动 Applet 完成矢量和栅格地图操作。Applet 在运行过程中,可以和服务器进行数据通信。从内部机制看,Applet 也是预先安装的,而且每次启动都要从服务器重新加载到客户端内(在 Plug—in 和 ActiveX 只需安装一次,但存在首次安装数据量较大以及更新的问题),如果数据量小,用户就会感觉不到(孟令奎,2005)。

1.2.4 Web 2.0 GIS

Web 2.0 GIS 是 Web 2.0 技术与理念在 GIS 领域的应用与扩展。由于 Web 2.0 是 Web 的升级换代,因此 Web 2.0 GIS 在技术与理念方面也与传统 Web GIS 存在质的差别。传统的 Web GIS 主要是 GIS 厂商利用 Web 发布地理信息,是 GIS 由单机版向 Web 发展的自然延伸,是 GIS 主导的发展。而 Web 2.0 GIS 则是由 Web 2.0 主导的,是利用 Web 2.0 的技术(如 Ajax)和理念(用户参与)等倡导和发展起来的。因此,Web 2.0 GIS(如 Google Earth)则是 Web 的巨头(如 Google)发布的。

Web 2.0 与 GIS 密切关联,一方面,Web 2.0 影响着 GIS 技术,包括地理信息数据库技术 GML、地理信息聚合技术 Geo RSS、地理信息编码和传输技术 Geo JSON、专有的地理信息服务技术(如 WMS、WFS、WCS)、公众参与 GIS(PPGIS)、Geo URL 等。另一方面,Web 2.0 GIS 的发展也影响着 Web 2.0 本身,Web 2.0 技术中的 Mashup、Ajax 等是通过 Web 地图的流行而兴起的,是 Web 2.0 的标志性和开创性技术。总之,Web 2.0 为 Web GIS 的发展提供了新的理念和技术,Web GIS 也为 Web 2.0 的推广和广泛接受提供了实例。

2 基于 Web 的图示表达

本章从概念模型、逻辑模型和物理模型三个层面进行组织，首先阐述了几种典型的基于网络的图示表达模型，指出采用开放的国际标准格式是当前图示表达适应网络应用的重要手段；然后对图式规范与图示表达等进行了比较，确定了地图表达的两个基本元素，表达规则与表达规范；最后介绍了扩展的图示表达机制，提出了地理信息的地图表达机制及其基于 XML 的表示方法。

2.1 图示表达概念模型

基于网络的图示表达是利用互联网技术实现地理信息的地图表示。目前相关的标准有地理信息-图示表达(Geographic Information Portrayal)[ISO 19117 2002]，WMS，样式化图层描述器实现规范(SLD)等，它们都是传统的地图制图方法向网络应用的扩展与延伸，利用计算机网络技术(如 URL)，采用开放的国际标准格式(XML)，便于实现地图的网络共享。其中，地理信息-图示表达是一种类似于 GIS 可视化的机制，包括地图符号库、地图符号化操作、人工联系地理数据与地图符号的关联表或基于知识推理的表达规则，以实现对地理数据的地图符号化表达。

图示表达机制是一个抽象的文档，并不是为了直接用于实施的方案。它为开发者提供了一个一般性的指导，即如何用图式表达数据集中要素实例的机制。如果没有一个表达标准，几个符号标准同时存在，一个应用将不得不对每个标准设计一个接口。一旦拥有这个国际标准，就可以用统一的方式处理所有被这个国际标准支持的符号标准。该标准定义了一个基于表达机制的以要素为中心的规则(图 2.1)。用基于几何和属性信息的规则来表达要素实例。表达信息用于表达空间数据集，表达信息根据特定的图示表达规则所使用的图示表达规范处理。图示表达机制使得在不改变数据集的情况下，用不同的方式表达相同的数据集成为可能。表达规范和表达规则不应该是数据集的一部分。表达规则应该存储在表达目录里。表达规范应该被表达规则引用，并与表达规则分开进行存储。图示表达虽然能在表达规范的地图符号描述中表示地图符号的交互特性，但仍不能有效支持制图编辑。要素类或要素实例应该对使用的表达规则进行详细说明。表达规范可以存储在目录外面，并使用统一资源引用标准，如用 URL 进行引用。

表达规则机制可以用于实时处理表达问题，如在地图上自动匹配文字，以及根据尺度或一天中的不同时间，对要素实例进行特殊表示(即外部函数的值，如一天中的不同时间或尺度，可以包含在表达规则中)。表达规则应该对数据集中的要素实例属性进行测试。表达规则应该作为一种返回真或假的查询语句使用。新的表达规则应该被使用，直到有一个表达规则返回真为止，然后使用与特定的表达规则相关联的表达规范。如果没有表达规则返回真，那么默认的表达规范应该被使用。表达服务用于表达一个要素实例或多个实例。表达服务作为一种操

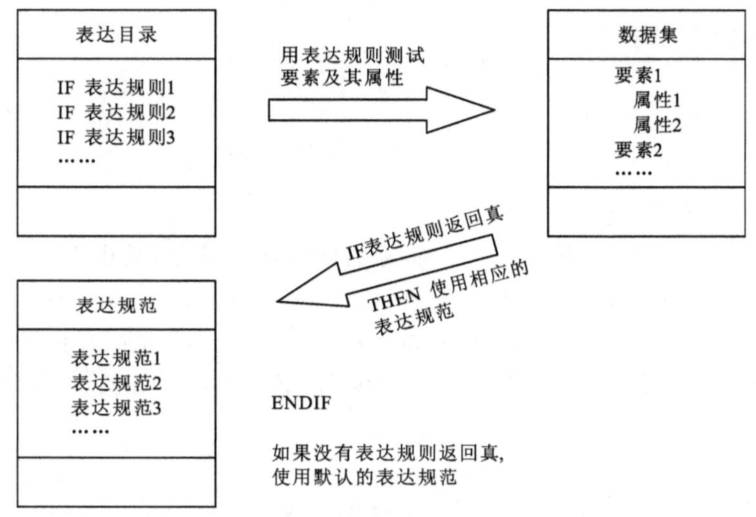

图 2.1 没有优先级的表达机制[ISO **19117 2002**]

作,使用在表达规范中定义的参数。

地图图式规范由两个主要部分构成,即地图符号的使用规范与图形规范(图 2.2)。理论上,它们分别对应于图示表达机制的表达规则和表达规范。其中,符号的使用规范分析了地图符号所对应的地理要素的特征。符号的图形规范表示了符号的几何类型与图形参数。图式规范是图示表达的理论基础,图示表达是图式规范的抽象。

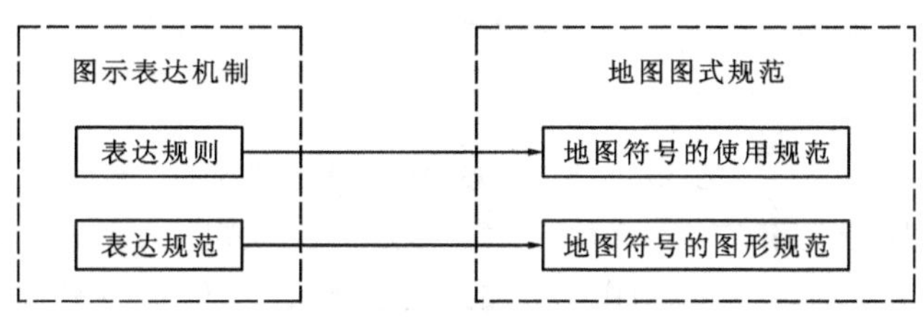

图 2.2 图式规范与图示表达

2.2 图示表达逻辑模型

2.2.1 图示表达机制的扩展

图示表达规则包括两个方面:查询语句和行为语句,其中查询语句用于测试地理数据的几何属性,行为语句调用表达操作。以一个包含要素类 Road 的数据集来说明图示表达规则。这个要素类 Road 包含两个属性:*classification* 和 *segment* 。*classification* 是字符串的数据类型,可以取值:"*country road*"或"*town road*"。*segment* 是 *GM_Curve* 类,包含空间描述。被使用的表达规范称为 N50_specification。下面是两个表达规则:

```
IF(Road.classification EQ"country road")
    THEN drawCurve("N50_specification.Solid_red_line", Road.segment)

IF(Road.classification EQ"town road")
    THEN drawCurve("N50_specification.Solid_yellow_line", Road.segment)
```

这里,"THEN"分开查询语句和行为语句。行为语句包含图式信息和空间信息。"drawCurve"是一个行为语句,用来画一个实际的曲线地图符号,其中 Road. *segment* 描述空间信息,N50_specification. *Solid_red_line* 和 N50_specification. *Solid_yellow_line* 描述图式信息,即颜色、线型等,其中 *Solid_red_line* 和 *Solid_yellow_line* 是图式标签。行为语句在表达规则中作为查询语句的结果被调用,并引用表达规范中相应的地图符号进行符号化操作(图 2.3)。

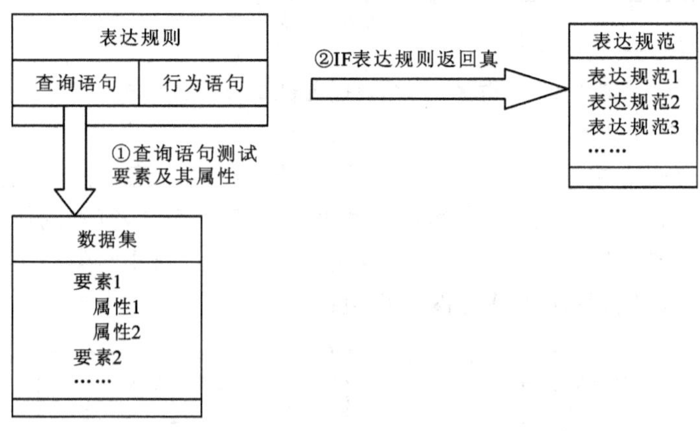

图 2.3 地理信息的图示表达原理

行为语句描述了地理要素的位置和地图符号名称及其关联关系,它包含的数据既不是地图数据,也不是地理数据,而是具有制图特征的数据,类似于 GIS 可视化中的关联表的功能,属于地图制图数据。在图示表达中,将地图制图数据作为一个独立的实体进行描述,记录查询语句中返回"真"的行为语句。从而形成以制图数据为中心的图示表达机制(图 2.4)。前两者之间的转换通过表达规则实现,表达服务调用表达规范,实现地图制图数据的符号化操作。

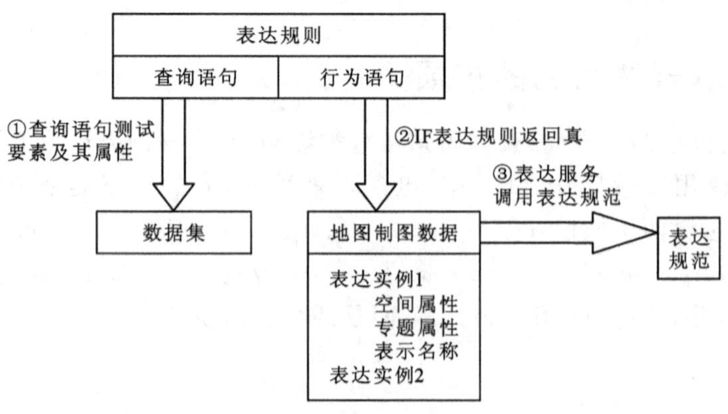

图 2.4 基于地图制图数据的图示表达机制

地图制图数据不仅能有效记录表达规则测试地理要素的结果，更为重要的是制图数据的独立性使测试过程与表达服务在逻辑上与物理实现上进行了分离，使其成为测试过程与表达服务两者联系的纽带，降低了系统研究与实现的复杂性。基于制图数据的扩展图示表达步骤分为(图 2.5)：①地理要素的几何与属性(即地理数据)被表达规则测试；②如果结果返回“真”，则表达规则的行为语句作为地图制图数据；③地图制图数据调用表达服务的操作；④表达服务从表达规范中获得地图符号的图形参数值；⑤生成地图符号。

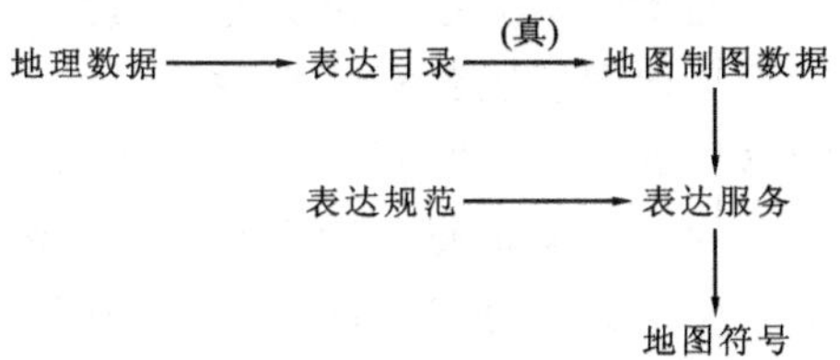

图 2.5 扩展的图示表达过程

扩展的图示表达机制具有这些特点：①显式表达与存储地图制图数据，记录了表达规则的结果；②实现了地理数据到制图数据的自动转化；③制图数据独立，便于制图数据共享，也为地图制图编辑提供了基础；④地图的显示与编辑能独立于地理数据；⑤避免了因地图显示环境的变化，频繁调用表达规则测试地理数据，使图示表达的测试部分与显示部分可以“离线”操作；⑥分解了地理数据到地图的制图过程，降低了实现的复杂度；⑦易于扩展，支持时间维与尺度维，便于实现多维动态地图。

2.2.2 地图表达机制

地理世界的描述可以分为内容与样式，内容对应于地理要素，样式对应于地图要素(图 2.6)。地图是地理要素的视觉表达，地图表达同样可以进行内容与样式的分离，内容对应于制图数据，样式对应于符号库。

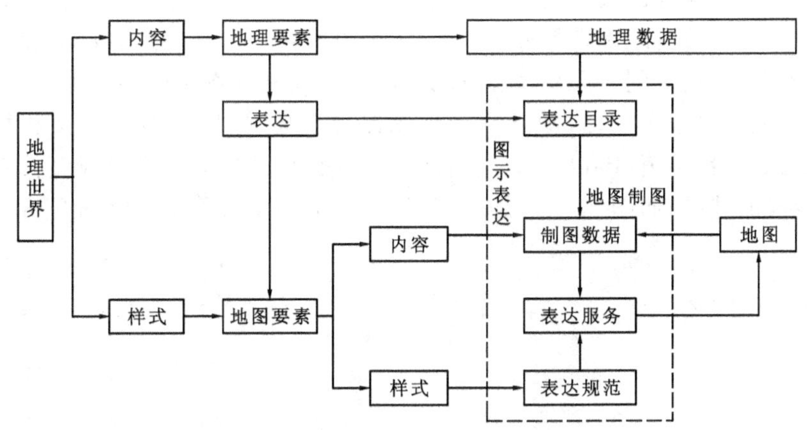

图 2.6 基于制图数据的地图表达机制

地图表达机制是在图示表达扩展模型的基础上，融入了地图制图编辑功能。地图表达模型由两个主要成分图示表达模块与地图制图模块构成，即：地图表达＝图示表达＋地图制图。

图示表达模块实现地理数据的符号化，其结果表现为地图，其过程包括表达目录、地图制图数据、表达规范与表达服务四个相互联系的部分。表达目录所组织的表达规则对地理数据进行测试，分析地理数据的属性与几何特征以及地图制图目的、要求、用途等因素，从表达规范中匹配出相应的地图符号。同时表达规则从地理数据中抽取与地图制图相关的数据，如空间位置数据、部分属性数据等，转换为地图制图数据，并与所匹配的地图符号进行关联。其中地图符号可以是地图符号的样式描述，也可以是地图符号的引用标识符。表达服务按照地图制图数据所提供的地图符号标识符，从表达规范中提取地图符号的描述参数，并调用相应的符号化操作，在空间位置上进行配置，实现图示表达。表达服务独立于地理数据。

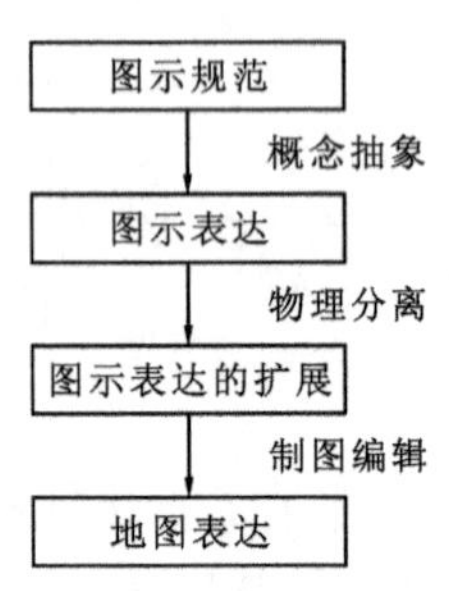

图 2.7　地理信息图形表达机制的演化

地图制图是通过人机交互的方式，实现对符号化的地图进行制图编辑。地图制图数据能有效记录地图编辑，如点符号、线符号、节点的移位等。当地图制图数据重新符号化后，能采用地图制图数据中保存的制图编辑修改地图符号，再现地图编辑。基于 Web 的制图编辑不仅是为了分布式网络地图制图，更为重要的是便于用户参与制图，从而实现用户与服务器之间的双向信息交流以及由此带来的用户之间的信息交流和协作。

图示表达机制的扩展从表达规则中分离出制图数据，将表达规则与表达规范在物理实现层次上进一步分离。地图表达机制是对扩展的图示表达机制的进一步发展，在制图数据中融入了制图编辑功能(图 2.7)。

2.3　图示表达物理模型

2.3.1　基于 XML 的图示表达

在物理实现上，地理信息图示表达可以划分为 3 个基本类型或阶段：格式转换、符号化与地图表达(图 2.8 所示为地图表达的四个状态)。其中，图形表达是采用点、线和面等几何形状表示地理要素，对应于没有地图数据库支持的 GIS 图形化。这种表达方法能较好地区分不同几何特征的地理要素，但对同一几何类型的要素，则难以从地图上进行区别[图 2.8(a)]。图 2.8(b)是采用线型符号表示公路，缺乏许多地图制图的要求，因为线的交叉和拐弯导致公路的开始与结束之处模糊不清(Paul,2005)。图 2.8(c)是通过调整虚线模板而自动绘制的地图符号，以确保线段的连接；而图 2.8(d)是人工干预下，进一步改善了公路的开始位置。

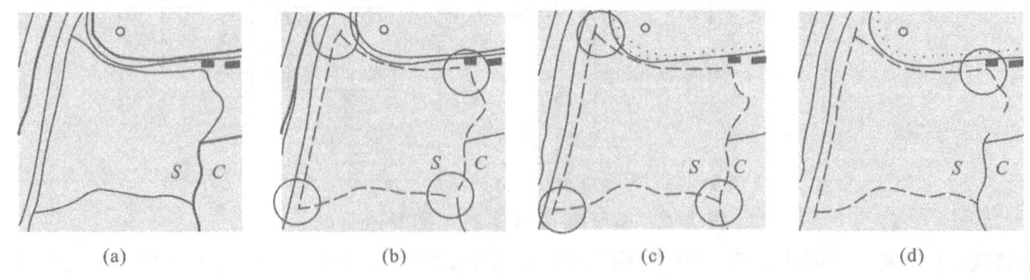

图 2.8　地理信息图示表达的四个状态

(a)图形表达；(b)符号表达；(c)自动表达；(d)地图表达

基于 XML 的地理信息图示表达(GML)主要是采用 XML 及其扩展的标记语言描述地理

信息及其可视化服务，是地理信息图示表达与 Web 应用相结合的产物，相应地具有 3 个基本阶段或类型：GML 格式转换、GML 符号化、GML 地图表达（图 2.9）。

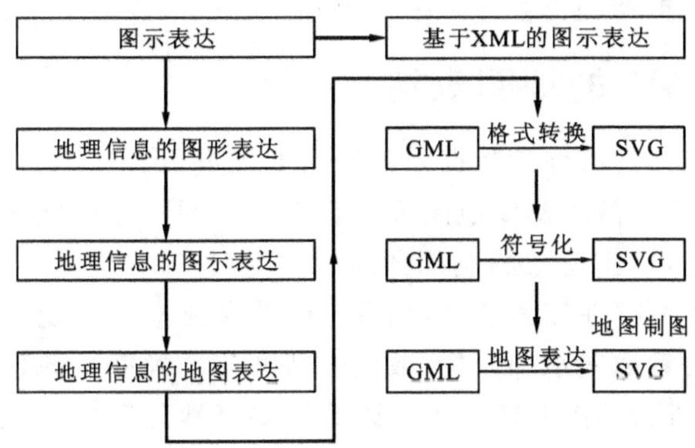

图 2.9　基于 XML 的地理信息图示表达方式

（1）GML-SVG 的图形表达

GML 提供了地理要素数据的编码机制，而没有考虑这些数据的可视化问题。基于 XML 的图形表达是通过 XSL 将 GML 数据格式转换为 SVG，实现 DLM 到 DCM 的转换，其中 XSL 作为地图可视化的一种工具，地图采用 SVG 语言表示，地理数据采用 GML 表示（图 2.10）。

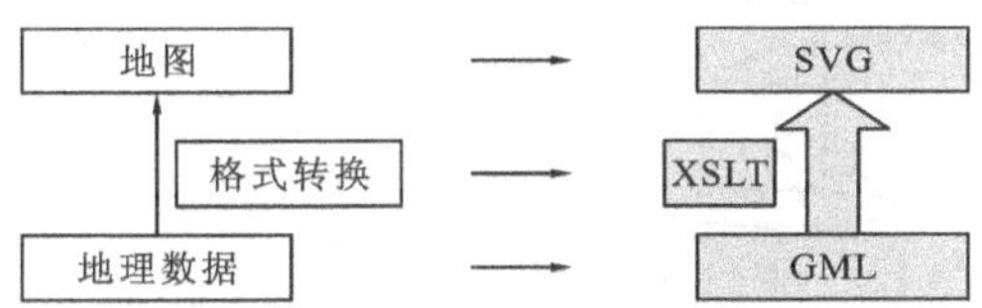

图 2.10　基于 XML 的图形表达模型

SVG 能制作高质量的网络地图，具有很强的地图制图交互能力。由于以 GML 编码的地理空间数据很复杂，仅通过 XSL 技术很难解决问题，因此 GML 可视化仍然是一个问题（周文生　等，2003）。

（2）GML-SVG 的符号化表达

基于 XML 的符号化表达是在基于 XSL 图形表达的基础上，增加了基于 SVG/CSS 的地图符号库或样式库，实现 GML 的符号化表达（图 2.11）。采用基于开放标准的语言描述地图符号，能克服传统图形表达方式下 GIS 之间难以实现地图符号的共享问题。

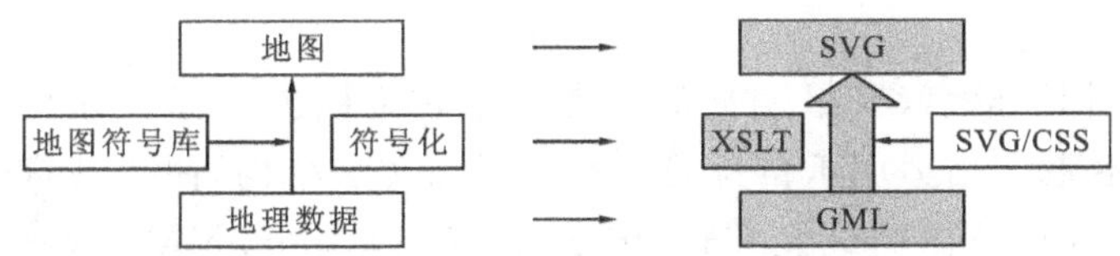

图 2.11　基于 XML 的符号化表达模型

在地形图中采用符号化表达，是采用符合图式规范要求的地图符号表达地理数据。因此具有同一空间几何类型的不同种类的地理要素，能采用不同的地图符号进行表示，进而使地理要素在同一几何特征上能进一步区分，使地图能更好地发挥信息传递的功用。

GML 是基于 XML 的地理数据标记语言，能有效表示地理数据的空间、时间与属性特征，包括时间与空间拓扑关系。XSLT 的主要功能是实现 XML 文档之间的格式转换，可以将不支持显示的 GML 格式转换为图像格式 SVG，实现可视化。GML－XSLT－SVG 的可视化模式，将对 GML 数据的测试、符号的配置等功能集于一身，增加了系统研究与实现的复杂度，缺乏灵活性，不便于系统的更新和完善。

2.3.2 基于 XML 的地图表达

在地形图中，地图表达是将地理数据采用地图形式进行表达，它在符号化表达的基础上，融入地图制图的编辑功能。故 GML 地图表达就是在 GML 符号化表达基础上，增加了基于 XML 的地图制图数据库，以支持地图制图的编辑功能（图 2.12）。地图数据与地理数据在内容、结构、目的、应用等方面存在较大差异，前者面向图形视觉，可以进行图形编辑包括移位、删除、简化、合并等操作；后者面向地理分析，数据的精度与准确度是地理数据存在的重要价值，不能在地理数据基础上进行地图制图编辑。因此需要将地理数据与地图数据进行分离，以支持地图制图编辑。

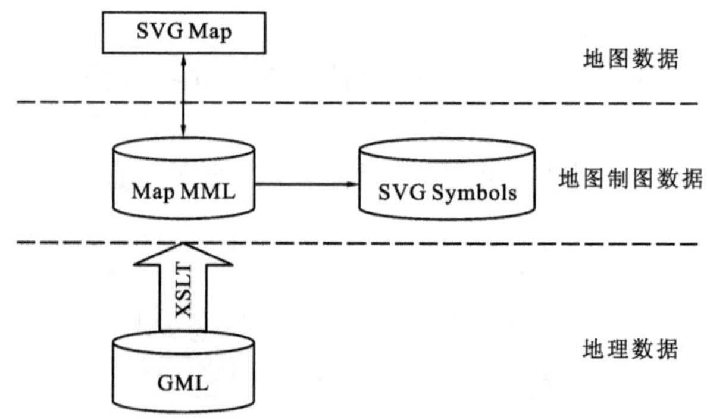

图 2.12 GML 地图表达模型

地图表达由一系列的数据和数据处理过程组成，前者包括地理数据、制图数据、地图数据、表达规范，后者包括表达目录、表达服务、地图制图编辑等过程。基于 XML 的地图表达机制将这些数据和处理过程都采用 XML 语言及其派生的语言进行表达，包括 GML、XSL、MapMML、SVG、Script 等。因此在不同地图表达模型之间能通过 XML 的开放标准格式，实现数据的共享，便于分布式数据处理。基于 XML 的地图表达模型中，采用自定义的基于 XML 的专门标记语言 MapMML（地图制图标记语言，MapMaking Markup Language）表示地图制图数据，XSLT 不仅实现 GML 到 MapMML 的格式转换，而且还实现了地理数据到制图数据的语义转换。

XML 是一种元标记语言，其最明显的特点在于它可以创建标记和文法结构。用户能够根据自己的特殊需要制定出适用于自身的一套标记和文法结构，便于结构化描述自己领域的信息，从而提供一种处理数据的最佳方式（栗松涛，2001）。MapMML 是基于 XML 的自定义地图制图标记语言，用于记录和存储地图制图数据。

XML 实现了内容与样式的分离，MapMML 管理制图数据本身，数据的显示交给 SVG 技术来实现。利用 SVG 对地图符号、地图符号库与地图进行描述。其中，SVG 自定义字体组织符号库，将地图符号作为自定义字体；SVG 的对象描述地图符号的图形与地图；SVG 的组元素实现地图的图层概念。

SVG 中几乎所有的元素都可以通过 DOM 接口被外界使用，通过插入 Script 语句的方法来控制 SVG 图像的各种属性，从而达到灵活的动态效果。表达服务是利用 DOM 接口，通过脚本将表达规范中的地图符号配置在要素的空间位置上。同样，以 SVG 为数据格式的地图，可以通过脚本、事件实现人机交互的制图编辑。地图符号的配置，其定义由表达服务中 Script 程序完成，并通过 DOM 接口规范，利用基于 SVG 的地图符号，实现对 MapMML 的符号化操作。

在基于 XML 的地图表达模型中，GML、MapMML 与 SVG 分别表示地理数据、地图制图数据、地图数据三种数据类型；XSL 表示表达目录；JavaScript 实现表达服务与制图编辑；采用 SVG 描述地图符号与地图符号库，即表达规范。这些开放语言能完全描述地理信息的地图表达机制(图 2.13)，实现全文本方式编辑。

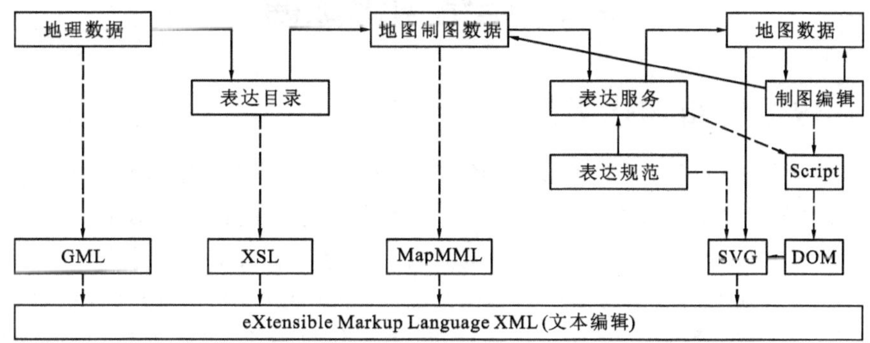

图 2.13 基于 XML 的地图表达机制

练习题

(1)分析 ISO 19117 地理信息图示表达模型及其与扩展的地图表达模型的区别。

(2)简述地理信息图示表达可以分为几个阶段，并分析各阶段特点。

(3)分析基于 XML 的地理信息图示表达的不同方式。

(4)分析基于 XML 的地理信息地图表达原理。

3　地图制图标记语言

本章在分析半结构化数据及其通用描述语言特点的基础上，采用 XML 描述地图制图数据，并定义地图制图标记语言及其模式。

3.1　半结构化数据

3.1.1　数据的结构化类型

数据的结构化程度可以分成三种（邓春晖　等，2002）：一是完全结构化，如存储在通用数据库中的关系型、面向对象型等数据，它们是严格按照数据库模式的结构录入的；二是完全无结构，如声音文件或图像文件中的数据（是二进制位流）；三是半结构化，目前还没有一个统一的定义（刘芳　等，2000），它既不同于毫无结构的文件系统，也不具备数据库系统严谨的结构，它介于两者之间，表现为数据不遵循固定的模式、结构隐含、模式信息量大、模式变化快、模式与数据统一存储，先有数据后有模式、没有强制性模式限制，使得半结构化数据具有很大的灵活性（图 3.1）。

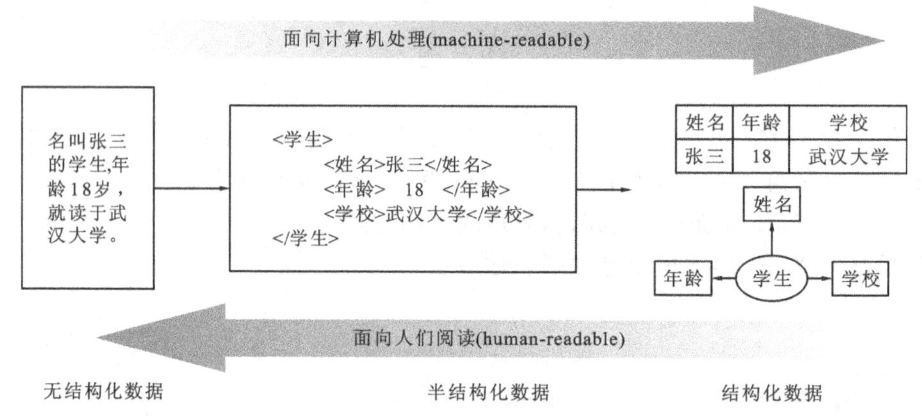

图 3.1　数据的结构性分类

半结构化数据（Semi-Structrued Data，半结构化数据）是一种自描述数据，不必遵循一固定模式。数据库领域将数据描述与数据本身进行了严格的分离。模式是数据组织方式的详细描述，包括文件名称和数据项（data items），起到对数据约束的作用。在 SSD 数据集中，这种模式并不存在或不为人所知（Stefanakis，2003）。

半结构化数据与无结构化数据、结构化数据的区别可以从两个角度进行分析：①抽象层次，无结构化数据是面向人的自然语言文本数据，便于人们阅读，而结构化数据是面向计算机处理的数据结构，半结构化数据介于两者之间，具有一定自然语言与数据结构的特点，既面向计算机处理，又能便于人们阅读；②结构层次，无结构化数据是语言结构，遵循语法（Syntax）、语义（Semantics）、语用（Pragmatics）、结构（Structure）等规则，具有一定的灵活性，而结构化数据是严格的数据化结构，如图、树、表等计算机数据逻辑结构，具有严格的模式，半结构化数据则介于两者之间，既具有无结构化数据的语义与语用，也具有结构化数据的部分模式，如嵌套、对象等。无结构化数据具有语法结构，不是没有结构，因此数据分类中的结构是指数据结构。

半结构化数据模型既能描述半结构化数据，同时也能描述结构化的数据。抽取无结构化数据信息，并采用半结构化方法描述，便于计算机处理；将结构化数据转化为半结构化数据，便于人们阅读，数据能以半结构化为中心实现交换与共享(图 3.2)。

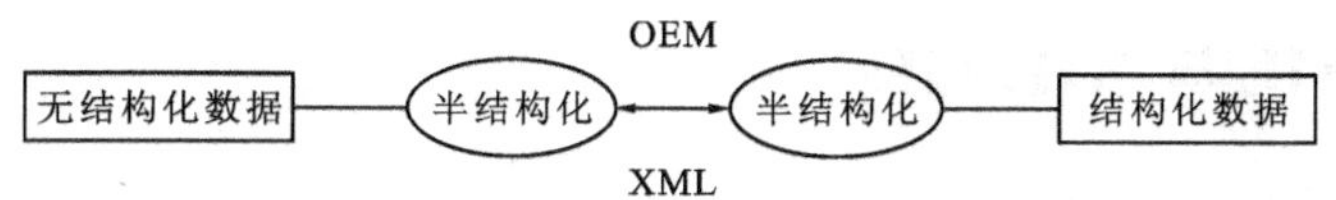

图 3.2　基于半结构化的数据交换

通用数据库系统都要求所有的数据遵循一个显式定义的、固定不变的、完美的数据库模式，即都是根据已有实际数据先建立合适的数据库模式，再将原始数据以数据库模式的结构形式录入到数据库中。虽然通用数据库技术具有很多优势，诸如高效的存储和查询，具有并发控制和错误恢复功能等。但它们在管理像 Web 上的那些半结构化数据时却有两个明显的缺陷(邓春晖等，2002)：①因为数据结构很不规则，在关系数据库系统中，就往往会出现大量的空值，而面向对象数据库系统同样也难设计一个包容不规则数据的数据库模式；②因为数据的结构经常变化，还不断有新型数据加进来，所以即使勉强定义了数据库模式，模式也需要经常修改。

半结构数据的主要特性之一是具有可变结构的能力。典型的可变结构含有遗漏数据、重复的数据域或表示中的一些微小的变化(聂培尧　等，2002)。半结构化数据通常用于表达如下情况的数据(Stefanakis，2003)：①采用不同类型的成分，这些不同数据源不受同一模式约束，而且要求数据整合；②在异构数据库中交换和转换数据；③在浏览数据集时，并不完全知道它们的模式。在 SSD 数据集中将会出现诸如：属性缺失的对象，同一属性多次出现的对象，同一属性在不同对象中具有不同的数据类型，语义相关的信息在多种对象中表达方法不同等。以上这些因素致使传统数据模型(关系模型和面向对象模型)不足以表达和处理 SSD 数据集。

3.1.2　半结构化数据模型

SSD 数据集主要有两个来源：数据库领域和网络技术领域。数据库领域的科学家已经提出了纯粹的数据库模型和查询语言，用于表达和处理 SSD，对象交换模型(Object Exchange Model，OEM)是最好的例子。网络技术提供了 XML 技术，非常适合于构模与查询 SSD 数据集。

OEM 中所有实体均为对象，每个对象有唯一标识符，对象分为原子对象和复合对象。原子对象具有整型、实数、字符串等类型的值，复合对象为对象引用集，其中每个引用表示为(标签，标识符)，标签为一字符串。可将 OEM 模型数据视为一个带标记的有向图，其中图的节点表示对象，图的边表示对象引用。OEM 模型是一种图状数据模型，而通常的 XML 数据的数据模型(如 DOM)是树状模型，为此需解决图状模型数据映射为树状模型数据这一关键问题。

XML 是一种文档格式的描述半结构化数据的标记语言，其最大的特点是可扩展，允许用户自定义标记。随着 XML 在工业界被广泛采用，在不同的领域、不同的行业，又各自派生出了许多适用于一些特定领域的 XML 子集。如最早出现的描述化学分子结构的化学标记语言 CML(Chemical Markup Language)、描述数学公式和符号的数学标记语言 MathML 以及描述矢量图形的 SVG(Scalable Vector Graphics)等等(张国钢　等，2003)。

半结构化数据在最近由于多种原因已经成为一个重要的研究主题(Stefanakis,2002),这些原因包括:①需要处理没有统一模式的数据源,如 Web;②在异构的数据库之间进行数据交换,需要灵活的数据格式;③需要采用自描述模式辅助浏览结构化或半结构化数据。半结构化数据模型已经在传统的数据中被使用,如办公数据等。已经提出了许多富于表现力的数据模型用于表达半结构化数据,并且已经研制出了有效查询半结构化数据的语言,如 Lorel、XML QL、XPath 和 XQuery。

3.1.3 HTML 与 XHTML

3.1.3.1 HTML

(1)概述

HTML 是用来描述网页的一种语言;指的是超文本标记语言 (Hyper Text Markup Language);不是一种编程语言,而是一种标记语言 (markup language);标记语言是一套标记标签 (markup tag);HTML 使用标记标签来描述网页。

(2)HTML 标签

HTML 标记标签通常被称为 HTML 标签 (HTML tag)。标签是由尖括号包围的关键词,比如 <html>;标签通常是成对出现的,比如 <b> 和 </b>;标签对中的第一个标签是开始标签,第二个标签是结束标签;开始和结束标签也被称为开放标签和闭合标签。

(3)HTML 文档即为网页

HTML 文档包含标签和纯文本,也被称为网页。Web 浏览器的作用是读取 HTML 文档,并以网页的形式显示出它们。浏览器不会显示 HTML 标签,而是使用标签来解释页面的内容。

(4)一个实例

```
<html>
  <body>
    <h1>My First Heading</h1>
    <p>My first paragraph. </p>
  </body>
</html>
```

其中,<html> 与 </html> 之间的文本描述网页;<body> 与 </body> 之间的文本是可见的页面内容;<h1> 与 </h1> 之间的文本被显示为标题;<p> 与 </p> 之间的文本被显示为段落,实现结果如图 3.3 所示:

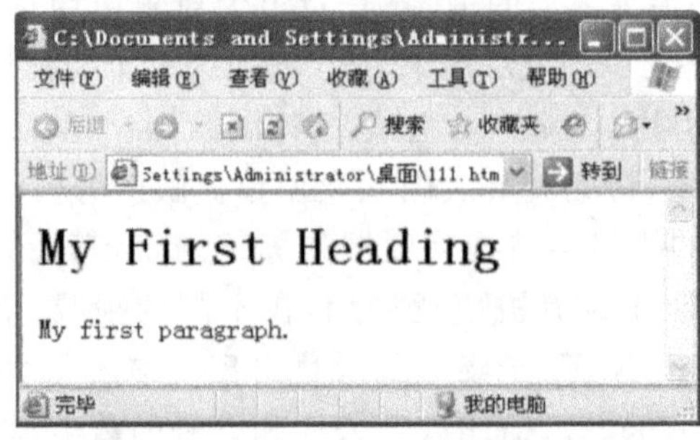

图 3.3 一个 HTML 实例的显示

3.1.3.2　XHTML

XHTML 是 The Extensible Hyper Text Markup Language(可扩展超文本标识语言)的缩写。HTML 是一种基本的 Web 网页设计语言,XHTML 是一个基于 XML 的标记语言,看起来与 HTML 有些相像,只有一些小的但重要的区别,XHTML 就是一种扮演着类似 HTML 的角色的 XML,所以,本质上说,XHTML 是一种过渡技术,结合了部分 XML 的强大功能及大多数 HTML 的简单特性。下面是一个简单的(最小化的)XHTML 文档。

```
<! DOCTYPE html
PUBLIC "-//W3C//DTD XHTML 1.0 Strict//EN"
"http://www.w3.org/TR/xhtml1/DTD/xhtml1-strict.dtd">
<html>
  <head>
    <title>simple document</title>
  </head>
  <body>
    <p>a simple paragraph</p>
  </body>
</html>
```

2000 年底,国际 W3C 组织公布发行了 XHTML 1.0 版本。XHTML 1.0 是一种在 HTML 4.0 基础上优化和改进的新语言,目的是基于 XML 应用。XHTML 是一种增强了的 HTML,它的可扩展性和灵活性将适应未来网络应用更多的需求。XML 虽然数据转换能力强大,完全可以替代 HTML,但面对成千上万已有的基于 HTML 语言设计的网站,直接采用 XML 还为时过早。因此,在 HTML4.0 的基础上,用 XML 的规则对其进行扩展,便形成了 XHTML。所以,建立 XHTML 的目的就是实现 HTML 向 XML 的过渡。目前国际上在网站设计中推崇的 Web 标准就是基于 XHTML 的应用(即通常所说的 CSS+DIV)。

跟 CSS 结合后,XHTML 能发挥真正的威力,这使实现样式跟内容的分离的同时,又能有机地组合网页代码,还可以混合各种 XML 应用,比如 MathML、SVG 等。

总之,XHTML 的目标是取代 HTML;XHTML 与 HTML 4.0 几乎是相同的;XHTML 是更严格更纯净的 HTML 版本;XHTML 是作为一种 XML 应用被重新定义的 HTML。

3.2　可扩展标记语言 XML

SGML(Standard Generalized Markup Language)功能强大,但过于复杂;HTML 功能简单,但无法处理大量的结构化信息,为了解决这些问题就产生了一种新的标记语言——XML。它创建的目的在于尽量地简化 SGML,并继承其优点,而在另一方面又尽可能地弥补 HTML 的缺点。与 HTML 最大的不同是 XML 描述的是结构和语义,而不是格式。XML 采用 Unicode 编码系统,不同语言文本可以在同一个文档中混用,使 XML 成为数据表示的一种开放标准,独立于机器平台、提供商和编程语言,从而为不同系统、不同数据库、不同语言之间搭起沟通的桥梁。

3.2.1 XML语法基础

3.2.1.1 XML 简介

XML 指可扩展标记语言;是一种标记语言,很类似于 HTML;XML 的设计宗旨是传输数据,而非显示数据;XML 标签没有被预定义,需要用户自行定义标签;XML 被设计为具有自我描述性。

XML 与 HTML 的主要差异,一点是 XML 不是 HTML 的替代,另一点是 XML 和 HTML 为不同的目的而设计:XML 被设计为传输和存储数据,其焦点是数据的内容;HTML 被设计用来显示数据,其焦点是数据的外观;HTML 旨在显示信息,而 XML 旨在传输信息。

对 XML 最好的描述是:XML 是独立于软件和硬件的信息传输工具。

3.2.1.2 XML 的用途

XML 应用于 Web 开发的许多方面,常用于简化数据的存储和共享。

(1)XML 把数据从 HTML 分离

通过 XML,数据能够存储在独立的 XML 文件中。这样用户就可以专注于使用 HTML 进行布局和显示,并确保修改底层数据不再需要对 HTML 进行任何的改变。

(2)XML 简化数据共享

XML 数据以纯文本格式进行存储,因此提供了一种独立于软件和硬件的数据存储方法。

(3)XML 简化数据传输

通过 XML,可以在不兼容的系统之间轻松地交换数据。对开发人员来说,其中一项最费时的挑战就是在因特网上的不兼容系统之间交换数据。由于可以通过各种不兼容的应用程序来读取数据,以 XML 交换数据降低了这种复杂性。

(4)XML 用于创建新的 Internet 语言

很多新的 Internet 语言是通过 XML 创建的,其中的例子包括:

XHTML——最新的 HTML 版本;

WSDL——用于描述可用的 Web Service;

WAP 和 WML——用于手持设备的标记语言;

RSS——用于 RSS feed 的语言;

RDF 和 OWL——用于描述资源和本体;

SMIL——用于描述针对 Web 的多媒体。

3.2.1.3 一个 XML 文档实例

```
<? xml version="1.0" encoding="ISO-8859-1"? >
<note>
  <to>George</to>
  <from>John</from>
  <heading>Reminder</heading>
  <body>Don't forget the meeting! </body>
</note>
```

第一行是 XML 声明。它定义 XML 的版本为 1.0 和所使用的编码为 ISO—8859—1,即 Latin—1/西欧字符集;下一行描述文档的根元素;接下来的 4 行描述根的 4 个子元素(to, from，heading 以及 body)；最后一行定义根元素的结尾。该 XML 文档的功能：包含了 John 给 George 的一张便签。

3.2.1.4 XML 文档形成的树结构

XML 文档必须包含根元素。根元素是所有其他元素的父元素。XML 文档中的元素形成了一棵文档树(图 3.4)。这棵树从根部开始，并扩展到树的最底端。

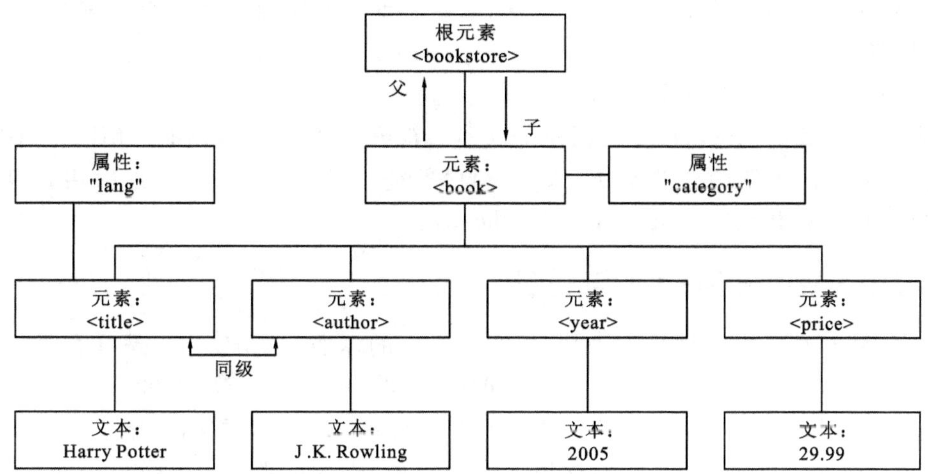

图 3.4 XML **文档形成的树结构**

图 3.4 对应的 XML 文档如下：

```
<bookstore>
<book category="COOKING">
  <title lang="en">Everyday Italian</title>
  <author>Giada De Laurentiis</author>
  <year>2005</year>
  <price>30.00</price>
</book>
<book category="CHILDREN">
  <title lang="en">Harry Potter</title>
  <author>J. K. Rowling</author>
  <year>2005</year>
  <price>29.99</price>
</book>
<book category="WEB">
  <title lang="en">Learning XML</title>
  <author>Erik T. Ray</author>
  <year>2003</year>
  <price>39.95</price>
</book>
</bookstore>
```

3.2.1.5 命名空间

XML 命名空间提供避免元素命名冲突的方法。

在 XML 中，元素名称是由开发者定义的，当两个不同的文档使用相同的元素名时，就会发生命名冲突，而 XML 解析器无法确定如何处理这类冲突，如：

```
<f:table xmlns:f="http://www.w3school.com.cn/furniture">
    <f:name>African Coffee Table</f:name>
    <f:width>80</f:width>
    <f:length>120</f:length>
</f:table>
```

为 <table> 标签添加了一个 xmlns 属性，这样就为前缀赋予了一个与某个命名空间相关联的限定名称。

3.2.1.6　CDATA 和 PCDATA

除 CDATA (Character Data)区段中的文本会被解析器忽略外，所有 XML 文档中的文本均会被解析器解析。CDATA 部分由“<! [CDATA[”开始，由“]]>”结束。相应地，PCDATA 是被解析的字符数据(Parsed Character Data)。

3.2.2　XML 基础标准与特征

XML 是 W3C(万维网联盟)于 1998 年 2 月发布的标准。XML 标记是具有语义的，没有预先定义，由用户定义，能够反映一定的数据的含义(郭广行　等，2003)。XML 的 DTD/Schema 定义 XML 标记及其相互关系，规定了文档的逻辑结构和语法，也定义了元素、元素属性以及两者的关系。由于 XML 能够标记更多的信息，所以它能使用户很轻松地找到他们需要的信息。利用 XML，Web 设计人员不仅能创建文字和图形，而且还能构建文档类型定义的多层次、相互依存的系统、数据树、元数据、超链接结构和样式表。

3.2.2.1　XML 文档结构

一般说来，文档包括三个要素：数据、结构和显示格式(熊丽　等，2002)。XML 文档把三要素独立出来分别进行处理。XML 文档中仅仅包含结构化的数据；Schema 或 DTD 规定了 XML 文档的逻辑结构，定义了文档中的元素、元素的属性以及元素的嵌套关系；CSS 或 XSL 定义了 XML 文档的显示格式(图 3.5)。

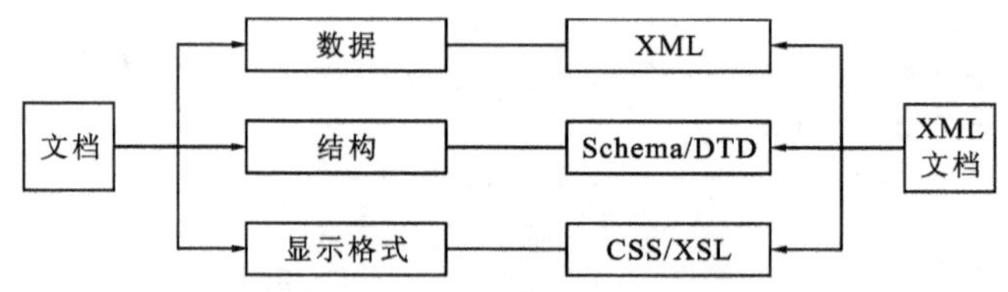

图 3.5　基于 XML 的文档结构

XML 的最大优点是实现了数据和其样式的分离，XML 文档侧重于数据的存储和传输，而数据的显示部分则要通过其他的技术来实现(栗松涛，2001)。W3C 定义了两个系列的样式表标准：一个是在 HTML 中广泛使用的 CSS，也可以在 XML 中使用；另一个是 XSL。

3.2.2.2　XML 基础标准

XML 基础标准主要是指由 W3C 所制定的 XML 标准，不仅包括 XML 文档标准，也包含与 XML 相关的其他基础标准。XML 基础标准可以分为三类(甘小斌，2004)：XML 核心标准、XML 处理标准与 XML 应用标准(图 3.6)。其中，核心标准包括 XML 文档标准和 XML 文档支撑标准。XML 处理标准主要是用于开发人员对 XML 文档进行处理。

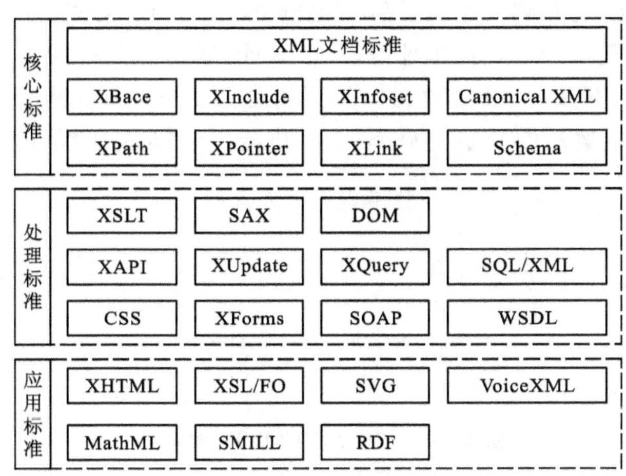

图 3.6 XML 基础标准

3.2.2.3 基本特征

XML 设计的目标是使 SGML 像 HTML 一样能够通过 Web 发送、接收与处理。XML 具有以下特征(林琅 等,2001):

(1)XML 是文本化的小型数据库表达语言。

(2)XML 是客户端计算的数据结构载体,将原来必须由服务器端处理的许多负载都分配到了客户端上处理,从而降低了服务器的负担,优化了服务器的性能,而这在 HTML 标记语言体系结构中是根本不可实现的(栗松涛,2001)。

(3)XML 是信息的高层封装与运输标准,据此 XML 也是不同应用系统之间的数据接口标准,是所有信息的中间层表示,是中间层应用服务器的通用数据接口,实现不同数据源之间的数据交换。

(4)XML 是 HTML 的高层扩展。

(5)XML 是信息的对象化语言。

(6)XML 是不同数据结构体的文本化描述语言,可以描述线性表、树、图形等数据结构,也能描述文件化的外部数据结构,可以说 XML 是一种通用的数据结构。

(7)XML 是在因特网时代与 Java、CORBA 等量齐观的一个概念,Java 解决了语言实施的统一,CORBA 解决了通讯协议的统一,XML 解决了信息表示、关联的统一,面向对象是这三者的共同理论基础。

(8)XML 是国际标准化组织的标准通用标记语言 SGML 的子集。

(9)XML 是 BNF 的语言化、标准化、电子化。

(10)一种数据多种显示,XSL 能使 Web 浏览器直接根据用户的不同需求改变文档的显示法。例如,不需要与服务器进行交互通信,就可以改变数据的显示顺序。基于 XML 的网站除了运行速度更快、更易使用外,对用户也是透明的(徐冰 2002)。

3.2.3 XML 解析器与 DOM

3.2.3.1 XML 解析器

XML 是一种全新的与媒体无关的数据存储形式,但仅仅依靠 XML 本身并不能实现与其他应用程序之间的交互，需要建立一定的解析模型，解析 XML 文档，并实现应用程序与 XML 文档之间的交互（陈思敏，2001）。简单地说，一个 XML 解析器是一段可以读入 XML 文档并分析其结构的代码（徐冰，2002）。根据对文档的不同处理方式，解析器种类可以分为基于 SAX (Simple API for XML)的解析器和基于 DOM 的解析器，分别对应于线性模型和树模型（图 3.7）。

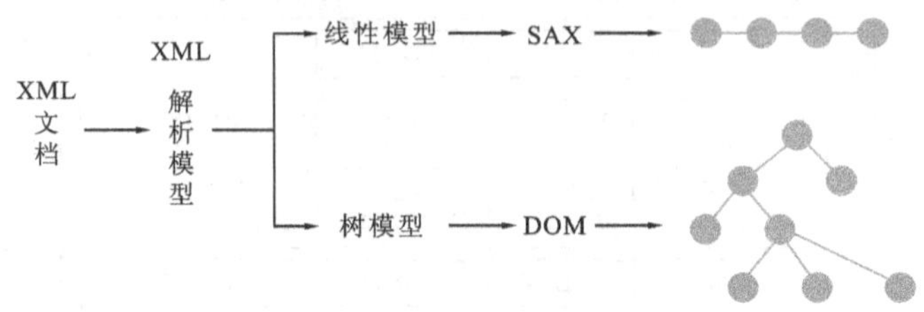

图 3.7 XML 文档的 DOM 结构树

SAX 是一个基于事件的 XML 文档解析标准。它通过事件驱动来识别 XML 文档的内容，即当它在 XML 文档中发现特殊符号时，就会触发相关的事件。SAX 以序列的形式处理文档，不需要在内存中建立整个文档的树结构。

DOM 是 W3C 发展的浏览 XML 文档的一种标准 API。通过 DOM，用户能够把文档看成是一个有结构的信息树。可将 DOM 看做一个标准的连接文档和应用程序或脚本语言的结构体系。

3.2.3.2 DOM

所有现代浏览器都内建了用于读取和操作 XML 的 XML 解析器。解析器把 XML 读入内存，并把它转换为可被 JavaScript 访问的 XML DOM 对象。

(1)概述

DOM(Document Object Model)是 W3C 的推荐标准："W3C DOM 是一个使程序和脚本有能力动态地访问和更新文档的内容、结构以及样式的平台和语言中立的接口。"DOM 定义了所有文档（如 HTML、XML）元素的对象和属性，以及访问它们的方法（接口），如元素的获取、更改、添加或删除。W3C DOM 被分为 3 个不同的部分/级别：①核心 DOM，用于任何结构化文档的标准模型；②XML DOM，用于 XML 文档的标准模型；③HTML DOM，用于 HTML 文档的标准模型。

(2)XML DOM 节点树

XML DOM 把 XML 文档视为一种树结构。这种树结构被称为节点树。可通过这棵树访问所有节点。可以修改或删除它们的内容，也可以创建新的元素。这颗节点树展示了节点的集合，以及它们之间的联系。

(3)XML DOM 方法

x. getElementsByTagName(name)——获取带有指定标签名称的所有元素；

x. appendChild(node)——向 x 插入子节点；

x. removeChild(node)——从 x 删除子节点。

注释：在上面的列表中，x 是一个节点对象，下面是一个实例：

```
txt=xmlDoc.getElementsByTagName("title")[0].childNodes[0].nodeValue
```

解释：

xmlDoc——由解析器创建的 XML DOM

getElementsByTagName("title")[0]——第一个 <title> 元素；

childNodes[0]——<title> 元素的第一个子节点（文本节点）；

nodeValue——节点的值（文本自身）。

在上面的例子中，getElementsByTagName 是方法，而 childNodes 和 nodeValue 是属性。

(4)特点

根据 W3C DOM 规范，DOM 是一种与浏览器，平台，语言无关的接口，使得用户可以访问页面其他的标准组件，是一种允许程序或脚本动态地访问、更新文档内容、结构和样式的、独立于平台和语言的规范化接口。简单理解，DOM 解决了 Netscape 的 JavaScript 和 Microsoft 的 Jscript 之间的冲突，给予 Web 设计师和开发者一个标准的方法，让他们来访问他们站点中的数据、脚本和表现层对象。

DOM 是以层次结构组织的节点或信息片断的集合。这个层次结构允许开发人员在树中导航寻找特定信息。分析该结构通常需要加载整个文档和构造层次结构，然后才能做任何工作。由于它是基于信息层次的，因而 DOM 被认为是基于树或基于对象的。

3.2.4 DTD 和 Schema

3.2.4.1 DTD

文档类型定义(DTD)可定义合法的 XML 文档构建模块。它使用一系列合法的元素来定义文档的结构。DTD 可被成行地声明于 XML 文档中，也可作为一个外部引用。

(1)内部的 DOCTYPE 声明

假如 DTD 被包含在 XML 源文件中，它应当通过下面的语法包装在一个 DOCTYPE 声明中：

```
<! DOCTYPE 根元素 [元素声明]>
带有 DTD 的 XML 文档实例：
<? xml version="1.0"? >
<! DOCTYPE note [
  <! ELEMENT note (to,from,heading,body)>
  <! ELEMENT to (#PCDATA)>
  <! ELEMENT from (#PCDATA)>
  <! ELEMENT heading (#PCDATA)>
  <! ELEMENT body (#PCDATA)>
]>
<note>
  <to>George</to>
  <from>John</from>
  <heading>Reminder</heading>
  <body>Don't forget the meeting! </body>
</note>
```

以上 DTD 解释如下：

! DOCTYPE note (第二行)定义此文档是 note 类型的文档。

! ELEMENT note (第三行)定义 note 元素有四个元素：to、from、heading、body

! ELEMENT to (第四行)定义 to 元素为#PCDATA 类型

! ELEMENT from (第五行)定义 from 元素为#PCDATA 类型

! ELEMENT heading (第六行)定义 heading 元素为#PCDATA 类型

! ELEMENT body (第七行)定义 body 元素为#PCDATA 类型

(2)外部文档声明

假如 DTD 位于 XML 源文件的外部,那么它应通过下面的语法被封装在一个 DOCTYPE 定义中:

```
<! DOCTYPE 根元素 SYSTEM "文件名">
```

这个 XML 文档和上面的 XML 文档相同,但是拥有一个外部的 DTD:

```
<? xml version="1.0"? >
<! DOCTYPE note SYSTEM "note.dtd">
<note>
  <to>George</to>
  <from>John</from>
  <heading>Reminder</heading>
  <body>Don't forget the meeting! </body>
</note>
```

这是包含 DTD 的 "note.dtd" 文件:

```
<! ELEMENT note (to,from,heading,body)>
<! ELEMENT to (#PCDATA)>
<! ELEMENT from (#PCDATA)>
<! ELEMENT heading (#PCDATA)>
<! ELEMENT body (#PCDATA)>
```

(3)DTD 用途

通过 DTD,每一你的个 XML 文件均可携带一个有关其自身格式的描述;通过 DTD,独立的团体可一致地使用某个标准的 DTD 来交换数据;而应用程序也可使用某个标准的 DTD 来验证从外部接收到的数据;还可以使用 DTD 来验证自身的数据。

3.2.4.2　Schema

XML Schema 是基于 XML 的 DTD 替代者,用于描述 XML 文档的结构。XML Schema 语言也称作 XML Schema 定义(XML Schema Definition,XSD)。

(1)XML Schema 的定义

XML Schema 的作用是定义 XML 文档的合法构建模块,类似 DTD。XML Schema,定义可出现在文档中的元素;定义可出现在文档中的属性;定义哪个元素是子元素;定义子元素的次序;定义子元素的数目;定义元素是否为空,或者是否可包含文本;定义元素和属性的数据类型;定义元素和属性的默认值以及固定值。

(2)XML Schema 是 DTD 的继任者

XML Schema 很快会在大部分网络应用程序中取代 DTD。理由如下:XML Schema 可针对未来的需求进行扩展;XML Schema 更完善,功能更强大;XML Schema 基于 XML 编写;XML Schema 支持数据类型;XML Schema 支持命名空间。

(3)一个 XSD 实例

下面这个例子是一个名为 "note. xsd" 的 XML Schema 文件，它定义了一个 XML 文档的元素。

```
<? xml version="1.0"? >
<xs:schema xmlns:xs="http://www.w3.org/2001/XMLSchema"
targetNamespace="http://www.w3school.com.cn"
xmlns="http://www.w3school.com.cn"
elementFormDefault="qualified">

<xs:element name="note">
    <xs:complexType>
      <xs:sequence>
    <xs:element name="to" type="xs:string"/>
    <xs:element name="from" type="xs:string"/>
    <xs:element name="heading" type="xs:string"/>
    <xs:element name="body" type="xs:string"/>
      </xs:sequence>
    </xs:complexType>
</xs:element>

</xs:schema>
```

第一行：<schema> 元素是每一个 XML Schema 的根元素。

第二行：schema 中用到的元素和数据类型来自命名空间 "http://www. w3. org/2001/XMLSchema"。同时它还规定了来自命名空间 "http://www. w3. org/2001/XMLSchema" 的元素和数据类型应该使用前缀 xs。

第三行：被此 schema 定义的元素（note，to，from，heading，body）来自命名空间："http://www. w3school. com. cn"。

第四行：指出默认的命名空间是 "http://www. w3school. com. cn"。

第五行：指出任何 XML 实例文档所使用的且在此 schema 中声明过的元素必须被命名空间限定。

note 元素是一个复合类型，因为它包含其他的子元素。其他元素（to，from，heading，body）是简易类型，因为它们没有包含其他元素。

此文件包含对 XML Schema 的引用：

```
<? xml version="1.0"? >
<note
xmlns="http://www.w3school.com.cn"
xmlns:xsi="http://www.w3.org/2001/XMLSchema-instance"
xsi:schemaLocation="http://www.w3school.com.cn note.xsd">

    <to>George</to>
    <from>John</from>
    <heading>Reminder</heading>
    <body>Don't forget the meeting! </body>
</note>
```

第三行规定了默认命名空间的声明。此声明会告知 schema 验证器，在此 XML 文档中使用的所有元素都被声明于"http://www. w3school. com. cn"这个命名空间。一旦拥有了可用的 XML Schema 实例命名空间：xmlns：xsi＝"http://www. w3. org/2001/XMLSchema－instance"，就可以使用 schemaLocation 属性了，此属性有两个值：第一个值是需要使用的命名空间。第二个值是供命名空间使用的 XML schema 的位置。

3.3 地图制图标记语言

地图制图标记语言是 XML 与地图制图相结合的专有标记扩展语言。

3.3.1 地图标记语言基础

3.3.1.1 地图标记语言的发展

当前由于数据格式的私有性、或仅限于少数平台和系统，严重限制了数字地图及其地理数据的使用，为了克服这些不足，CartoML(Cartographic Markup Language 2003)等作为可视化环境中基于 XML 的地图接口(cartographic interface)应运而生，从而能更好地使用已有或未来的软件和数据集，并为地图的创造性使用提供基础。CartoML 作为管理不同地图类型的手段，将地图信息转换为一种易于阅读和理解的文档。它通过定义大量重要的地图原则来描述一幅地图，包括制图参数(投影、参考点等)，输入的数据(包括统计数据和地理数据)，如何关联这些数据(即地理参考)，数据的计算，以及地图元素的符号化等。目前，CartoML 专门用于描述专题统计地图。

地图标记语言 MML(Map/Markup Language 2003)的基本特征是易于使用与灵活绘制不同的地图。当创建一幅地图时，需要用到三种参数：包含的范围；地图的主题；地理要素内容。

简单地图标记语言 SMML(Simple Map Markup Language 2005)用于定义简单街道地图，包括标注、道路拐弯、停车场、公路、建筑物、目标等要素，并提供了 SMML 文档和相应的 DTD。

已有的地图标记语言都采用 XML 表示，用于描述与地图/制图相关的信息，有一定的共同特点：①与具体的应用相关，在不同的应用中其作用与内容不同，如洞穴测量与洞穴地图标记语言 CSML(Cave Survey & Cave Map Markup Language 2001)，难以扩展到其他应用中；②缺乏统一与完备的模式，只对地图/制图不同方面的部分信息进行描述；③作为系统内部信息交换的接口，如 ArcIMS 的 ArcXML，而不是作为一种数据类型；④缺乏地图符号库的支持；⑤不支持地图编辑功能；⑥难以支持新型地图的表达，如时间地图等。

3.3.1.2 地图制图数据的元语言

地图制图数据是一种非传统的数据类型，与传统的具有统一模式约束的列和表数据类型存在明显的差异，是一种半结构化数量类型。为了便于共享与分布式数据处理，地图制图数据采用 XML 进行描述：①XML 是一种元语言，是一种能创造语言的语言，使得用户能够根据自己的特殊需要制定出适用于自身的一套标记和文法结构，以便于结构化地描述自己领域的信息，从而提供一种处理数据的最佳方式(栗松涛，2001)。②无论在数据表示和存储方面，还是在数据的传输和处理方面，都是 XML 的强项。③XML 使用非专用的格式，不受版权、专利、商业秘密或其他种类知识产权的限制(戴超凡 等,2001),任何标准的XML语法分析器都可以读取、解码和检验这种基于文本的自描述数据文档,并以独立于平台的方式提取数据元素。④XML不仅为三层应用程序开发提供了所需的技术,也使本地化计算和操作成为可能。⑤XML格式的数据递交给客户机后,可使用客户机应用程序的计算逻辑对该数据进行剖析,并在本地进行编辑和操作,而不仅仅是显示结果。实现数据的分布式处理,没有必要回到WWW服务器上,为分布式制图编辑提供了基础。⑥XML另一特性是粒状更新,这极大地改善了服务器的可缩放性(徐冰 等,2002)。粒状更新意味着当部分数据被更改后,无需再发送一个完整的结构化数据集,只有更改了的元素才从服务器发送到客户机上,并且无须刷新整个用户界面就可以显示更新的数据,为分布式制图编辑的集成提供了可能。

地图制图标记语言是采用XML元标记语言对地图制图数据的表示,是在GML、CartoML、MML、SMML等的基础上,扩展了与地图制图相关的内容;是为了便于网络制图数据的使用和重用,也为其他应用如地图表达、图示表达提供中间数据;能用于地图制图数据的编码;用于表示地图制图数据语义,包含了大量的XML标记;重点用于标记制图数据的内容,而不是样式;兼具表达几何特征和地图语言,因而有效地克服了一些矢量图形语言对地图制图描述能力的不足,便于地图制图;继承了XML的规范、简单、可扩展、分层等特点,是一种对象化描述的信息语言,适合于与知识系统集成的应用(Rezayat,2000; Elisa,2001; 张国钢 等,2003);在基于Web的地图制图系统和异构系统数据交换等方面有着较好的应用前景;作为一种专有的扩展标记语言,便于对新型地图制图的描述。

3.3.1.3 地图制图标记语言的优点

地图制图数据是基于地图图式规范国家标准、地理信息-图示表达国际标准、ArcGIS的地图表达数据等,从而有效地避免了地图制图数据的私有性,也是制图数据具有一定的独立性。根据地图信息-图示表达机制,制图数据调用地图符号库系统并能表达时间、尺度等因素;根据图示表达机制的扩展模型,制图数据也支持制图编辑功能。地图制图标记语言是基于XML的,其模式主要基于SVG和GML,因此该模式具有一定的广泛性。

3.3.1.4 与矢量标记语言的关系

一些矢量标记语言,如W3C提出的SVG、微软提出的VML等,都用于描述与表达图形、图像、文字及其显示效果,但不具备表达地图制图的能力。MapMML是一种全新定义的标记语言,其着重描述制图实体,专用于地图制图数据的描述。另外MapMML易于与基于XSL的地图表达规则相集成,用户可以使用XSLT插件实现GML到MapMML的转换,因此极大地方便了制图标记语言的生成。同时,通过基于SVG的地图符号库,生成基于MapMML的SVG地图,用户使用IE或Netscape等通用的浏览器通过SVG插件观察地图,大大方便了制图标记语言的使用。

MapMML与矢量标记语言存在密切的关系,其图形部分采用矢量标记语言的元素及其属性,两者也存在差别:①矢量标记语言面向图形的描述与表达,而MapMML面向地图制图;②矢量标记语言侧重于图形、图像、文字及其显示效果的表达,而MapMML不仅表现图形,还包括地理要素属性、地图符号的描述与制图模型的表达。

3.3.2 MapMML模型

XML应用主要由XML文档结构文件(或称词汇表,元数据)、XML文档(XML数据)、解析和处理工具组成。创建一个 XML 应用实际上也是一个软件解决方案，它也要求采用软件开发项目同样的程序和方法。其中词汇表的创建好坏、是否高效，直接影响到 XML 应用的成败(张俊　等，2002)。MapMML 应用的目标驱动了 MapMML 词汇表的创建与设计，为了确保词汇表与应用需求相符合，需遵守以下步骤：①进行需求分析和信息分析；②定义应用的目标；③进行信息建模；④将信息模型映射到 MapMML 词汇表；⑤语义约束定义，包括 DTD 或 Schema 定义。

3.3.2.1　建立数据模型

设计 MapMML 就是要给出描述地图制图数据的标记语法和词汇表。地图制图数据的语义元素可以分为时间元素、尺度元素、位置元素、符号元素与制图编辑元素等。其中，时间元素主要是指地图符号实例的生命周期与符号实例之间的时态关系描述；尺度元素用于表示地图符号的尺度区间与尺度关系；位置元素是地图符号实例的空间位置；符号元素是指地图符号对应于地图图式规范的符号名称，也可以是自定义的符号，符号元素描述的是符号的几何类型与图形参数；制图编辑元素是记录编辑地图符号实例的结果。对应的 MapMML 也需要定义五类标记：时间标记、尺度标记、位置标记、符号标记与制图编辑标记。除此之外，为了便于数据的组织和管理，MapMML 引入了图层等抽象数据类型，作为其他数据元素的容器。

使用面向对象的方法，建立地图制图数据各要素的数据模型，包括图层和元数据(图3.8)。元数据用于描述地图制图数据的基本信息，如数据生产单位、时间等。图层是地图制图数据最基本的组织单位，是制图实体的容器。制图实体包括制图实体标识符、地图符号标识符、时间区间、尺度区间、空间位置与制图编辑等内容。

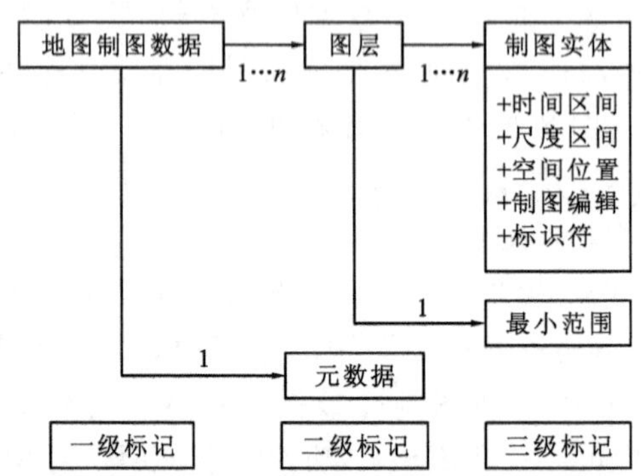

图 3.8　地图制图数据的层状对象模型与标记

3.3.2.2　确定元素和属性

分析地图制图数据的对象模型，确定哪些对象定义为文档元素，哪些对象定义为元素属性。原则上讲，所有对象和对象的属性都可以定义为文档元素和其子元素的形式，但是元素属性是一种更为精炼和有效的表达方式，并且可以定义数据类型和缺省值(张国钢　等，2003)。在地图制图数据的对象模型中，具有包含关系的对象定义为元素和子元素；对象类型的属性定义为对应元素的子元素；简单类型的属性定义为对应元素的属性。元素之间的嵌套关系对应于对象模型的层状关系。下面即为地图制图标记程序片断。

```
<? xml version="1.0"? >
<CartoData xmlns="x-schema:MapMMLSchema.xml">
    <Metadata DataName="reliefMap" version="28 March,2004" producer="511"/>
    <Layer LayerName="Vegetation">
        <BoundingBox srsName="http://www.opengis.net/gml/srs/" minX="-100" minY="-100" maxX="100"
maxY="100"/>
        <CartographicEntity ID="forest01" FeatureType="Forest">
            <SpaceDenom GeometryType="surface" Coords="100,100 120,200..."/>
            <SymbolSequence>
                <SymbolDenom SymbolLibraryName="GB 12342-90" SymbolName="LeafyForest"/>
                <TimeDenom StartTime="1990-8-1" EndTime="2000-8-1"/>
                <ScaleDenom MinScale="1:100 000" MaxScale="1:10 000"/>
                <SymbolEditDenom>
                    <MoveEdit Coords="105,102 120,200..."/>
                    <DeleteEdit DeleteLabel="no"/>
                </SymbolEditDenom>
            </SymbolSequence>
        </CartographicEntity>
    </Layer>
</CartoData>
```

文档的第一条语句是有关版本的声明。CartoData 是该 XML 文档的根元素，对应于地图制图数据，在 XML 文档中根标记必须存在而且唯一。根元素包括两个子元素 Metadata 与 Layer，分别表示地图制图数据的元数据和图层。图层通过两个子元素 BoundingBox 与 CartographicEntity 分别表示图层的最小边界与制图实体。XML 元素与属性的名称的简洁性并不重要，目的是便于人和计算机阅读。MapMML 描述了制图实体的时间与尺度区间，而制图实体的时间关系与尺度关系以及对应的事件则由相应的时间模型和尺度模型进行表达。

3.3.3 MapMML 模式

Schema/DTD 定义知识的结构（张荣进，2003），具有语法独立性，而 XML 文档则表示知识（图 3.9）。XML 能提供一种统一的形式来描述一阶谓词逻辑、产生式、框架、表格、过程、语义网络等多种类型的知识表示方法（鲍军鹏　等，2003）。实际上，XML 的 Schema/DTD 是知识表示语法的同构映射，而 XML 文档则是知识实例的同构变换（金波　等，2000）。

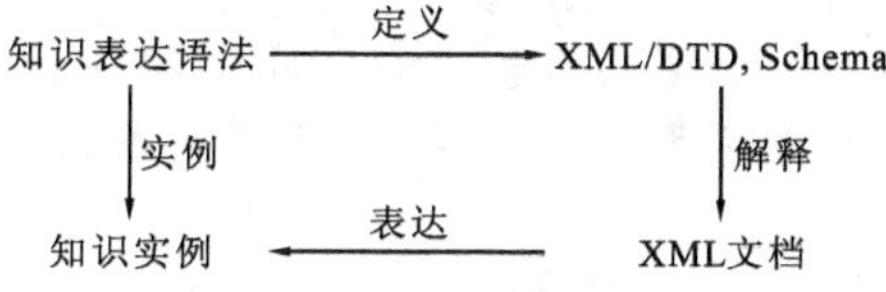

图 3.9　基于 XML 的知识表示原理

Schema/DTD 都是用来定义标记及其用法的语言，在功能上是一种元数据（顾蔚　等，2003），确定了标记的语义。Schema 和 DTD 相比的一个优点是前者支持名域技术，从而实现一个 XML 文档在多个 Schema 中调用，而一个 XML 文档只能调用一个 DTD 文档，从而提高了 Schema 文档代码的可重用性和可扩展性。Schema 是 XML 文档的应用模式与逻辑上的数据结构，是一类特殊的 XML 文档，用于定义专有的标记语言。

一个 MapMML 文档有格式良好(Well-Formed)和有效性(Validated)两种约束，其中，前者适合于所有的 XML 文档，即满足 XML 标准中对于格式的规定；后者满足一定的语义约束(张俊　等，2002)。MapMML 的有效性或合法性由 DTD/Schema 文档来保证，因此 DTD/Schema 的编写是地图制图数据 XML 化最为关键的一步，其中包括确定各个元素和属性名称、属性的取值类型和有效值范围、元素之间包含关系及排列顺序、及文档根元素等。这里，主要讨论 MapMML 的 Schema，其实例程序片断如下：

```
<? xml version="1.0"? >
<Schema xmlns="urn:schemas-microsoft-com:xml-data"
    xmlns:dt="urn:schemas-microsoft-com:datatypes">
    <ElementType name="CartoData" content="eltOnly">
        <element type="Metadata" maxOccurs="1"/>
        <element type="Layer" minOccurs="1"/>
    </ElementType>
```

根据制图数据的对象模型，首先确定根标记"CartoData"及其两个子元素。根标记必须包含其他标记作为自己的子标记。关于子标记定义的程序如下：

```
<ElementType name="Metadata">
    <AttributeType name="DataName" dt:type="String" required="no"/>
    <attribute type="DataName"/>
    <AttributeType name="purpose" dt:type="String" required="yes"/>
    <attribute type="purpose"/>
    <AttributeType name="version" dt:type="Date" required="no"/>
    <attribute type="version"/>
    <AttributeType name="producer" dt:type="String" required="no"/>
    <attribute type="producer"/>
</ElementType>
<ElementType name="Layer" content="eltOnly" order="many" model="open">
    <AttributeType name="LayerName" dt:type="String" required="no"/>
    <attribute type="LayerName"/>
    <element type="BoundingBox" minOccurs="0"/>
    <element type="CartographicEntity" minOccurs="1"/>
</ElementType>
```

表示制图数据元数据的标记"Metadata"具有属性：名称、目的、版本、厂商等。表示图层的标记"Layer"包括两个子标记。每个图层由若干制图实体组成，因此图层标记的次序为"many"，同时图层有时包含表示时空关系和尺度关系的其他元素，因此其模式设置为开放式，即"open"。

最小边界元素"BoundingBox"表示图层的范围，包括坐标参考系、最小 X 坐标、最小 Y 坐标、最大 X 坐标与最大 Y 坐标构成。制图实体元素"CartographicEntity"具有标识符与要素类型属性，且包括 2 个子标记分别表示地图符号的空间描述与符号序列，其实现程序如下：

```
<ElementType name="BoundingBox" content="empty">
    <AttributeType name="srsName" dt:type="String" required="no"/>
    <attribute type="srsName"/>
    <AttributeType name="minX" dt:type="String" required="no"/>
    <attribute type="minX"/>
    <AttributeType name="minY" dt:type="String" required="no"/>
    <attribute type="minY"/>
    <AttributeType name="maxX" dt:type="String" required="no"/>
    <attribute type="maxX"/>
    <AttributeType name="maxY" dt:type="String" required="no"/>
    <attribute type="maxY"/>
</ElementType>
<ElementType name="CartographicEntity" content="eltOnly">
    <AttributeType name="ID" dt:type="String" required="yes"/>
    <attribute type="ID"/>
    <AttributeType name="FeatureType" dt:type="String" required="yes"/>
    <attribute type="FeatureType"/>
    <AttributeType name="FeatureID" dt:type="String" required="yes"/>
    <attribute type="FeatureID"/>
    <element type="SpaceDenom" maxOccurs="1"/>
    <element type="SymbolSequence" maxOccurs=" * "/>
</ElementType>
<ElementType name="SpaceDenom" content="empty">
    <AttributeType name="GeometryType" dt:type="String" required="yes"/>
    <attribute type="GeometryType"/>
    <AttributeType name="Coords" dt:type="String" required="yes"/>
    <attribute type="Coords"/>
</ElementType>
```

空间描述"SpaceDenom"包括几何类型"GeometryType"与坐标"Coords"属性，前者确定符号化的类型，包括点符号化、线符号化、面符号化与注记类型，后者确定符号的空间位置。

地图符号序列元素用于描述地图符号的一系列基本信息，由于制图实体需要增加表示时空关系与尺度关系的元素，因此符号序列元素的开放性设置为"open"。制图实体的符号描述元素"SymbolDenom"包括两个属性：符号库名称"SymbolLibraryName"与符号名"SymbolName"，用于确定符号类型的名称。时间描述"TimeDenom"包括开始时间"StartTime"与结束时间"EndTime"属性，分别表示制图实体的时间边界。尺度描述"ScaleDenom"包括最小尺度"MinScale"与最大尺度"MaxScale"属性，分别表示制图实体的尺度边界。符号编辑描述"SymbolEditDenom"包括三个子元素：移动、删除与结构编辑，其实现程序如下：

```
<ElementType name="SymbolSequence" content="eltOnly" model="open">
    <element type="SymbolDenom" maxOccurs="1"/>
    <element type="TimeDenom" maxOccurs="1"/>
    <element type="ScaleDenom" maxOccurs="1"/>
    <element type="SymbolEditDenom" minOccurs="0"/>
</ElementType>
<ElementType name="SymbolDenom" content="empty">
    <AttributeType name="SymbolLibraryName" dt:type="String" required="no"/>
    <attribute type="SymbolLibraryName"/>
    <AttributeType name="SymbolName" dt:type="String" required="yes"/>
    <attribute type="SymbolName"/>
</ElementType>
```

```
<ElementType name="TimeDenom" content="empty">
    <AttributeType name="StartTime" dt:type="Date" required="no"/>
    <attribute type="StartTime"/>
    <AttributeType name="EndTime" dt:type="Date" required="no"/>
    <attribute type="EndTime"/>
</ElementType>
<ElementType name="ScaleDenom" content="empty">
    <AttributeType name="MinScale" dt:type="String" required="no"/>
    <attribute type="MinScale"/>
    <AttributeType name="MaxScale" dt:type="String" required="no"/>
    <attribute type="MaxScale"/>
</ElementType>
<ElementType name="SymbolEditDenom" content="eltOnly">
    <element type="MoveEdit" minOccurs="0"/>
    <element type="DeleteEdit" minOccurs="0"/>
    <element type="StructureEdit" minOccurs="0"/>
</ElementType>
```

地图表达的制图编辑包括:制图实体的移动"MoveEdit"采用新的坐标"Coords"属性表示;删除"DeleteEdit"采用一个标签"DeleteLabel"属性表示;结构编辑"StructureEdit"包括线符号编辑"LineSymbolEdit"与面符号编辑"AreaSymbolEdit"。其中,线符号结构编辑采用SVG 的 stroke-dashoffset 属性表示偏移量,或重新定义一个基于 SVG 的线符号,因此该元素的开放性设置为"open";面符号结构编辑是对面符号填充的点符号的移位与删除,由坐标串"Coords"属性表示,其中坐标串中坐标对的数量确定了面符号中点符号的数量,程序文档如下:

```
    <ElementType name="MoveEdit" content="empty">
        <AttributeType name="Coords" dt:type="String" required="yes"/>
        <attribute type="Coords"/>
    </ElementType>
    <ElementType name="DeleteEdit" content="empty">
        <AttributeType name="DeleteLabel" dt:type="enumeration"     dt:value="yes no" default="no"/>
        <attribute type="DeleteLabel"/>
    </ElementType>
    <ElementType name="StructureEdit">
        <element type="LineSymbolEdit" minOccurs="0"/>
        <element type="AreaSymbolEdit" minOccurs="0"/>
    </ElementType>
    <ElementType name="LineSymbolEdit" model="open">
    </ElementType>
    <ElementType name="AreaSymbolEdit" content="eltOnly">
        <AttributeType name="Coords" dt:type="String"/>
        <attribute type="Coords"/>
    </ElementType>
</Schema>
```

MapMML 应用标准的定义是一项实践性很强的技术,因此其语法定义不会一次完成,必须使用大量实例进行测试,对语言的定义反复修订和完善。地图注记是一种特殊的地图符号,其描述参数包括两种类型:字体参数与坐标变换,能完全采用 SVG 标记进行描述,因此在 MapMML 模式中未进行定义,使用时可以直接调用 SVG 的模式。

练习题

(1)试说明数据的结构类型有哪些,及其各自的特点。

(2)分析 HTML 与 XHTML 的关系,以及 XHTML 产生的意义。

(3)阐述 XML 的基本标准与特征。

(4)试说明 DTD 与 Schema 特征,及其相互关系。

(5)论述如何利用 XML 构建地图制图标记语言,及其意义。

4 基于 XSL 的表达规则

表达规则是地图表达中实现地理数据到地图制图数据转换的一个重要过程，它采用产生式知识表达方法形式化地描述地图制图知识。其中，地图制图知识的获取、形式化表示是表达规则的基础。本章在介绍 XSL 基础上，根据我国地图图式规范的内容，提出了表达规则基于 XSL 的表示方法。

4.1 可扩展样式表语言 XSL

4.1.1 XSL 概述

4.1.1.1 XSL 简介

XSL 指扩展样式表语言(eXtensible Stylesheet Language)。万维网联盟(W3C)开始发展 XSL 的原因是：存在着对于基于 XML 的样式表语言的需求。

XSL 的子语言包括：XSLT、XPath 以及 XSL-FO。

(1)CSS——HTML 样式表

HTML 使用预先定义的标签，标签的意义很容易被理解。HTML 元素中的 <table> 元素定义表格，并且浏览器清楚如何显示它。向 HTML 元素添加样式是很容易的。通过 CSS，很容易告知浏览器用特定的字体或颜色显示一个元素。

(2)XSL——XML 样式表

XML 不使用预先定义的标签(我们可以使用任何喜欢的标签名)，并且这些标签的意义并不都是那么容易被理解。<table> 元素意味着一个 HTML 表格，一件家具，或是别的什么东西，浏览器不清楚如何显示它。XSL 可描述如何来显示 XML 文档！

4.1.1.2 功能

XSL 包括三部分：XSLT(XSL Transformation)，一种用于转换 XML 文档的语言；XPath，一种用于在 XML 文档中导航的语言；XSL-FO(XSL-Formatting Objects)，一种用于格式化 XML 文档的语言。

(1)XSLT

XSLT 的功能在于实现各种 XML 文档之间的格式转换，XSL 处理器将 XML 文档和 XSL 文档转换为文本格式(图 4.1)，其作用在于从源 XML 数据文件中读出指定条件的数据，并可以向结果文件添加或移除元素和属性，也可重新排列元素，执行测试并决定隐藏或显示哪个元素，等等。描述转化过程的一种通常的说法是，XSLT 把 XML 源树转换为 XML 结果树。

XSLT 脱胎于 XSL，它包含一种定位文档的机制，即 XPath(图 4.2)。XPath 是 XSL 中的一个重要分支，它是专门为定位 XML 文档或其他文档而设计的。由于 XSLT 仅负责转换语法部分，因此 XSL 要完成全部样式表现的功能，必须要有一套专门的样式词汇的支持，即 XSL-FO。

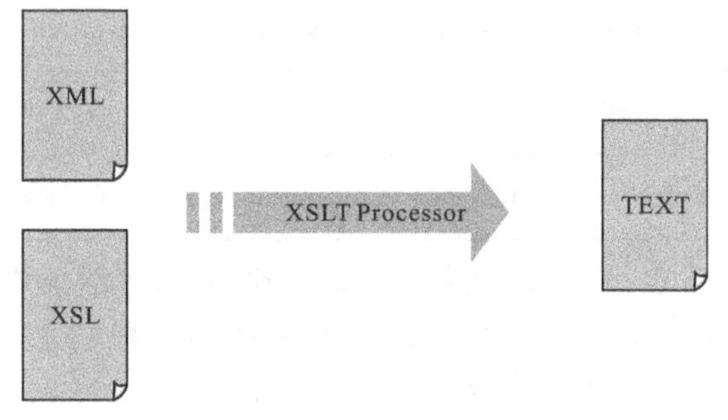

图 4.1 XSL 的实现机制

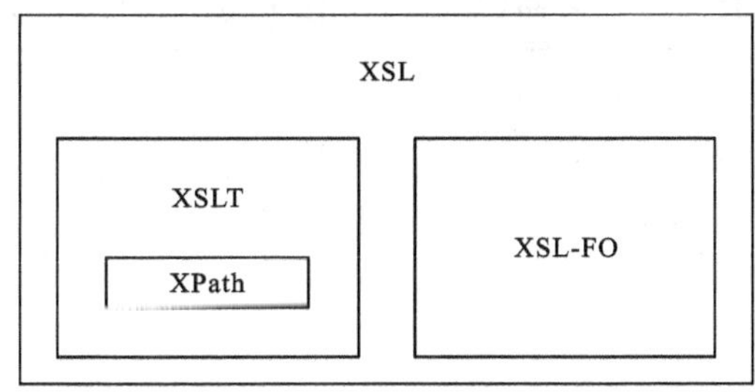

图 4.2 XSL 的结构

(2)XPath

XPath 是一门在 XML 文档中查找信息的语言。XPath 可用来在 XML 文档中对元素和属性进行遍历。XPath 是 W3C XSLT 标准的主要元素,并且 XQuery 和 XPointer 同时被构建于 XPath 表达之上。因此,对 XPath 的理解是很多高级 XML 应用的基础。

(3)XSL-FO

XSL-FO 是一种基于 XML 的标记语言,用于描述向屏幕、纸或者其他媒介输出 XML 数据的格式化(信息)。XSL-FO 是用于格式化 XML 数据的语言;指可扩展样式表语言格式化对象;目前通常被称为 XSL。

4.1.1.3 应用模式

XSL 在网络应用中可分为服务器端转换模式和客户端转换模式两种模式,(徐冰,2002)。其中,前者在 XML 文件下载到浏览器前先进行转换,然后再将转换后的文件送往客户端进行浏览;后者则将 XML 和 XSL 文件都传送到客户端,由浏览器进行实时转换。当然,后者要求浏览器支持 XML+XSL 的集成和转换。

4.1.2 XSLT 与 CSS 语言基础

4.1.2.1 XSLT 语言

(1)正确的样式表声明

把文档声明为 XSL 样式表的根元素是 <xsl:stylesheet> 或<xsl:transform>,两者是完全同义的,均可被使用!根据 W3C 的 XSLT 标准,声明 XSL 样式表的正确方法是:

```
<xsl:stylesheet version="1.0" xmlns:xsl="http://www.w3.org/1999/XSL/Transform">
```

或者：

```
<xsl:transform version="1.0" xmlns:xsl="http://www.w3.org/1999/XSL/Transform">
```

如需访问 XSLT 的元素、属性以及特性，我们必须在文档顶端声明 XSLT 命名空间。xmlns:xsl="http://www.w3.org/1999/XSL/Transform"指向了官方的 W3C XSLT 命名空间。如果使用此命名空间，就必须包含属性 version="1.0"。

(2)一个 XSLT 转换实例

我们现在要把下面这个 XML 文档(“cdcatalog.xml”)转换为 XHTML：

```
<?xml version="1.0" encoding="ISO-8859-1"?>
<catalog>
    <cd>
        <title>Empire Burlesque</title>
        <artist>Bob Dylan</artist>
        <country>USA</country>
        <company>Columbia</company>
        <price>10.90</price>
        <year>1985</year>
    </cd>
    <cd>
        <title>Hide your heart</title>
        <artist>Bonnie Tyler</artist>
        <country>UK</country>
        <company>CBS Records</company>
        <price>9.90</price>
        <year>1988</year>
    </cd>
</catalog>
```

然后创建一个带有转换模板的 XSL 样式表("cdcatalog.xsl")：

```
<?xml version="1.0" encoding="ISO-8859-1"?>
<xsl:stylesheet version="1.0" xmlns:xsl="http://www.w3.org/1999/XSL/Transform">
<xsl:template match="/">
    <html>
    <body>
        <h2>My CD Collection</h2>
        <table border="1">
        <tr bgcolor="#9acd32">
            <th align="left">Title</th>
            <th align="left">Artist</th>
        </tr>
        <xsl:for-each select="catalog/cd">
        <tr>
            <td><xsl:value-of select="title"/></td>
            <td><xsl:value-of select="artist"/></td>
        </tr>
        </xsl:for-each>
```

```
    </table>
    </body>
    </html>
</xsl:template>
</xsl:stylesheet>
```

<xsl:template> 元素定义了一个模板。而 match="/" 属性则把此模板与 XML 源文档的根相联系。<xsl:template> 元素内部的内容定义了写到输出结果的 HTML 代码。<xsl:value-of>元素用于提取某个选定节点的值，并把值添加到转换的输出流中。select 属性的值是一个 XPath 表达式。此表达式的工作方式类似于定位某个文件系统，在其中正斜杠可选择子目录。<xsl:for-each> 元素可用于选取指定的节点集中的每个 XML 元素。

向 XML 文档("cdcatalog. xml")添加 XSL 样式表引用：

```
<? xml version="1.0" encoding="ISO-8859-1"? >
<? xml-stylesheet type="text/xsl" href="cdcatalog.xsl"? >
<catalog>
...
</catalog>
```

如果使用的浏览器兼容 XSLT，它会很顺利地把 XML 转换为 XHTML(图 4.3)。

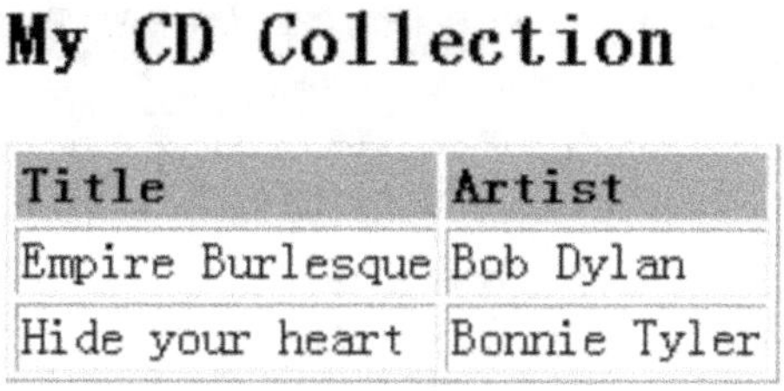

My CD Collection

Title	Artist
Empire Burlesque	Bob Dylan
Hide your heart	Bonnie Tyler

图 4.3 XSLT 转换的结果

4.1.2.2 CSS 基本语法

(1)CSS 概述

CSS 是指层叠样式表 (Cascading Style Sheets)；样式定义如何显示 HTML 元素；样式通常存储在样式表中；把样式添加到 HTML 4.0 中，是为了解决内容与表现分离的问题；外部样式表可以极大提高工作效率；外部样式表通常存储在 CSS 文件中；多个样式定义可层叠为一。

(2)CSS 语法

CSS 规则由两个主要的部分构成：选择器以及一条或多条声明。

```
selector {declaration1; declaration2; ... declarationN }
```

选择器通常是需要改变样式的 HTML 元素。每条声明由一个属性和一个值组成。属性(property)是希望设置的样式属性(style attribute)。每个属性有一个值。属性和值被冒号分开。

```
selector {property: value}
```

下面这行代码的作用是将 h1 元素内的文字颜色定义为红色，同时将字体大小设置为 14 像素。在这个例子中，h1 是选择器，color 和 font－size 是属性，red 和 14px 是值。

h1 {color：red； font－size：14px；}

(3)HTML＋CSS 实例

```
<html>
    <head>
        <style type="text/css">
            h1 {letter-spacing: 0.5em}
            h4 {letter-spacing: 20px}
        </style>
    </head>

    <body>
        <h1>This is header 1</h1>
        <h4>This is header 4</h4>
    </body>
</html>
```

实现结果如图 4.4 所示：

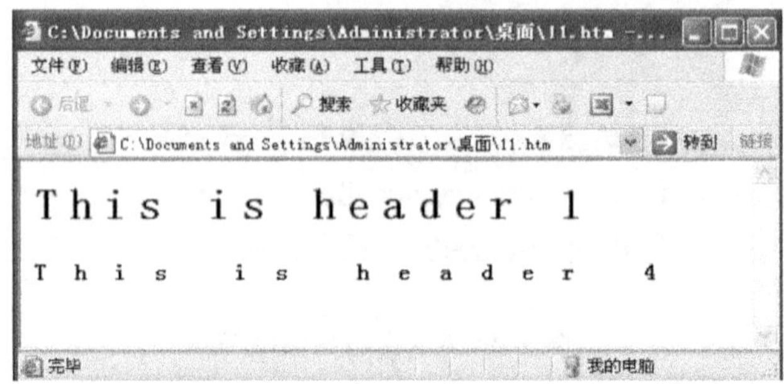

图 4.4　一个 HTML＋CSS 实例

(4)XML＋CSS 实例

下面的例子就是关于如何使用 CSS 样式表来格式化 XML 文档。

一个 CSS 样式实例 xmle_cd_catalog. css：

```
CATALOG {
    background-color: #ffffff;
    width: 100%;
}
CD{
    display: block;
    margin-bottom: 30pt;
    margin-left: 0;
}
TITLE{
    color: #FF0000;
    font-size: 20pt;
}
```

```
ARTIST{
    color: #0000FF;
    font-size: 20pt;
}
COUNTRY,PRICE,YEAR,COMPANY{
display: block;
color: #000000;
margin-left: 20pt;
}
```

一个带 CSS 的 XML 文档：

```
<? xml version="1.0" encoding="ISO-8859-1"? >
<! --Edited with XML Spy v2007 (http://www.altova.com) -->
<? xml-stylesheet type="text/css" href="xmle_cd_catalog.css"? >
<CATALOG >
    <CD>
        <TITLE>Empire Burlesque</TITLE>
        <ARTIST>Bob Dylan</ARTIST>
        <COUNTRY>USA</COUNTRY>
        <COMPANY>Columbia</COMPANY>
        <PRICE>10.90</PRICE>
        <YEAR>1985</YEAR>
    </CD>
    <CD>
        <TITLE>Hide your heart</TITLE>
        <ARTIST>Bonnie Tyler</ARTIST>
        <COUNTRY>UK</COUNTRY>
        <COMPANY>CBS Records</COMPANY>
        <PRICE>9.90</PRICE>
        <YEAR>1988</YEAR>
    </CD>
</CATALOG >
```

实现结果如图 4.5 所示：

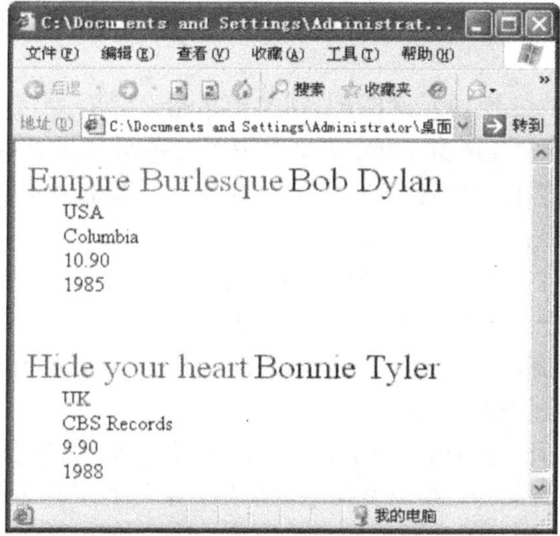

图 4.5　一个 XML+CSS 实例

4.1.2.3 XSL 与 CSS 关系

CSS 的主要作用是定义一个标记或一类标记的显示样式，以便实现对一个页面样式的独立管理。所谓层叠规则即：如果标记的样式定义发生冲突时，靠近标记的定义将生效。但 CSS 没有办法使 XML 文档中的同一个数据在页面上多次显示，这是由 CSS 实现机制所导致的。CSS 虽然简单，但存在如下不足（吴敏 等，2001）：

①XML 的表现独立于浏览器对 CSS 的支持；

②CSS 仅能规定元素而不能规定属性的表现形式；

③每个输入元素仅能处理一次；

④不能为输出添加元素和其他内容；

⑤不能实现条件或选择处理，不能执行计算，重新整理或排序数据，没有任何转换功能。

在功能上 XSL 要比 CSS 强大的多：①这不但表现在它可以实现一条数据的多次呈现；②而且还提供了很强大的数据定位能力，即从 XML 文档中提取具有某种特征数据的能力（准确地讲这种能力是 Xpath 提供的）；③除此之外还有诸如循环、条件、选择等语言控制功能；④以及排序和过滤等功能，从而使 XSL 能从 Web 上分离出关键数据；⑤XSL 能使 Web 浏览器直接根据用户的不同需求改变文档的表示法，而不需要与服务器进行交互通讯；⑥在功能上，XSL 完全覆盖了 CSS 的功能，同时，XSL 从语法上讲是一种 XML 文档，因而容易被脚本通过一些接口（DOM）技术来调用，从而实现对于样式的动态控制，这方面远非 CSS 所能及；⑦具有文本的置换；⑧根据文本内容决定显示方式；⑨将文档中的成分按照一个子成分的值进行排序，从而为 XML 数据库的顺序索引提供了基础；⑩支持超链接，支持某些语种文字从上到下，竖行从右到左的排列格式（董欣 等，2000）。

4.1.3 XSLT 语法结构

XSL 本身是 xml：stylesheet 元素，使用 XML 来描述规则、模式和模板。其中，规则是 xml：template 元素；模式（pattern）是 xml：template 元素的 match 属性，是一个 XPath 表达式，是模板指令的一个属性，用来匹配 XML 元素，规定了需要进行转换的元素或属性对象，即在什么情况下需要应用这个模板；模板（template）是 xml：template 元素的内容，定义了转换的具体内容，即怎样转换。

如果模式和 XML 中被处理的元素匹配，则本模板指令将被处理，这个过程称为模板实例化。在模板指令中，可以包含直接输出到结果文档中的文字元素，也可以包含其他指令。这些指令能够通过 XPath 表达式选择并处理源 XML 中的元素。XSL 的基本语法有：

（1）相对定位和绝对定位

绝对定位法是相对于文档的根给出文档中某一个标记的路径的方法。相对定位法是相对于当前位置的，具体的位置是定位条件和当前位置的结合。

（2 ）XSL 的路径匹配模式

匹配模式是指一些描述条件的语句。

“//”路径符号，其作用是递归搜索指定元素后代中所有具有某特征的元素，如果该符号用在路径的最左侧则表示从根目录开始搜索文档中满足某一条件的所有元素。

通配符号“*”，表示任意名称的标记，通常用于表示某一标记下面的所有子标记。

匹配标记内容的模式。标记内容是由某个标记的内容与该标记的所有子标记的内容所构成的整体。

匹配标记属性的查询模式，表示选取出属性满足某一条件的所有标记。

匹配条件可以分为简单条件和复合条件，前者使用一个孤立的条件，后者是由两个或两个以上的简单条件通过逻辑运算符号结合而形成的条件表达式。

标记指标，是指所选标记集合中的标记的位置。

(3)XSL 的控制语句

控制语句就是循环、条件和选择等语句。

XSL 的循环语句，即“for－each”语句，总是依次将程序的当前位置放在一个集合的每一个元素上，这个集合是满足“select”后面匹配条件的所有标记构成的。

XSL 的条件选择模式，就是“if”语句，是根据某个逻辑表达式的真假来决定程序是否向下执行。

XSL 的多选一模式，就是“Choose”语句，

```
<xsl:choose>
    <xsl:when test=" " >…</xsl:when>
    ……
    <xsl:otherwise>…</xsl:otherwise>
    </xsl:choose>。
```

XSL 的求值语句，即<xsl:value－of/>的作用是输出特定标记的内容，该标记是由“select”属性所使用的匹配模式决定的。如果满足匹配模式的记录有多个，则输出这些记录中第一条的内容。

根据 XSL 文档中模板的数量，可以分为单模板和多模板。单模板是指 XSL 文档中只有一个模板，只能处理一些结构相对简单的 XML 文档，对于结构复杂的 XML 文档，则难度很大，而且 XSL 文档结构复杂且条理不清。多模板是将整个 XML 文档的结构进行划分，不同的级别采用不同的模板，需要从上到下设计多个模板，而这些模板之间按照一定的调用关系构成一个结构完整的模板树，能使 XSL 文档结构清晰，条理分明，设计容易，可扩展性好，便于大型样式文档的设计(栗松涛，2001)。

4.1.4 基于 XSL 的规则表达

知识表示是为了描述世界所作的一组约定，是知识的符号化过程，即是将关于世界的事实、关系和过程等编码成为一种合适的数据结构。它包含两层含义(朱福喜　等，2002)：①用给定的知识结构按一定的原则组织表示知识；②解释所表示知识的含义。

不同的知识表示方法在不同的应用领域中往往会产生不同的效果(金波　等，2000)。知识表示方法可以从以下几个方面衡量：①表示能力，能够将问题求解所需的知识正确地表达出来；②可理解性，所表达的知识简单、明了、易于理解；③可操作性，表达方法易于计算机组织、管理、检索与共享；④可扩充性，能够方便地对表达的知识进行扩充。

就知识的作用而言，知识可以分为陈述性知识和过程性知识。其中，陈述性知识表示描述事实性知识，属于显式表示；而过程性知识表示描述规则和控制结构知识，给出一些客观规律，属于隐含表示。过程表示法的知识描述形式就是程序，所有的信息均隐含在程序中，它们给出的是事物的一些客观规律，表达的是如何求解问题。因而从程序求解问题效率上来说，过程式表达要比

陈述式表达高得多，但缺点是过程表示难以添加新知识和扩充新的功能，它适合于知识表示与求解结合非常紧密的问题(朱福喜 等，2002)。

XML 能表示知识，而且通过 Schema/DTD 可以检查知识表示的有效性，属于陈述式知识表示，不能动态地实现知识的抽取和转换。由 XML 派生的 XSL 不仅能表示陈述式知识，还能表示过程式知识；不仅能实现文档结构的转换，而且还能增加和删除文档的标记，因此 XSL 能从数据中抽取知识并以指定的格式表达出来。此外，基于 XSL 的过程式知识表达方法能有效克服难以粒状更新与不易扩展的问题。

4.2 图示表达规则

为了实现地理数据的地图表达，需要应用地理数据的工具和模型，使地理数据适合于地图制图。其中，工具是一种特定的算法，作用于指定的地理数据集以生成另一个数据集，模型是工具的集合(Frye，2003)。图示表达规则是一种将地理数据转换为地图制图数据的工具，其任务是从地理数据中过滤、选择和处理与制图相关的信息，并生成地图制图数据。地理数据的自动抽象使制图人员能从繁重的制图综合工作中解脱出来，让他们能有足够的时间和精力专注于地图艺术方面。这样，计算机处理地图制图的科学性，而人处理地图的艺术性(Aileen，2005)，实现人-机的合作与分工。

4.2.1 我国地形图图式规范

4.2.1.1 我国地形图图式规范概述

我国地形图图式规范(GB/T 20257—2006)规定了 1∶25 000、1∶50 000、1∶100 000 国家基本比例尺地形图上各种地物、地貌要素的符号、注记和颜色标准，以及使用这些符号的原则、要求和基本方法。图式规范从内容上可分为四个部分：主题内容与适用范围、技术规定、地图符号、图廓整饰及样式，具有树状结构(图 4.6)。其中，技术规定部分描述了符号的尺寸、符号的定位点和定位线、符号的方向和配置、符号在图上的准确显示及符号的印刷颜色。

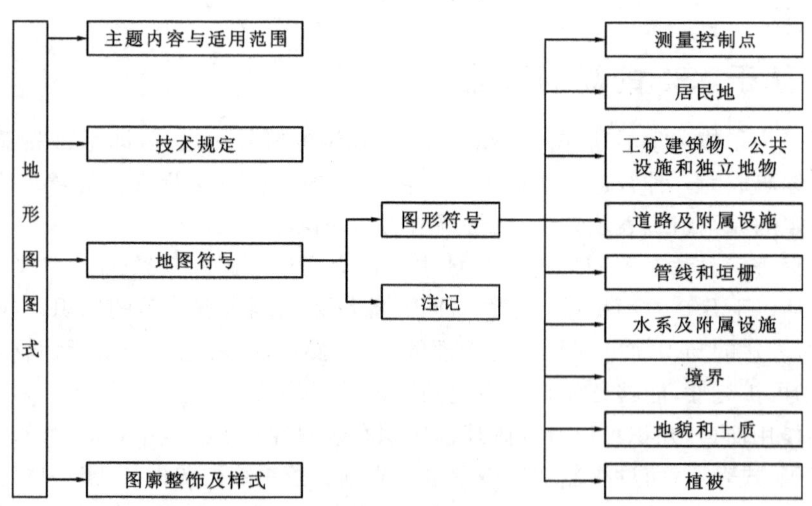

图 4.6 地形图图式的树状结构

地图符号部分分为图形符号与注记。其中，图形符号按照要素进行了分类，包括测量控制点，居民地，工矿建筑物，公共设施和独立地物，道路及附属设施，管线和垣栅，水系及附属设施，境界，地貌和土质，植被；注记是地形图的主要内容之一，是判读地形图的直接依据，包括地理名称、各种说明注记及数字注记。此外，图形符号不仅具有要素特征，还具有几何特性，因而也可以分为点、线、面要素。

注记与图形符号相互联系，注记通常伴随图形符号出现，不能独立出现；注记是文字，图形符号通常是图形；图形符号包括文字；注记往往不具备严格的定位功能，例如点状注记可以在点符号周围表示。

4.2.1.2　图式规范中的地图符号

地图符号是地形图图式规范的主体包括：编号、符号名称、相应比例尺下的图形、简要说明（表 4.1）。

表 4.1　图式规范中的地图符号部分片段

编号	符号名称	1∶25 000 1∶50 000 1∶100 000	简要说明
4	居民地		重要的地物要素。要求反映出外围轮廓特征及平面位置，分出主、次通道，正确显示各类型居民地特点
4.1	普通房屋		指各种类型零散分布的单幢或几幢联结在一起的房屋，图上按真方向准确绘出。实地分布密集成团，图上不能逐个表示时，其外围的房屋按真实位置给出，内部可适当取舍。……
	a. 不依比例尺的		表示图上长、宽分别小于 0.6mm、0.4mm 的房屋
	b. 半依比例尺的		凡图上长大于 0.6mm、宽在 0.4mm 以内的单幢房屋，用宽 0.4mm、长依比例尺的黑块符号表示。三、五幢房屋排成一行，图上宽度小于 0.4mm，各幢间隔小于 0.2mm 时，也用此符号表示
	c. 依比例尺的		表示图上长、宽分别大于 0.6mm、0.4mm 而又小于 1.2mm、1.0mm 的房屋

（1）编号与名称

地图符号的编号是地图符号在图式中的分类编码，与地图符号名称一一对应，具有明显的树状结构与层状特点（图 4.7）。地图符号的名称反映了地理要素的特征，因此地图符号具有要素分类属性。

（2）图形

从对地图比例尺的依存关系上，地图符号可分为：不依比例尺、半依比例尺与依比例尺符号。这些符号可以反映同一地理要素如普通房屋，但又具有不同的点、线或面等几何特征。因此地图符号的要素类型与几何类型之间是一对多的关系。在地图中普通房屋要素是否表达，采用哪一种几何类型的地图符号表示，依据地图符号的简要说明。

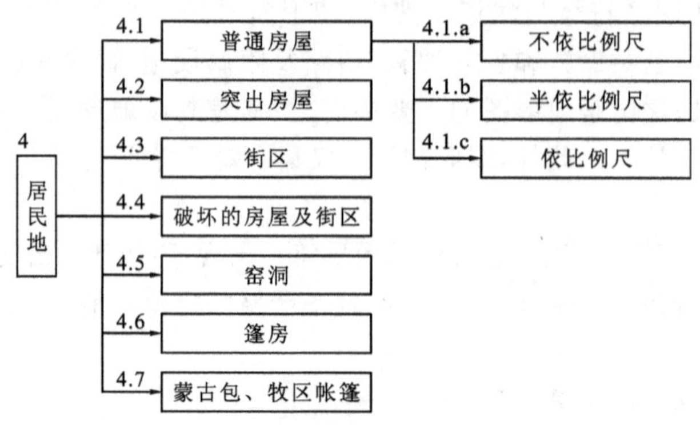

图 4.7　地图符号分类及其编号的树状结构

(3)简要说明

简要说明与地图符号是一一对应的，是对地理数据中地理要素类型、属性与几何类型的分析与推理，描述了地图符号所表达的地理要素及其属性特征（如普通房屋是指各种类型零散分布的单幢或几幢联结在一起的房屋，图上按真方向准确绘出）、地图符号在地图中的形状（包括宽、长、面积等）等内容（如不依比例尺的普通房屋是表示图上长和宽分别小于 0.6mm 和 0.4mm 的房屋）。其中，这些形状的度量需要相应的函数，即外部函数。

因此，简要说明的目的是为了确定表达地理要素的地图符号的名称。其中，地理要素及其属性的描述确定了地图符号的要素类型；符号形状的描述（有时不需要如三角点符号）用于确定地图符号的几何类型。

我国地形图图式规范与地理信息的图示表达机制，都只是针对地图符号与其表示对象之间的关系进行了阐述，并未分析地图符号之间的关系、地图符号与地图之间的关系、地图符号与尺度之间的关系，以及这些关系的处理方法。从地图符号论的角度来看，图式规范与图示表达机制只是解决了符号与表示对象之间的关系，地图符号的其他关系的处理通常需要通过人机交互的方法进行解决。

4.2.2　图式规范中的表达规则

在图式表达规则中，地图符号的简要说明是描述地图符号的适用条件，与表达规则的查询语句相对应；地图符号的要素特征与几何特征共同决定了地理要素的表达符号，与表达规则的行为语句相对应（图 4.8）。

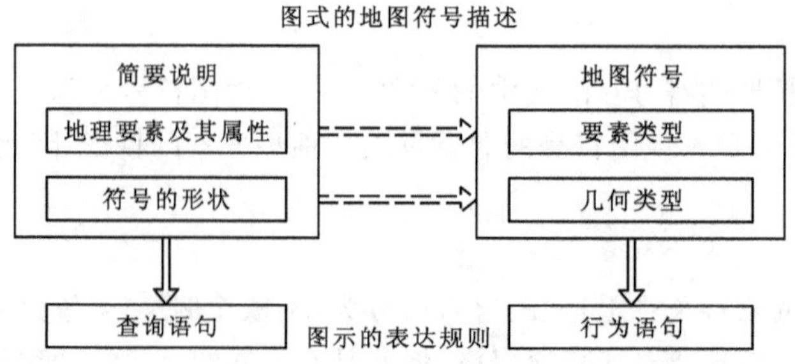

图 4.8　地形图图式与表达规则之间的关系

1972 年，纽厄尔和西蒙在研究人类的认知模型中开发了基于规则的产生式系统。目前，产生式表示法已经成了人工智能中应用最多的一种知识表示模式，尤其是在专家系统方面，许多成功的专家系统都是采用产生式知识表示方法。产生式的基本形式为 P→Q 或者 IF P THEN Q。其中，P 是产生式的前提，也称为前件，它给出了该产生式可否使用的先决条件，由事实的逻辑组合来构成；Q 是一组结论或操作，也称为产生式的后件，它指出当前题 P 满足时，应该推出的结论或应该执行的动作。产生式的含义是如果前提 P 满足，则可推出结论 Q 或执行 Q 所规定的操作。地图符号简要说明的知识，采用产生式规则的进行描述，以普通房屋为例：

```
IF（ 要素名＝“普通房屋” 且 图上长度()＜0.6mm 且 图上宽度()＜0.4mm ）
    THEN 点状普通房屋

    IF（ 要素名＝“普通房屋” 属性 1＝“单幢房屋”且 图上长度()＞0.6mm 且 图上宽度()＜0.4mm ）
    THEN 线状普通房屋

    IF（ 要素名＝“普通房屋” 且 图上长度()＞0.6mm 且 图上宽度()＞0.4mm 且 图上长度()＜1.2mm 且 图上宽度()＜1.
0mm)
    THEN 面状普通房屋
```

其中，IF 语句中要素名表示地理要素的分类名称，与要素属性一起确定地图符号的要素类型，这里为普通房屋。图上长度()、图上宽度()为外部函数。THEN 语句中的地图符号名包括要素特征与几何特征两个部分，这里要素特征为普通房屋，几何特征为点状、线状与面状。

地图图式的简要说明具有分析地理要素及其属性的功能，同时通过外部函数分析地图符号在地图中的形状特征，根据图式规范，确定地理要素对应的地图符号(图 4.9)。

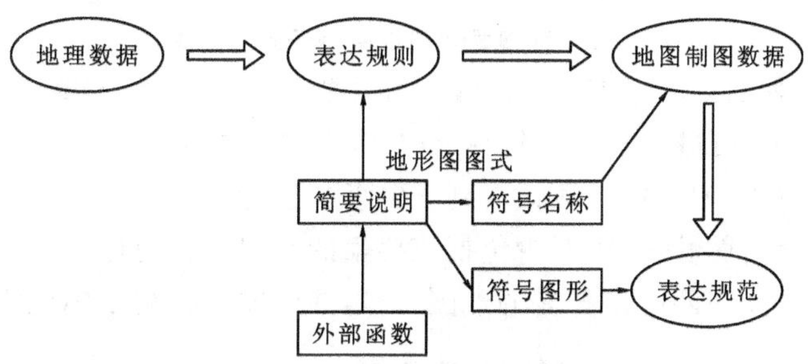

图 4.9 基于地图图式的图示表达

4.3 基于 XSL 的表达规则

4.3.1 表达规则的概念模型

地理信息的图示表达规则用于测试地理信息的几何类型、要素类型、专题属性等，并确定表达地理要素的地图符号。表达规则的＜条件＞是图式规范中地图符号的简要说明的知识表达，属于查询语句；＜结论＞部分包含表达地理要素的符号名称或符号描述，属于行为语句。

图示表达规则采用正向推理方式，即从已知事实出发，通过规则库求得结论，称为数据驱动方式，也称为自底向上的方式。其推理过程可分为三个部分：①规则集中的规则的前件与数据库中的事实进行匹配，获得匹配的规则集合；②从匹配规则集合中选择一条规则作为使用规则；③执行使用规则，将该使用规则的后件送入数据库。重复这个过程直到达到目标。

因此，图示表达规则的推理流程为：

①判断要素的几何类型，将地理要素分为面要素、线要素和点要素，并分别由具有默认的面符号、默认的线符号与默认的点符号来表示(图 4.10)；

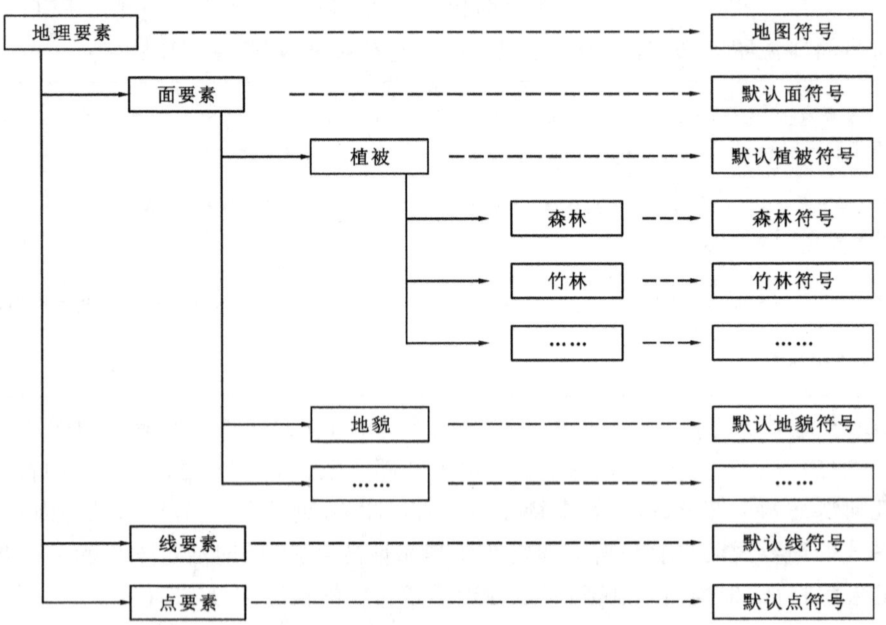

图 4.10 地理要素与地图符号的对应关系

②判断要素类型，如面要素包括地貌要素、植被要素等。要素类型包括父要素与子要素类型，如植被为父要素类型，可进一步分为竹林、森林等子要素类型；

③子要素类型可以进一步派生，测试直到子要素类型为止；

④从要素中抽取所需属性，其中至少包括该要素的空间位置坐标；

⑤最后从地图符号库中匹配出相应的地图符号，并生成地图制图标记语言。

4.3.2 基于 XSL 的表达规则逻辑模型

在 XSL 中样式单定义了一套将源 XML 文档转换为结果 XML 文档的规则，称为模板规则(template rules)。一个模板规则分为两个部分：模式(patterns)与模板(templates)。其中，模式用来匹配源 XML 中的元素，使用 Xpath 语法定义，将程序当前位置定位到 XML 文档中满足某一条件的标记上；模板是格式之间的转换规则，可以从 XML 文档中提取特定的信息，放在特定的格式中进行输出。

```
<? xml version="1.0"? >
<xsl:stylesheet xmlns:xsl=http://www.w3.org/TR/WD-xsl>
    <xsl:template match="/">
        <xsl:apply-templates/>
    </xsl:template>
</xsl:stylesheet>
```

知识表示是将知识映射成一种形式化语言的过程。地形图图式中地图符号的简要说明经过形式化描述(即知识表示过程)形成 XSL 文档(图 4.11)。其中,简要说明中符号形状的计算所需的外部函数采用脚本语言 JavaScript 实现。

图 4.11 基于 XSL 的表达规则模型

采用 XSL 描述产生式规则不仅语法简单,易于维护,而且支持重用,可扩充能力强,尤其是很自然地实现了算法与知识的分离,它是一种功能极强的描述性语言(刘金红 等,2004)。这意味着,基于 XSL 的表达规则模型具有以下特点:①表示能力强,能将图式规范中的知识正确地表达出来;②易于理解,XSL 简单、明了,而且是开放的标准格式;③XSL 易于被计算机组织、管理、检索与共享;④XSL 能够方便地对表达的知识进行扩充。

基于 XSL 的表达规则可采用两种策略:平行法和嵌套法。其中,平行法是将所有的地图符号都对应一个单独的模板,这些模板之间是平行关系。一个地理要素,可能有多个规则适合,因此需要增加规则的优先级属性,用于解决一个地理要素同时有多个规则适合时的冲突问题。嵌套法是采用嵌套模板,即模板之间具有嵌套关系,不需优先级属性。外层的模板表示父类地图符号,内层模板表示子类地图符号,层次越深,符号的分类越细,子类符号所表示的要素属性继承了父类符号所表示的要素属性。平行法属于陈述式知识表达,强调知识的静态描述,是知识的一种显式表达形式。对于这些知识的使用和推理,则是通过控制策略或推理机制来决定的,如优先级属性。嵌套法属于过程式知识表示,就是将制图知识,连同如何使用这些知识的方法,隐式地表达为一个求解问题的过程。

由于 XSL 是基于 XML 的,因而其易于实现嵌套关系。我们将采用基于 XSL 的嵌套模板策略,即过程式知识表示方法来描述制图知识,实现 GML 数据到 MapMML 的自动转换(图 4.12)。

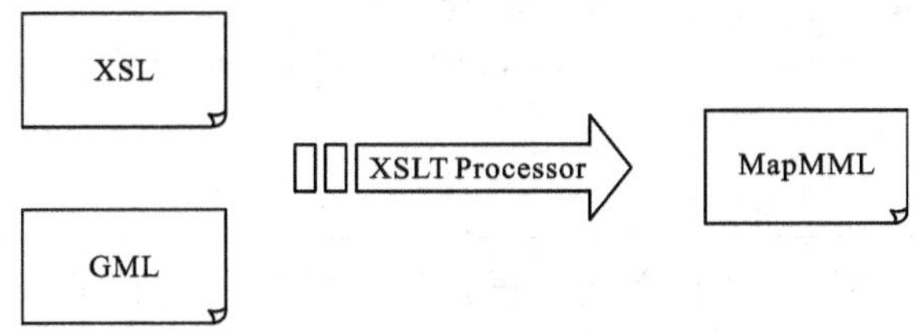

图 4.12 基于 XSL 的图示表达过程

4.3.3 表达规则的物理模型

4.3.3.1 GML 源数据

地理数据由 GML 表示,如

```
<? xml version="1.0" encoding="utf-8" standalone="no"? >
<FeatureCollection xmlns:gml="http://www.opengis.net/gml">
        <FeatureMember typeName="bourn">
            <attribute featureType="province-boundaries" geometry="CURVE"/>
            <description>Province Boundaries</description>
            <name>Province Boundaries in China.</name>
            <gml:LinearRing>
                <gml:coordinates>M-3408 -877c27,-20 116,0 160,0 43,0 99,……
            -71 -185,-101 -101,-212 -84,111 71,-69 71,-69z</gml:coordinates>
            </gml:LinearRing>
    </FeatureMember>
……
</FeatureCollection>
```

文档中<featureMember>表示要素，并构成<FeatureCollection>的子标记。自定义属性 typeName 表示要素的超类型。<attribute>描述要素的属性，其中 featureType 表示要素的子类型，几何类型属性名为 geometry。<description>描述地理要素，<name>表示要素名。要素的空间特性可由 GML 属性<gml:location>、<gml:LineString>等描述，坐标值为<gml:coordinates>的内容。

4.3.3.2 XSL 的几何类型测试

GML 文档的根定义显示模板，所谓显示模板是将来的显示样式。

```
<? xml version="1.0" encoding="gb2312"? >
<xsl:stylesheet version="1.0" xmlns:xsl=http://www.w3.org/1999/XSL/Transform
    xmlns:gml=http://www.opengis.net/gml>
        <xsl:template match="/">
            <g>
                <xsl:apply-templates select="//FeatureMember"/>
            </g>
        </xsl:template>
    <xsl:template match="FeatureMember">
        <xsl:choose>
            <xsl:when test="./attribute[@geometry='POINT']">
            <xsl:when test="./attribute[@geometry='CURVE']">
            <xsl:when test="./*[@geometry='SURFACE']">
            <xsl:otherwise>It is not a point/curve/surface! </xsl:otherwise>
        </xsl:choose>
    </xsl:template>
</xsl:stylesheet>
```

文档的根和文档的根标记不同，文档的根是通常的“/”，文档的根标记是 XML 文档的第一层标记(如<FeatureCollection>)。XSL 文件格式化一个 XML 文件时，总是先定位到文档的根，对文档的根使用完模板后再依次扫描文件中的其他标记。因此 XSL 文件中必须具有的一个模板就是文档的根模板。为了只对特定的子标记调用模板，可以通过添加“select”属性进行限制。

在子模板中使用的 XSL 选择语句<xsl:choose>，能提供多选一的语句控制功能。一个选择语句可以包含多个<xsl:when>子句，每个子句代表一种情况(如点、线、面状要素)，当条件成立时执行。一般情况下最后要跟上一个<xsl:otherwise>子句，表示所有情况都不成立时执行的动作。

4.3.3.3 XSL 的要素类型测试

每个点、线、面几何要素集包含了许多要素类型，如面状要素包括植被、地貌、居民地等要素，这意味着我们需要在<xsl:when>子句中插入<xsl:choose>语句，以进一步判断地理对象的要素类型。

```
<xsl:when test="./*[@geometry='SURFACE']">
    <xsl:choose>
        <xsl:when test="./@typeName='Vegetation'">
        <xsl: when test="./@typeName='Relief'">
        <xsl: when test="./@typeName='Residental Area'">
    </xsl:choose>
</xsl:when>
```

植被要素类型包括地类界、森林、灌木林等子要素类型，而森林又包括成林、幼林、疏林等子类，它们是按照郁闭度和树龄来划分的。基于 XSL 的地图符号区配文档如下：

```
<xsl:when test="./@typeName='Vegetation'">
  <xsl:choose>
  <xsl:when test="./*[@featureType='Forest']">
    <xsl:choose>
    <xsl:when test=" ./*[@ovr &gt; '0.10'] and ./*[@ovr &lt; '0.30']">
      <xsl:variable name="coord">
          <xsl:value-of select="./*/gml:innerBoundaryIs"/>
      </xsl:variable>
        <Feature d="{ $ coord}" name="疏林" symid="Sparse Woodland"/>
    </xsl:when>
    <xsl:when test="./*[@ovr &gt; '0.30']">
      <xsl:choose>
        <xsl:when test="./*[@age &gt; '20']">
          <xsl:choose>
            <xsl:when test="./*[@leafyconifer='1']">
              <xsl:variable name="coord">
                <xsl:value-of select="./*/gml:innerBoundaryIs"/>
              </xsl:variable>
          <Feature d="{ $ coord}" name="阔叶林" symid="Leafy Woodland"/>
            </xsl:when>
            <xsl:when test="./*[@leafyconifer='2']">
              <xsl:variable name="coord">
                <xsl:value-of select="./*/gml:innerBoundaryIs"/>
              </xsl:variable>
      <Feature d="{ $ coord}" name="针叶林" symid="Conifer Woodland"/>
          </xsl:when>
          <xsl:when test="./*[@leafyconifer='3']">
            <xsl:variable name="coord">
              <xsl:value-of select="./*/gml:innerBoundaryIs"/>
                    </xsl:variable>
  <Feature d="{ $ coord}" name="阔叶针叶混交林" symid="Leafy and Conifer Woodland"/>
          </xsl:when>
```

在表达规则的测试过程中，首先测试郁闭度 test=" ./*[@ovr > '0.10'] and ./*[@ovr < '0.30']"在 0.1～0.3 范围内的森林为疏林，而郁闭度 test="./*[@ovr > '0.30']"在 0.3 以上的林地为成林和幼林；然后对年龄进行测试，树龄在 20 年以上“test="./*

[@age > '20']""的为成林，而在 20 年以下的为幼林；在对成林进行测试以判断该林地属于阔叶林、针叶林和阔叶针叶混交林。由于植被是面状地理要素，按照继承特性森林及其子类默认的都属于面状几何要素。

当要素为叶子节点时，进行空间数据提取与符号匹配。其中，空间数据可以通过定义变量"coord"来表示，并由语句<xsl:value-of select>赋值。

4.3.3.4 基于 XSL 脚本的外部函数

XSL 不仅具有转换格式与改变地图内容的功能，还具有图形的计算功能(Lars，2002)。XSL 提供了专门的嵌套脚本语言的方法，包括两个标记：

①脚本执行标记<xsl:eval> </xsl:eval>，用于执行其中的脚本语句并返回一个文本字符串，其一般用法为：

```
<xsl:eval language="Javascript">函数名(参数 1,参数 2,…)</xsl:eval>
```

②脚本标记<xsl:script></xsl:script>，通常用于定义函数或声明全局变量，用法为：

```
<xsl:script language="Javascirpt">定义函数或声明全局变量</xsl:script>
```

利用 XSL 所嵌套的脚本完成面状地图符号的图上面积、长度与宽度计算，以及线状地图符号的图上长度计算等，从而实现外部函数的功能。

练习题

(1)说明 XSL、XSLT、XSL-FO 之间的关系。

(2)阐述 XSLT 的基本功能，以及在 GML 向 SVG 转换的功用。

(3)比较 XSLT 与 CSS 的差异性。

(4)阅读我国地形图图式规范，分析图式表达规则。

(5)分析 XSLT 如何表达知识，以及在地理信息图示表达规则中的应用意义与方法。

5 基于SVG的表达规范

表达规范是根据地图图式规范要求，实现地图符号的规范化表达。地图符号是一种复杂的图形，需要采用完备的图形元素进行表示。本章首先分析了SVG的特点，提出了基于SVG的地图符号描述模型，并利用SVG详细设计了地图符号。

5.1 可升级矢量标记语言

Unicode和Window Font字体，也可作为开放标准格式的网络语言，用来表达地图符号。它们包括全世界所有字体、基本图形（如三角形、菱形等）、基本地图符号（如山峰、蒙古包、庙宇等）。因此，Unicode和Window Font能表示部分基本地图符号和复合的地图符号，且与平台无关。但它们不是专门针对图形的，因此相对于SVG，它们在描述地图符号方面存在一定的不足。

5.1.1 SVG语法基础

5.1.1.1 SVG概述

SVG是W3C制定的基于XML的图形标记语言。根据功能不同，SVG的主要对象可归为基本要素对象和描述功能对象两大类：前者不仅支持文字、图像和基本图形，而且对于贝塞尔曲线也同样支持，并引入路径的概念；后者包括字体描述、坐标变换、填充、透明、链接、描边、动画、显示方式、剪切路径、组合对象以及箭头等。

通过与SVF、DWF、Flash、PDF、PGML、WebCGM、HGML、DrawML、VML、Java2D、SWF(Shock Wave Flash)以及ActiveX等图形格式在可视化方法、使用情况、交互性以及内部格式等方面的比较，SVG作为二维的网络图形格式具有很大的优势。

OpenGIS把SVG作为WMS的一个基本文件格式，OGC在SLD中采用SVG的词汇表描述地图符号。这意味着，SVG在如下方面适合于地图制图：①坐标系统和转换处理；②图层管理；③强有力的文字处理功能，如文字沿路径分布、字体管理等；④栅格图像管理，能进行矢栅合并；⑤图形元素具有线型、透明度等参数，能绘制高质量的地图；⑥通过使用Javascript和DOM，具有很强的交互功能；⑦能扩展自定义的非图形属性等；⑧SVG能支持“多文档视图”，主视图<svg></svg>是SVG文档唯一的根标记，每一个子视图采用一个嵌套的<svg></svg>表示。

5.1.1.2 SVG语法基础

SVG是使用XML来描述二维图形和绘图程序的语言。下面的例子是一个简单的SVG文件的例子及其对应的图形（图5.1）。

```
<? xml version="1.0" standalone="no"? >
<! DOCTYPE svg PUBLIC "-//W3C//DTD SVG 1.1//EN"
"http://www.w3.org/Graphics/SVG/1.1/DTD/svg11.dtd">
    <svg width="100%" height="100%" version="1.1"
xmlns="http://www.w3.org/2000/svg">
    <circle cx="100" cy="50" r="40" stroke="black" stroke-width="2" fill="red"/>
</svg>
```

图 5.1 一个 SVG 实例

第一行包含了 XML 声明。请注意 standalone 属性！该属性规定此 SVG 文件是否是“独立的”，或含有对外部文件的引用。standalone="no" 意味着 SVG 文档会引用一个外部文件，在这里就是 DTD 文件。

第二和第三行引用了这个外部的 SVG DTD。该 DTD 位于"http://www.w3.org/Graphics/SVG/1.1/DTD/svg11.dtd"。该 DTD 位于 W3C，含有所有允许的 SVG 元素。

SVG 代码以<svg>元素开始，包括开启标签<svg>和关闭标签</svg>。这是根元素。width 和 height 属性可设置此 SVG 文档的宽度和高度。version 属性可定义所使用的 SVG 版本，xmlns 属性可定义 SVG 命名空间。

SVG 的<circle>用来创建一个圆。cx 和 cy 属性定义圆中心的 x 和 y 坐标。如果忽略这两个属性，那么圆点会被设置为 (0, 0)。r 属性定义圆的半径。stroke 和 stroke-width 属性控制如何显示形状的轮廓。我们把圆的轮廓设置为 2px 宽，黑边框。fill 属性设置形状内的颜色。我们把填充颜色设置为红色。

关闭标签的作用是关闭 SVG 元素和文档本身。

SVG 文件可通过标签：<embed>、<object> 或者 <iframe>嵌入 HTML 文档。

5.1.2 SVG与地图表达

地图表达涉及地理数据和地图数据，而 SVG 与这些数据存在如下的内在联系，从而便于通过 SVG 实现地理数据－SVG－地图数据的转换与地图表达。

5.1.2.1 SVG 与 GML 的关系

SVG 与 GML 都是基于 XML 且与几何图形相关的标记语言。其中，GML 描述地理数据，包括空间几何、要素属性以及要素之间的拓扑关系；SVG 描述图形、图像以及文本，但不支持拓扑表达，两者具有一定的对应关系(图 5.2)。

SVG 与 GML 在几何描述方面具有类似的功能，如 GML 的最小包围盒能通过 SVG 多边形的 getBox()操作实现。GML 的线、面与图像能与 SVG 对应的元素直接映射(表 5.1)，不过 GML 的点元素在 SVG 中没有直接对应的元素表示，但可以通过 SVG 的其他图形元素来表示。

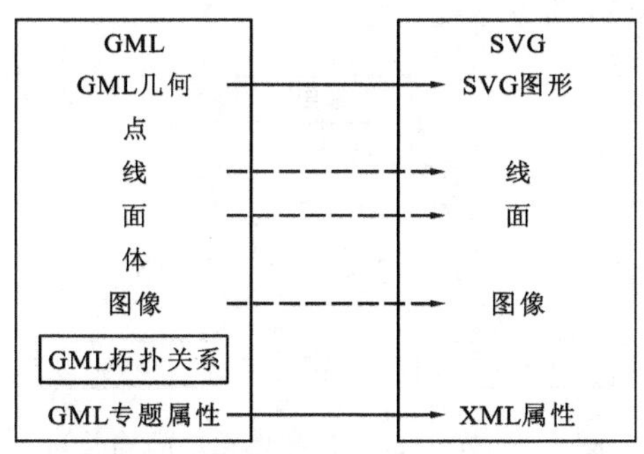

图 5.2 GML与SVG之间的对应关系

表 5.1 GML与SVG在几何对象描述上的对应关系

GML	SVG
<point>	rectangle, circle, icon at the point location
<LineString>	<polyline>
<Box>	<rect>
<LinearRing>	<svg:polygon>
<Polygon>	<polygon>
<MultiPoint>	rectangle, circle, icon at the point
<MultiLineString>	A group <g> of <svg:polyline>
<MultiPolygon>	A group <g> of <svg:polygon>

5.1.2.2 SVG与地图的关系

SVG能为地图制图提供标准的基于矢量格式的解决方案。CorelDraw制图中没有点的概念，对应于SVG的图形也一样没有点。地图符号可以由SVG的形状元素进行描述；注记由SVG的文本元素表示；图层由SVG的组元素表示（图5.3）。

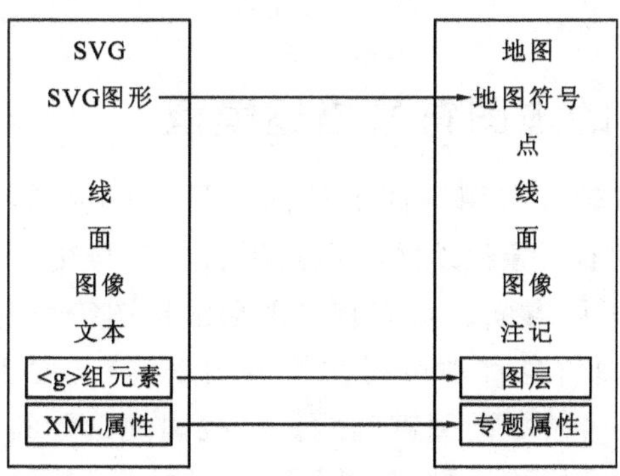

图 5.3 SVG与地图之间的关系

5.1.2.3 SVG、GML与地图的关系

SVG、GML与地图之间通过中间枢纽——图形紧密联系在一起，但各自侧重点不同。GML面向二维空间地理数据的描述；SVG面向二维矢量图形的表达，可用于表示二维矢量

的、多媒体的、面向网络的地图(图 5.4)。

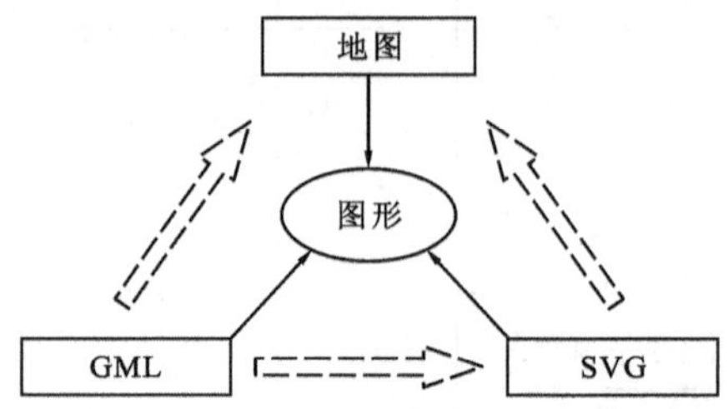

图 5.4 SVG、GML **与地图之间的关系**

SVG 地图具有:①放大缩小,用户可以放大地图图像到任何倍数而不必担心损失地图的细节;②文字的查询,由于文字在 SVG 图形里面仍然是以文字表示的,所以可以很容易地被查询和修改;③文件小,SVG 是文本文件,其压缩率非常高,使得文件大小和下载时间大大减少;④可提供 16 位色支持,使地图颜色丰富多彩;⑤可以很容易地实现和用户交互,编写鼠标事件就可以实现高亮度显示,地图提示,特殊效果等;⑥支持超链接,当 SVG 图形放大或漫游时,通过 URL 能动态加载更加详细或不在视口范围的数据,实现层状细节模型的分布式处理(Juliana,2005)。

5.2 基于 SVG的地图符号描述

地图符号的描述方法可分为文字、数学方法、半结构数据模型、XML、GML、SVG 描述等阶段(尹章才 等,2004),各阶段的特点是:①文字描述比较简单,但缺乏结构性,不便于计算机理解;②数学方法逻辑性强,但缺乏易读性;③半结构数据模型,如 OEM 只能描述无序的对象;④XML 方法具有结构性,且能描述有序的现象,但不直接支持复杂图形的描述;⑤GML 专门用于标记地理数据,包括图形,但不直接支持地理要素样式的描述;⑥SVG 是一种图形标记语言,便于地理要素样式——地图符号的描述。将 GML 格式转换为 SVG 格式进行网上浏览,能进行简单的地图符号显示,但没有形成地图符号的体系结构和描述规则,达不到地理数据形象化的效果。

5.2.1 基于 SVG的地图符号描述模型

当前的制图软件与 GIS 软件采用不同的地图符号描述规则,虽然能实现符号化的地图,但由于地图符号描述规则的不同导致地图难以跨平台共享与交互。地图符号的图形描述与图形显示,是地图符号的两个不同方面。具有相同图形的地图符号,其描述规则可以不相同。因此,形成一套既便于对于地理信息直观可视化符号的表达,又便于计算机实现的符号描述规范,是解决当前地图/地图符号共享的关键问题。将我国地形图符号的设计规范与 SVG 相结合,构建基于 SVG 的地图符号描述模型,为地图符号的共享与网络地图互操作提供理论基础。

地图符号无论在分类上,还是在结构上,都具有明显的半结构化特点。而 SVG 是半结构化的图形标记语言,因此 SVG 能满足地图符号描述与设计的需要。标记语言是使用“记号”来表示格式或数据信息的语言,地图是使用地图符号来表示地理信息的图形语言,这意味着地图符号是地理信息的标记语言。地图符号由图形构成,可以用 SVG 来标记(图 5.5)。

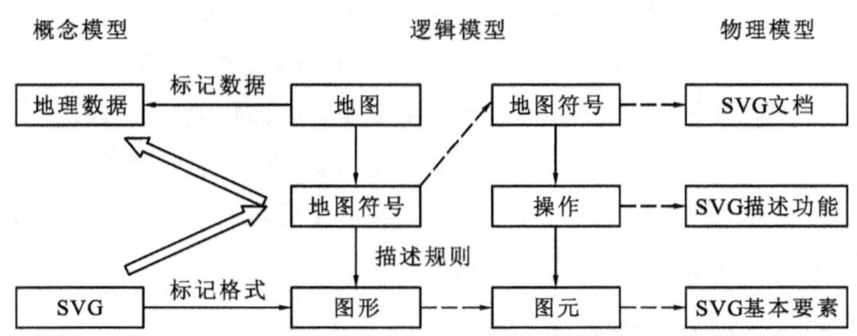

图 5.5 基于 SVG 的地图符号描述模型

基于 SVG 的地图符号描述模型包括概念、逻辑和物理模型。概念模型包括两种标记:一种是地图符号标记表示地理数据,属于地图符号论的范畴;另一种是 SVG 标记表示地图符号。在逻辑模型中,SVG 标记地图符号分为两个部分:地图符号是通过符号化操作而形成的图元集合和用 SVG 标记图元格式两部分。根据地图符号的结构特征和实现机制,在地图符号与基本图元之间插入中间件——操作。物理模型是采用 SVG 描述地图符号的逻辑模型,包括 SVG 文档描述地图符号,SVG 描述功能表示符号化操作,SVG 基本要素表示地图符号图元。这里,将进一步分析基于 SVG 的地图符号格式支持、符号定义和符号化操作描述等 3 个方面。

5.2.1.1 基于 SVG 的地图符号格式

地图符号分为点状、线状、面状地图符号与注记,其格式对应于 SVG 的主要对象:矢量、栅格和文本(图 5.6),因此 SVG 在图形格式方面能完全表示地图符号的图元。

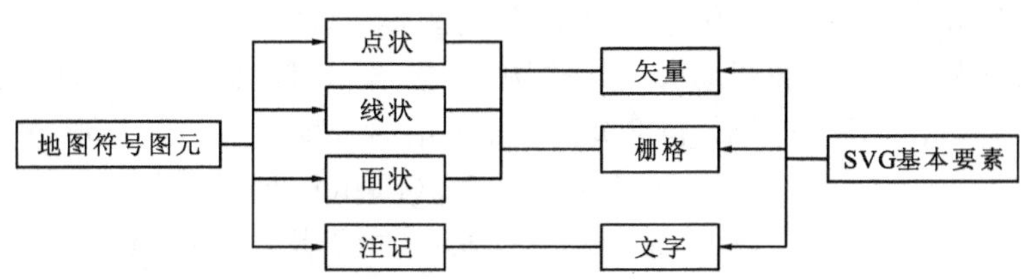

图 5.6 地图符号与 SVG 格式

5.2.1.2 基于 SVG 的符号定义

地图符号的操作能采用 SVG 的描述功能进行描述和实现(图 5.7)。点状地图符号和注记由 SVG 的基本要素构成,主要对应于 SVG 的坐标变换功能;线状地图符号主要对应于 SVG 的描边功能;面状地图符号则主要对应于 SVG 的填充功能。

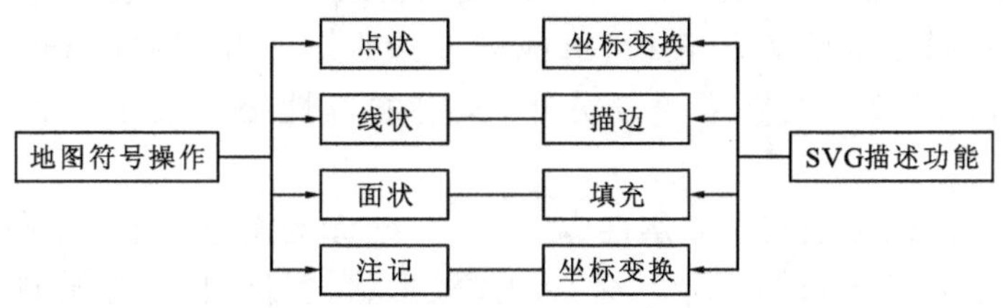

图 5.7 地图符号操作与 SVG 描述功能

5.2.1.3 基于 SVG 的符号化操作描述

地理信息图示表达的表达规范与函数相对应,函数在空间位置上的计算生成地图符号,其中表达操作是函数名,样式参数是函数的参数。因此表达规范可描述为:

函数＝函数名({<形参:实参>})

表达规范＝表达操作({<形参:实参>})

其中，表达操作根据地图符号的几何类型，分为点、线、面与注记操作。形参与实参成对出现，即语义与模式未进行分离，具有半结构化特点。参数表示地图符号的图形特征。表达服务采用参数提供的信息在地理空间位置上执行表达操作，实现符号化。表达规范的表达操作与参数对应于地图符号逻辑描述模型的操作与图元。

5.2.2 基于 SVG 的图元描述

地图符号的基本图元可由 SVG 的基本要素构成。地图图元是地图符号的基本几何图形，能进行几何变换，同时还具有绘制属性，如描边和填充等。因此图元能从几何形状、坐标变换与绘制属性等几个方面进行描述(图 5.8)。

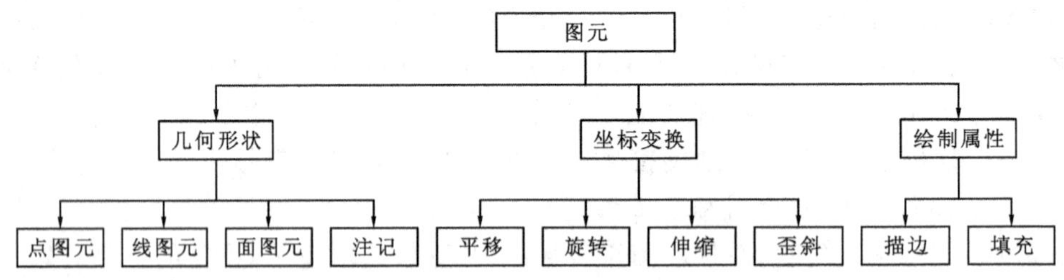

图 5.8 图元的结构

图元几何形状分为点、线与面图元及注记等类型(表 5.2)。其中：①点图元，表示具有规则几何形态的图形单元，包括椭圆形(圆形、椭圆形、椭圆弧、圆弧)、三角形(等腰三角形、等边三角形、直角三角形)、矩形(正方形、圆角矩形、直角矩形)、菱形、扇形、星形、正多边形，点图元在符号中不允许发生变形；②线图元包括折线、曲线(Bezier 曲线)；③面图元表示用户自定义的任意多边形，包括折线型多边形(包括孤岛多边形)、曲线型多边形；④注记，是文字的几何变换，包括字体描述与几何变换描述。

图元信息描述的主要方法有(陈传波　等，2002)：①采用面向对象的编程语言描述；②采用类似 AutoCAD 等绘图工具所使用的矢量图形文件格式描述；③采用 XML 文件格式描述，SVG 描述图元具有易于扩展和共享等特点。地图符号的图元能采用 SVG 的标记及其属性进行描述。SVG 的<ellipse>与<circle>能描述椭圆与圆；<polygon>能表示多边形；<rect>表示矩形或圆角矩形；<polyline>表示折线；<path>表示路径，既能表示 Bezier 曲线、圆、椭圆等，同时也能表示直线、折线与多边形。采用 SVG 的<text>表示注记的字体描述，<textPath>表示文字沿路径分布，文字的属性描述文字位置、方向、大小、装饰效果、字体等。

SVG 具有坐标变换、描边与填充属性(表 5.3)。坐标变换包括平移、旋转、伸缩与歪斜；描边属性包括颜色、线宽、线型、端点形状、交点的过渡形状、斜接斜面、起始偏移量、透明度；填充属性包括底色、图案、渐变、模板、透明度、填充规则。其中，模板有填充方式(井字形；品字形；散列形等)、倾斜角度、行间隔、列间隔等。SVG 定义的属性能描述大部分地图符号图元属性，同时也支持诸如散列型面符号需要自定义的属性。

表 5.2　图元几何形状与 SVG 描述

基本类型	图元名称		SVG 元素	形状属性
点图元	椭圆	椭圆形	<ellipse>	cx, cy, rx, ry
		椭圆弧	<path>	d, arc
	三角形	等腰	<polygon> <path>	points d, moveto
		直角	<polygon> <path>	points d, moveto
	矩形		<polygon> <path> <rect>	points d, moveto x,y,height,widith
	菱形		<polygon> <path>	points d, moveto
	扇形		<polygon> <path>	points d
	星形		<polygon> <path>	points d, moveto
	正多边形		<polygon> <path> <rect>	points d, moveto x,y,height,widith
线图元	折线		<polyline> <path>	points d, moveto
	曲线		<path>	d
面图元	折线型多边形		<polygon> <path>	points d, moveto
	曲线型多边形		<path>	d
注记	文 字		<text> <textPath >	x, y, dx, dy, rotate, writing-mode, glyph-orientation-vertical, glyph-orientation-horizontal, text-anchor, dominant-baseline, alignment-baseline, baseline-shift, font-family, font-style, font-variant, font-weihht, font-stretch, font-size, font-size-adjust, font, kerning, letter-spacing, word-spacing, text-decoration, etc.

表 5.3 图元几何变换和绘制属性及其 SVG 描述

<table>
<tr><th colspan="2">属性名称</th><th>属性类型</th><th>属性描述</th><th>SVG 基本数据类型(属性定义)</th></tr>
<tr><td colspan="2" rowspan="5">坐标变换</td><td>平移</td><td>SVG 属性</td><td>Translate(tx,ty)</td></tr>
<tr><td>旋转</td><td>SVG 属性</td><td>Rotate(angle,cx,cy)</td></tr>
<tr><td>伸缩</td><td>SVG 属性</td><td>Scale(sx,sy)</td></tr>
<tr><td>错切</td><td>SVG 属性</td><td>skewX(angle),skewY(angle)</td></tr>
<tr><td>矩阵</td><td>SVG 属性</td><td>Matrix(a,b,c,d,e,f)</td></tr>
<tr><td colspan="2" rowspan="8">描边</td><td>线划颜色</td><td>SVG 属性</td><td>Stroke</td></tr>
<tr><td>线宽</td><td>SVG 属性</td><td>Stroke-width</td></tr>
<tr><td>线型</td><td>SVG 属性</td><td>Stroke-dasharray</td></tr>
<tr><td>端点形状</td><td>SVG 属性</td><td>Stroke-linecap</td></tr>
<tr><td>过度形状</td><td>SVG 属性</td><td>Stroke-linejion</td></tr>
<tr><td>斜接斜面</td><td>SVG 属性</td><td>Stroke-miterlimit</td></tr>
<tr><td>起始偏移量</td><td>SVG 属性</td><td>Stroke-dashoffset</td></tr>
<tr><td>透明度</td><td>SVG 属性</td><td>Stroke-opacity</td></tr>
<tr><td rowspan="11">填充属性</td><td colspan="2">填充规则</td><td>SVG 属性</td><td>Fill-rule</td></tr>
<tr><td colspan="2">透明度</td><td>SVG 属性</td><td>Fill-opacity</td></tr>
<tr><td colspan="2">图案</td><td>SVG 属性</td><td>image</td></tr>
<tr><td colspan="2">底色</td><td>SVG 属性</td><td>color</td></tr>
<tr><td colspan="2">渐变</td><td>SVG 属性</td><td>Gradient</td></tr>
<tr><td rowspan="6">模板</td><td>井字形</td><td>SVG 属性</td><td rowspan="6">pattern</td></tr>
<tr><td>品字形</td><td>SVG 属性</td></tr>
<tr><td>散列型</td><td>自定义</td></tr>
<tr><td>倾斜角度</td><td>SVG 属性</td></tr>
<tr><td>行间隔</td><td>自定义</td></tr>
<tr><td>列间隔</td><td>自定义</td></tr>
</table>

5.3 基于 SVG的地图符号设计

基于 SVG 的地图符号描述模型，从理论上阐明了 SVG 表示地图符号的能力，为基于 SVG 的地图符号设计提供了重要保证。本节采用 SVG 的字体组织地图符号库，自定义的字形描述地图符号。

5.3.1 基于 SVG的符号库结构

配置在空间位置上的地图符号类，称为符号实例，其过程称为符号化或实例化。地图符号具有符号类与符号实例两个概念，在任何时候地图符号只能取其中一个含义。地图符号可以从符号几何类型、图形参数与符号位置三个方面进行描述：它们分别构成地图符号的三个维(图 5.9)。如面符号实例——A 湖泊，其对应的几何类型为面状，图形参数是＜填充颜色，浅蓝色＞，空间位置是表示 A 湖泊所在的位置的一系列坐标。A 湖泊所对应的符号类——湖泊，包括几何类型与图形参数存储在符号库中，与具体的地理要素位置无关。

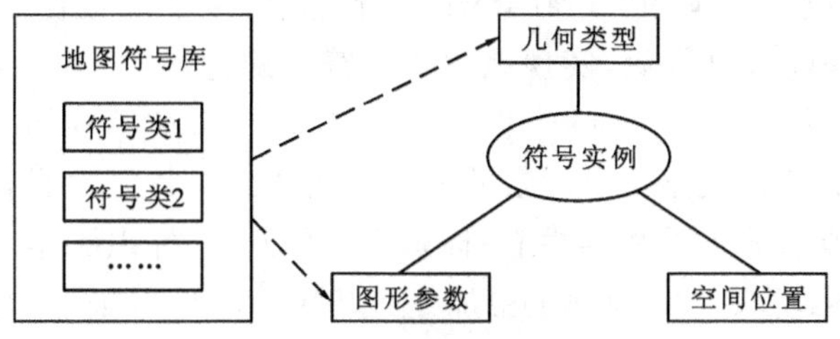

图 5.9　地图符号的维

SVG 中的<font>元素以明文的形式定义了一种可供使用的字体。<font>元素包含了两部分：作为接口的<font-face>元素部分和作为字体轮廓定义的<glyph>与<missing-glyph>元素部分，其中，<font-face>子元素描述本字体所定义的各种特性，以供外界使用；每个<glyph>元素使用"Unicode"属性指明其代表的字符，同时使用"d"属性描述该字符的字形轮廓。<missing-glyph>元素除了没有"Unicode"和"glyph-name"属性外，其他各种属性基本与<glyph>元素相同。

地图符号库结构由符号库接口与地图符号表示构成(图 5.10)。符号库接口通过 font-family 属性标识符号库。地图符号表示由三个部分组成：符号基本信息、符号交互属性与符号图形表示。符号基本信息包括符号标识符、符号要素类型与符号几何类型，其中，符号标识符由 Unicode 表示。符号要素类型与几何类型是自定义属性类型，便于地理信息能按要素或几何进行分层，几何类型包括点、线、面等类型。符号交互属性由<g>元素的属性 style 表示，用于地图符号与用户交互时实现图形的变化，如颜色变化、线型变化等。地图符号的其他属性可以在<g>元素中通过自定义属性表示。<g>元素用于组织地图符号的图形部分。

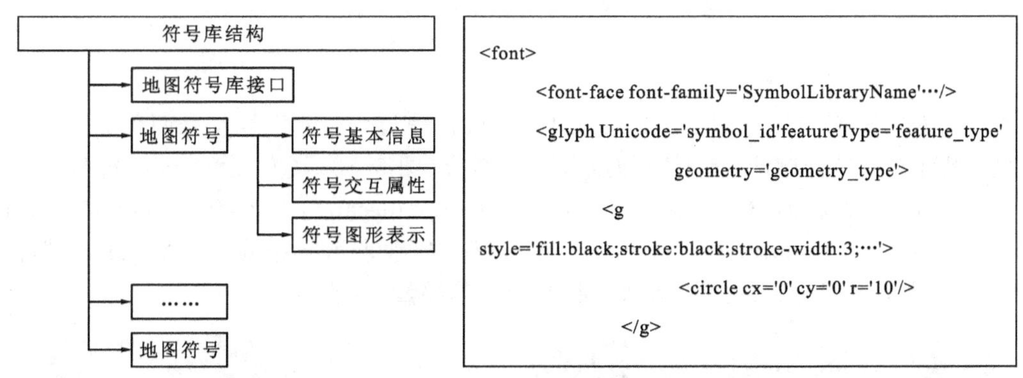

图 5.10　基于 SVG 的地图符号库结构

基于 SVG 的地图符号具有统一的结构，便于地图符号的交互操作，如符号选中，符号编辑操作等。在地图的交互中，地图符号的图形是作为整体出现的；在地图制图编辑时，构成地图符号的图元可以是独立的。

5.3.2　基于 SVG 的地图符号设计

5.3.2.1　点符号设计

点符号的特征描述，一般包括定位点、方向、大小、形状等参数，在电子地图中点符号还具有动画特性。点符号的形状对应于SVG的基本图形；定位点、方向与大小对应于SVG的坐标变换的平移、旋转和缩放。SVG的Transform属性能实现点符号在定位点处按照一定的位置、方向、大小与错切等进行符号化，实现地图的点符号配置。

SVG定义动画的元素有5个：<animate>、<set>、<animateMotion>、<animateColor>、<animateTransform>，它们都是使某一个元素的属性值或样式参数值随着时间发生变化，只是动画效果的侧重点不同。动画元素的通用属性有：标识所作用元素、标识所作用属性或样式参数、控制动画播放时间、控制动画过程及控制动画的叠加等。点符号对SVG描述如图5.11所示。

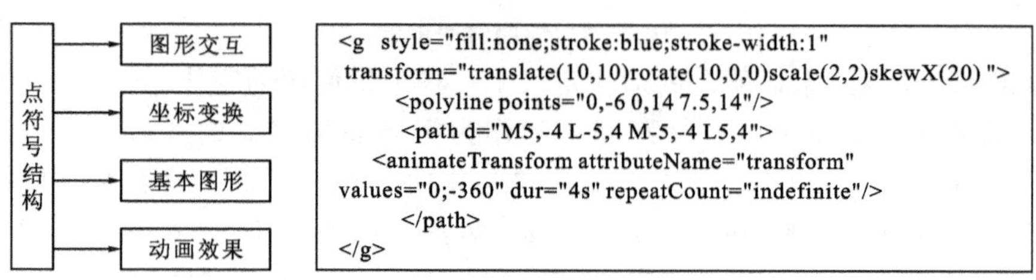

图5.11　点符号的SVG描述

基于SVG的动态点符号是在点符号中(甘莉，2004)加入动画效果，能实现表示动态的地理要素，如烟囱、天文点、发射塔、风车等(图5.12)。

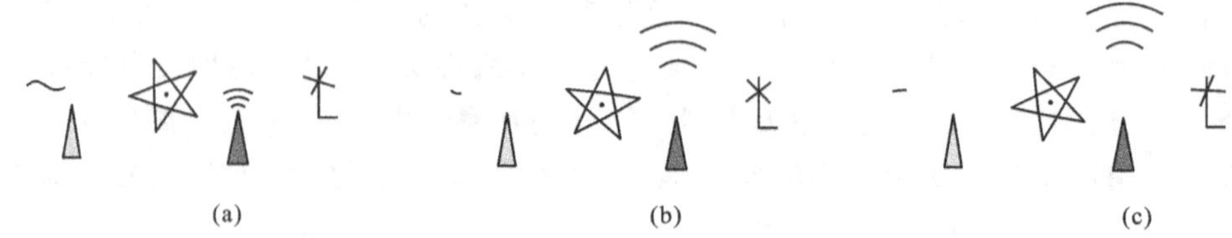

图5.12　基于SVG的点符号动画效果

(a) T_1 时刻；(b) T_2 时刻；(c) T_3 时刻

5.3.2.2　线符号设计

线符号按照SVG实现方法，可以分为对称型线符号与非对称型线符号两种类型。线符号通常采用组合方法进行设计，将不同的成分进行组合(图5.13)，①与②组合成符号③。与线相关的SVG绘制属性有"skoke-width"，"stroke-linecap"，"stroke-linejoin"，"stroke-dasharray"，"stroke-dashoffset"，"stroke-opacity"等，分别表示线条宽度、路径线条端点的绘制式样、线条交叉时交点处的过渡形状、线型、起始偏移量、透明度。

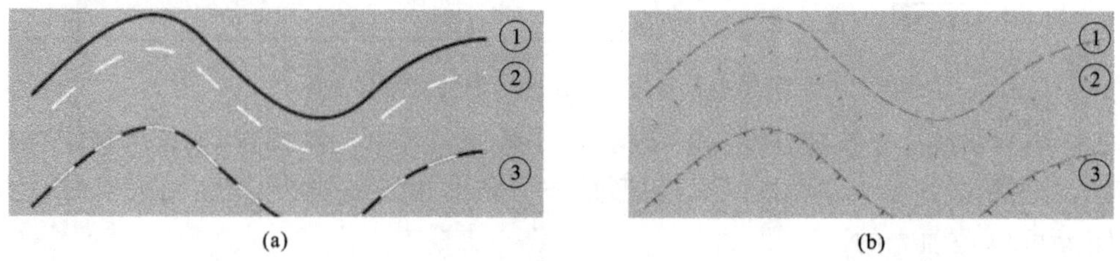

图5.13　线符号设计

(a)对称型线符号；(b)非对称型线符号

对称型线符号将不同线型按照一定的层次顺序进行组合，符号中的每条线都沿线符号中轴线对称。非对称型线符号也是一种组合符号，但符号中至少有一个成分不是沿中轴线对称，这类符号难以使用 SVG 的图形元素直接进行描述，在 SVGMapMaker 所不支持的线符号大多属于这种类型。因此需要采用其他方法，如文字沿路径排列来实现非对称型线符号(申怡，2004)。②是文字“l”按照线符号中轴线路径进行排列，其中文字可以是已有的文字或自定义的文字。

路径由<path>元素定义，<text>元素中有一个<textpath>子元素用来完成这个功能。<textpath>元素中有一个“xlink:href”属性引用外部的<path>，其他属性有“startOffset”属性定义文本沿路径排列时的起始位置；“method”属性规定文字按路径排列时是否拉伸以适合整个路径；“baseline-shift”属性确定字符的基线位置。同时<textPath>元素也可以包含<tspan>等子元素，用来在路径中设置各个字符相对于路径的位置、角度等参数。图 5.13 的非对称型线符号的代码如下：

```
<defs> <path id="linePath" d="M 100 200 … C 800 100 900 100 900 100"/> </defs>
<g style="fill:none;stroke:black;stroke-width:1;stroke-dasharray:40 10;" >
    <use xlink:href="#linePath"/>
    <text font-family="Verdana" font-size="10" fill="black" letter-spacing="47" >
        <textPath xlink:href="#linePath" baseline-shift="-80%" startOffset="20" >llllllllllllllllll </textPath>
    </text>
</g>
```

5.3.2.3　面符号设计

根据 SVG 的特性，面符号设计可以分为两大类：填充型与非填充型面符号。填充型面符号包括纹理填充、单一颜色填充、色彩线性渐变填充、色彩放射状渐变填充与模式填充，分别对应于 SVG 的<image>、<fill>、<linearGradient>、<gradientTransform>与<pattern>元素。其中，<image>元素可将一个完整的点阵图像(包括 SVG 图像)文件渲染到当前用户坐标系的指定矩形区域内(图 5.14)；<fill>元素用于填充多边形对象，包括色彩与模式填充；<linearGradient>与<gradientTransform>属于色彩渐变，是指用两种或两种以上的颜色通过特定方向的过渡来实现绘图的过程，能达到生动美观的效果；模式填充是使用一小块特定的图像作为模板铺满所需要绘制的区域。

```
<image x="1" y="1" width="300" height="300"
xlink:href="myimage.gif">
<title>My image</title>
</image>
```

图 5.14　基于 SVG 的图像填充

模板填充可以实现面符号的色彩、渐变、纹理、晕线、井字形与品字形填充，并能进行分层设计(尹章才　等，2004)。晕线模板之间有时会出现缝隙[图 5.15(a)]，可以通过将同一模板进行平移并与原模板一起实现无缝[图 5.15(b)]。井字形填充面符号中，每个模板只有一个填充的点符号[图 5.15(c)]。品字形面符号则是每个模板有两个呈对角分布的点符号[图 5.15(d)]。

模板填充不能有效实现随机填充，包括点符号的位置随机、大小随机、方向随机、形状随机

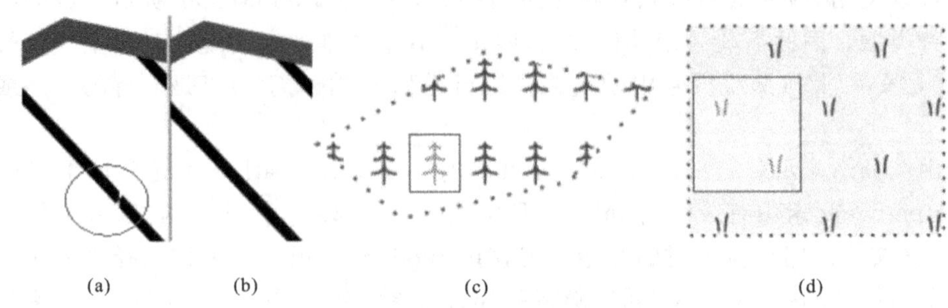

图 5.15 基于模板的规则面符号

(a)缝隙;(b)无缝晕线;(c)井字形(针叶林);(d)品字形(竹林)

等。采用模板方法模拟随机变化时,需在一个模板中填充多个随机的点符号,但在整个面符号中仍能看出以模板为单元的规则分布特点[图 5.16(a)]。非填充型面符号通过 SVG 的 DOM 接口,利用脚本程序实现具有随机特性的面符号[图 5.16(b)],包括方向、形状、大小、位置的随机变化。

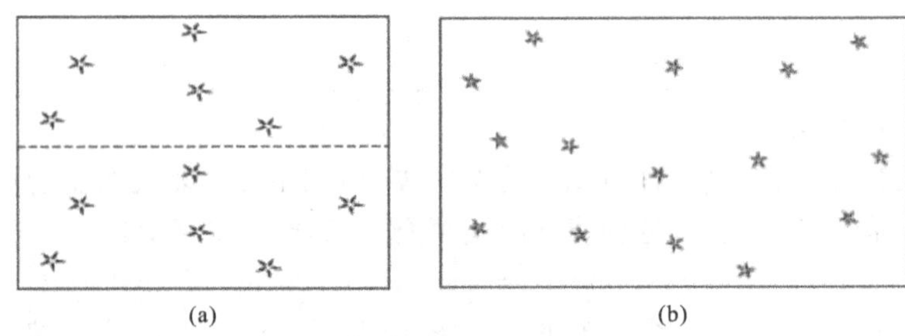

图 5.16 面符号中的随机表示

(a)模板随机面符号龟裂地;(b)非填充型面符号龟裂地

5.3.2.4 基于分层的面符号设计

基于分层的面状地图符号设计,将面状地图符号设计分为若干层,每层采用不同的填充方式,并按照一定的约束关系进行组合。面状符号属性有轮廓线、层数和填充方式,其中填充方式的描述信息包括填充对象描述(标识符、高度、宽度、颜色)和填充规则描述(平铺、拉伸、瓦晕、交错间距、行距、列距、方向、行偏移量、列偏移量等)(表 5.4),表达面状符号的定性与定量信息,使符号的设计自由灵活。方向变量在晕线填充中表示晕线方向;在点符号填充中表示点符号方向,当为负数时,表示随机方向。

表 5.4 填充方式的描述("√"表示使用该变量)

形式参数集														
填充操作名	层	填充对象				填充规则								
		标识符	高度	宽度	颜色	平铺	拉伸	瓦晕	交错间距	行距	列距	方向	行偏移量	列偏移量
图像填充	1	√	√	√		√	√	√						
色彩填充	2				√	√		√						

续表 5.4

形式参数集														
填充操作名	层	填充对象				填充规则								
		标识符	高度	宽度	颜色	平铺	拉伸	瓦晕	交错间距	行距	列距	方向	行偏移量	列偏移量
晕线	3	√		√	√					√		√		
规则填充	4	√	√	√					√	√	√	√		
半规则填充	5	√	√	√					√	√	√	√	√	√
不规则填充	6	√	√	√						√		√		

为了避免各层之间的相互压盖和不同层点符号之间的相互交叉，分层设计的面状符号需要处理好两种关系：层的次序关系与层间点符号的约束关系。可描述为：

<约束关系>：：=<层的次序关系><层间点符号的约束关系>。

层的次序关系是指面符号按照层号从小到大的顺序进行绘制，即先绘制颜色或位图的面填充；再绘制线填充；最后绘制点符号的填充，从而避免了各层之间的相互压盖。表示为：

<层的次序关系>：：=<绘制次序=层号次序>。

层间点符号的约束关系表现为不同层的点符号不相交。具体表现为：当前点填充层的定位点为 Pc(i)，其中 $i \in N$，点符号的半径为 Rc；已经生成的点填充层 k 的定位点为 Pk(j)，其中 k、$j \in N$，该层的点符号半径为 Rk。约束关系的形式化描述为：

$$\mathrm{Length}[\mathrm{Pc}(i),\ \mathrm{Pk}(j)] > (\mathrm{Rc}+\mathrm{Rk}),$$

式中，i、j、$k \in N$，i 与 j 为一个点填充层的定位点的数量；k 为填充层的层号。具体实现时，首先实现所有规则填充层，然后实现所有半规则填充层，最后实现所有不规则填充层。

基于 SVG 的面状地图符号设计，采用 SVG 的基本对象与描述功能实现面状地图符号的分层表达(图 5.17)，各层之间的约束关系采用嵌套的脚本实现。

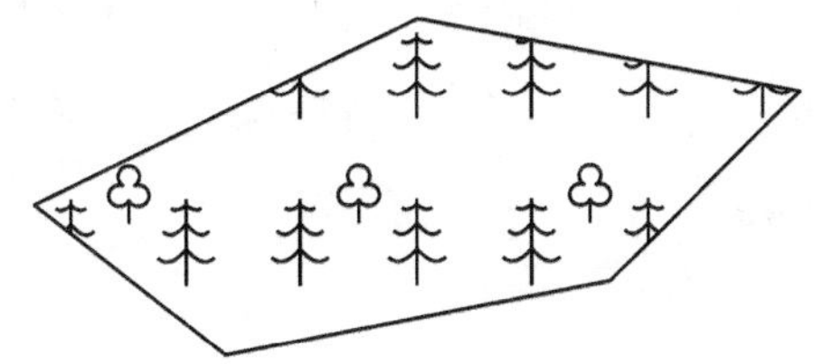

图 5.17　针阔混交林的符号实例

5.3.3　基于 SVG的地图注记设计

在地图语言中，除了利用以图形为主的基本语言——地图符号外，还使用了自然语言——地图注记(祝国瑞　等，2003)。地图注记的要素包括字体、字色、字号、字间距、字位、布置等，使得注记具有符号意义，地图注记能采用 SVG 的<text>元素进行描述。

地图注记字体由属性“font-family”、“font-weight”与“font-style”表示，其中前者指定字体名称；“font-weight”表示字体是否采用粗体以及加粗的程度；“font-style”指定字体的样式，如果是左斜体和耸肩体(图 5.18)，则需要对字体进行坐标变换。左斜体可以通过对字体进行

“skewX(15)”变换实现，而耸肩体则需要两步“rotate(－15)skewX(－15)”，即先对字体逆时针旋转 15°，在沿 X 方向错切－15°。字色由 stroke 属性表示。字大通过“font－size”、“font－stretch”描述，前者制定字号大小，后者制定文字的拉伸方式。字隔指注记中字与字的间隔距离，由＜tspan＞元素的“dx”、“dy”属性指定。字位指注记放置的位置，由＜text＞元素的“x”、“y”属性指定，或＜tspan＞元素的“x”、“y”属性指定。

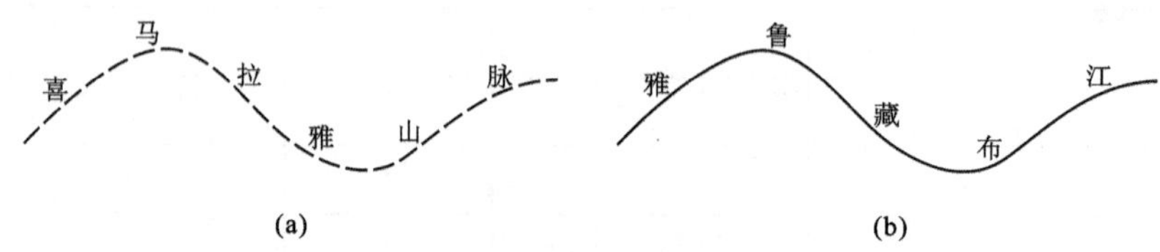

图 5.18　地图注记

(a)耸肩体；(b)左斜体

注记配置，是指注记在图上的排列方式，有水平字列、垂直字列、雁行字列与屈曲字列。可以通过字体的字向朝北，并沿水平线、垂直线、斜线与任意曲线排列来完成注记配置，在处理时需要对注记中的每个字符单独进行。

5.3.5　基于 SVG 的地图交互与多重表达

5.3.5.1　基于 SVG 地图的交互

SVG 作为一种适用于网络的图像格式，不仅仅在于它具有体积小、易修改、可缩放等与普通矢量图形一样的优点，还在于它添加有针对网络的交互功能。图 5.19 中，地图符号选中时，呈现出不同的颜色。单独的一个 SVG 文件和一个客户端的 SVG 解释器便可完成网页中链接、动画、交互等大部分功能，还可以内嵌脚本语言以达到更为复杂的交互效果。

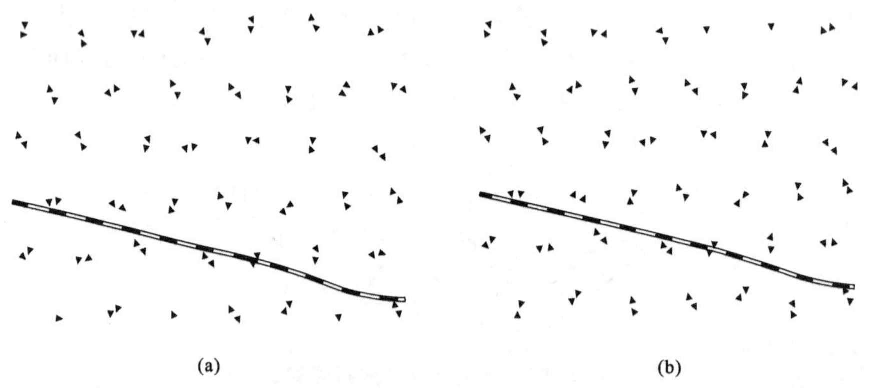

图 5.19　石块地符号的选中交互

5.3.5.2　基于 SVG 地图符号的链接

在 HTML 网页中，图像和链接是分离的，图像作为外部文件而存在，链接则在 HTML 中说明，这样虽然有灵活和可重用的优点，却不易管理。而 Flash 的 SWF 矢量格式则相反，图像中内嵌链接，两者成为一个整体，虽然方便，但可重用性却没了。SVG 则综合了两者的优点，其超级链接是以明文的形式内嵌于文档内部的，形式上是一个整体，也有利于修改。

SVG 中提供了一个＜a＞元素，可以建立与 HTML 中的＜a＞类似的超级链接。插入了＜a＞元素的 SVG 图像在显示时，其包含超级链接部分的元素上的鼠标指针会变成手形。包含在<a>元素内部的子元素都作为超级链接的载体，因此可以将地图符号建立起超级链接（图 5.20）。

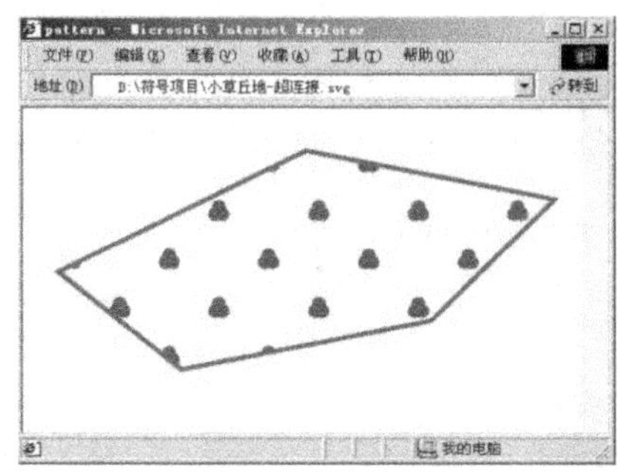

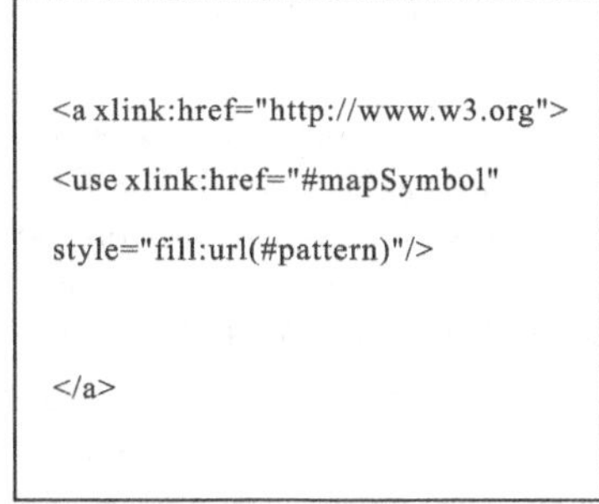

图 5.20　地图符号的超级链接

5.3.5.3　基于 SVG 地图符号的文字查询

基于 SVG 的字型替换是使用各种特定的字型元素对需要显示的文本进行处理。当一段文本的显示形式和其本身的内容不一致，但其用于检索的文字字符又必须一致时，就需要使用字型替换。字型替换是一种声明式的显示方法，它通过在<text>元素中插入一个<glyphRun>元素，来进行所需要检索的文字字符和所需显示的文字字型之间的折中处理。

基于 SVG 的地图符号采用文字结构的自定义字体进行表达。因此可以将地图符号的要素名称作为字型替换的内容，将地图符号作为显示的文字字型，从而实现地图中如同查询文本一样的查询地图符号。

5.3.5.4　基于 SVG 地图符号的多重表达

地图符号的多重表达，是指同一地图符号在不同尺度下，其在地图上的面积和长、宽度发生变化，需要采用不同几何类型的地图符号进行表示。如"普通房屋"地图符号具有三种不同的几何类型：不依比例尺、半依比例尺与依比例尺，分别对应于地图符号在地图上的不同面积和长、宽度。地图符号的几何类型与两个因素有关：一是地理要素的大小，另一是地图比例尺。地图符号的几何大小是地理要素的形状大小与地图比例尺的乘积，即：

地图符号大小＝地理要素的形状大小×地图比例尺

在基于 SVG 的地图符号库设计中，地图符号的多重表达采用原始地图符号名称表示面符号，后面标注点符号标志"p"、线符号标志"l"。对地图符号在地图上的面积和长、宽度的范围采用自定义的属性名称进行表示：*minMaplength*、*minMapwidth*、*minMaparea* 与 *maxMaplength*、*maxMapwidth*、*maxMaparea*，分别表示图上最小长度、最小宽度、最小面积与最大长度、最大宽度、最大面积。地图符号的多重表示实例过程如下：

```
<glyph unicode="common-buildingp" horiz-adv-x="600" featureType="residentialArea" geometry="point">
    <g id="common-buildingp-symbol" style="fill:black;stroke:red;stroke-width:3.8095"
          maxMaplength="0.6" maxMapwidth="0.4">
       <polygon points="11.4286,-7.6190 11.4286,7.6190 -11.4286,7.6190 -11.4286,-7.6190"/>
       <circle cx="0" cy="0" r="2.8572" style="fill:black;stroke:black;stroke-width:3.8095"/>
    </g>
</glyph>
<glyph unicode="common-buildingl" horiz-adv-x="600" featureType="residentialArea" geometry="curve">
    <g id="common-buildingl-symbol"
       style="fill:black;stroke:black;stroke-width:3;stroke-linejoin:bevel"
```

```
    minMaplength="0.6" maxMapwidth="0.4">
        <path d="M10,100 L200,100"/>

    </g>
</glyph>
<glyph unicode="common-building" horiz-adv-x="600" featureType="residentialArea" geometry="surface">
    <g id="common-building-symbol"
    style="fill:black;stroke:black;stroke-width:3;stroke-linejoin:bevel"
    minMaplength="0.6" minMapwidth="0.4" maxMaplength="1.2" maxMapwidth="1.0">
            <path d="M10,100 h30 v10 h-30z"/>
    </g>
</glyph>
```

练习题

(1)说明 SVG 与常用图形数据格式的关系。

(2)比较 SVG 与 GML 之间的对应关系。

(3)阐述基于 SVG 的地图符号描述模型。

(4)分析 SVG 设计点、线、面符号和注记的特点。

6 Web 地图表达系统集成

地图表达原型系统以地理信息的地图表达理论为指导，采用 XML 及其派生的专业标记语言进行描述。本章主要从五个方面对原型系统进行阐述，包括系统概况、表达规则、表达规范、表达服务与地图制图编辑等。

6.1 原型系统概况

地图表达原型系统设计的目的，是遵循理论研究与实际应用相结合的方法，验证地理信息的地图表达机制，完善 XML 及其派生的专门标记语言对地图表达各子系统的描述。

XML 及其派生标记语言(SVG、MapMML、XSL、MapMML)是一种针对 Internet 而设计的标记语言，一个保存有数据的 XML 文档可以在 Internet 上自由传送，使地图表达系统具有便于数据交换、易于扩展、网络共享以及分布式处理等功能。当这些格式的数据被发送给客户端后，客户可以通过应用软件从这些文档中提取出数据，进而对它进行编辑和处理，而不仅仅是显示结果(图 6.1)。XML 的 DOM 接口允许采用脚本和其他的编程语言在客户端处理这些格式的数据，而没有必要回到 WWW 服务器上，节省了 Internet 上的数据带宽(栗松涛，2001)。

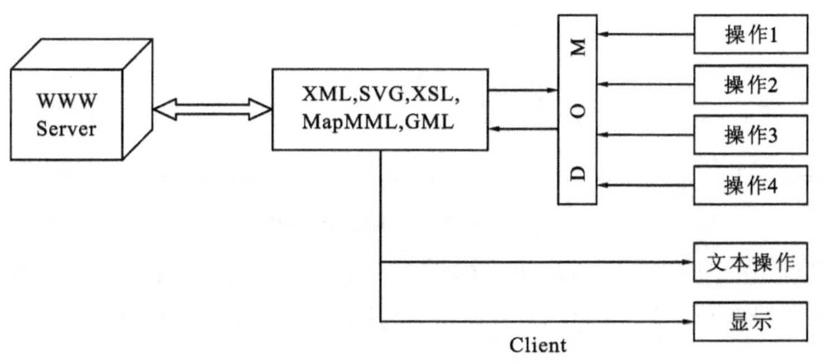

图 6.1 基于 XML 的分布式数据处理模型

地图表达系统将 GML 数据生成 SVG Map，实现系统的目的与功能，其结构包括(图 6.2)：表达规则—测试过程、表达服务—符号化过程、表达规范—地图符号库建库过程以及网络地图编辑等四个部分，分别对应于 XSLT、JavaScript Symbolizers、SVG Symbols Library 与 JavaScript Edit。MapMML 联系了测试过程与符号化过程。

系统平台的硬件包括 CPU：2.4GHz，内存：256M；软件包括操作系统：Microsoft Windows 2000 和 DOS，浏览器：IE 5.0，SVG 插件：Adobe SVG Viewer 3.0，XSLT 插件：Xalan。

系统主要分为两大部分：一是在 DOS 平台下的测试部分，即表达规则一测试过程(GML ＋XSLT ＝ MapMML)；另一是在 IE 环境下基于 SVG 的地图符号库、符号化与制图编辑部分(图 6.3)，即表达服务一符号化、表达规范一地图符号库建库以及网络地图制图。

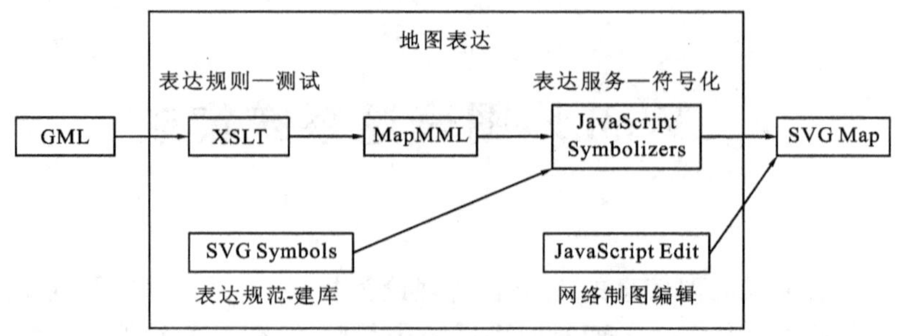

图 6.2 地图表达原型系统的结构

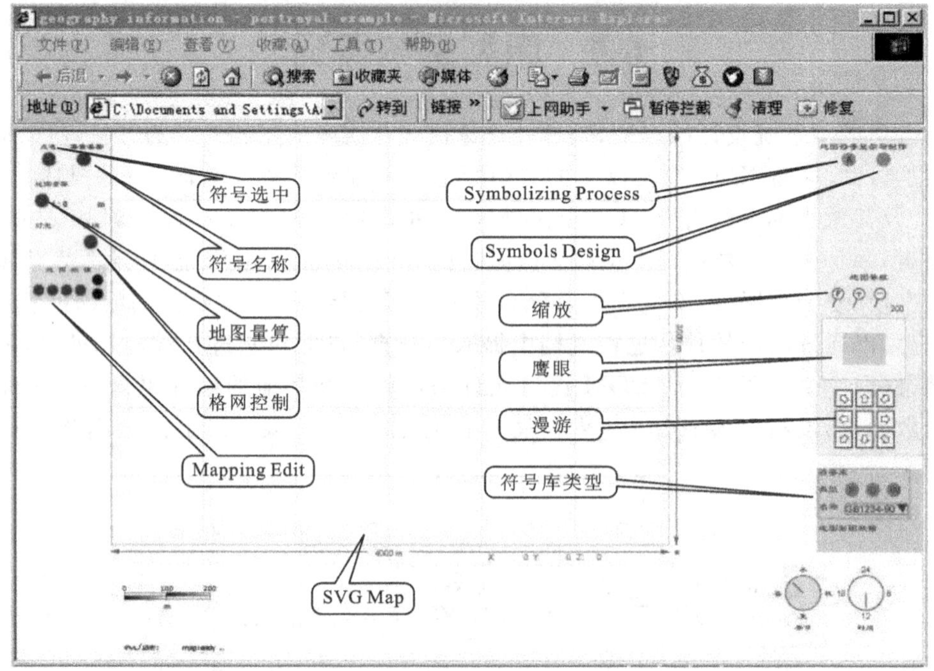

图 6.3 IE 环境下的系统界面

地图的基本操作有缩放(图 6.4)、漫游(图 6.5)、鹰眼、量算(图 6.6)、选中(图 6.7)、属性交互(图 6.8)、格网控制(图 6.9)等,其中缩放、漫游与鹰眼界面由[Andreas 2002]修改而来。

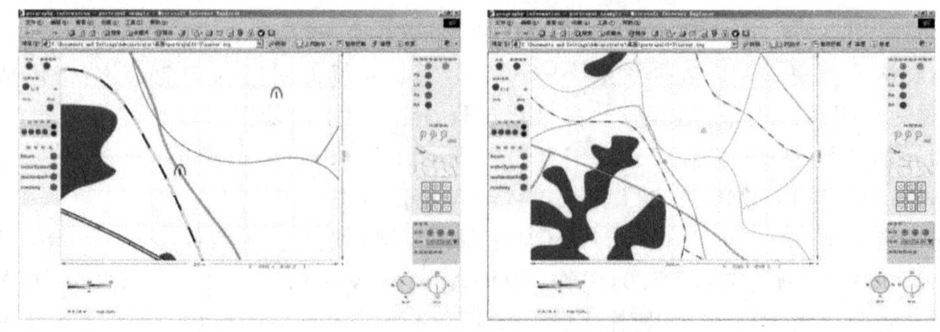

图 6.4 地图的放大和缩小功能

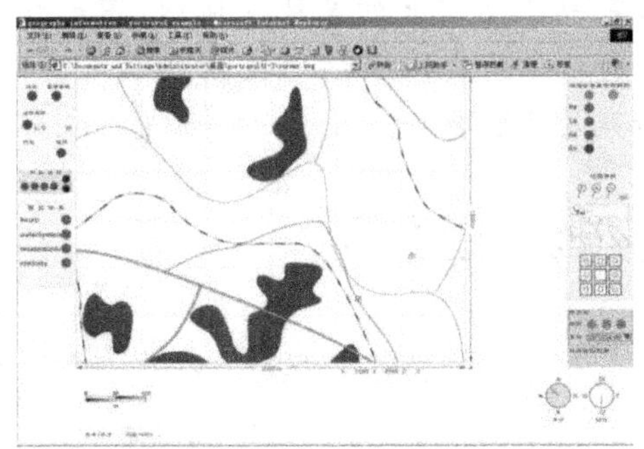
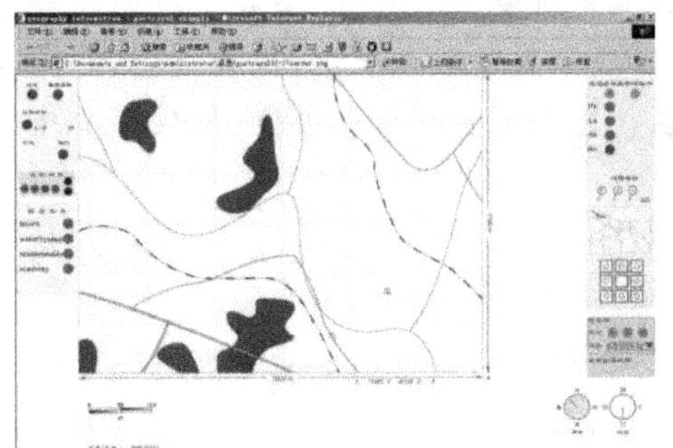

图 6.5 地图的漫游功能

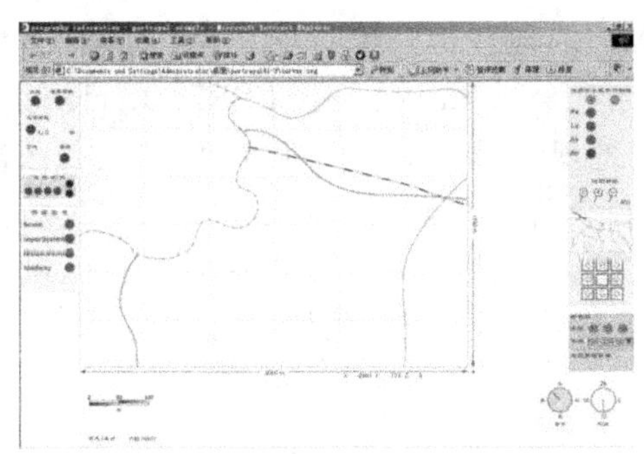
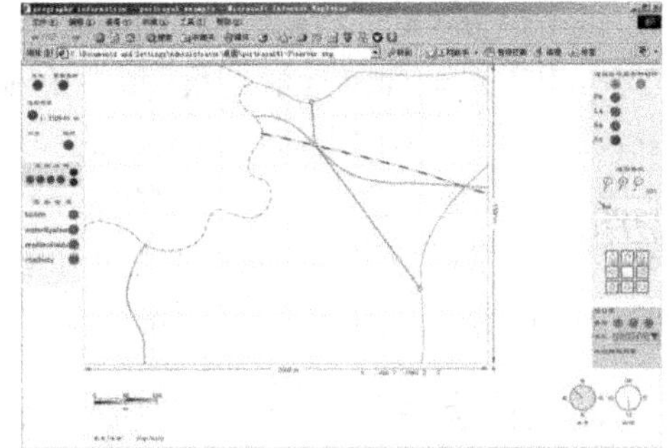

图 6.6 地图的量算功能

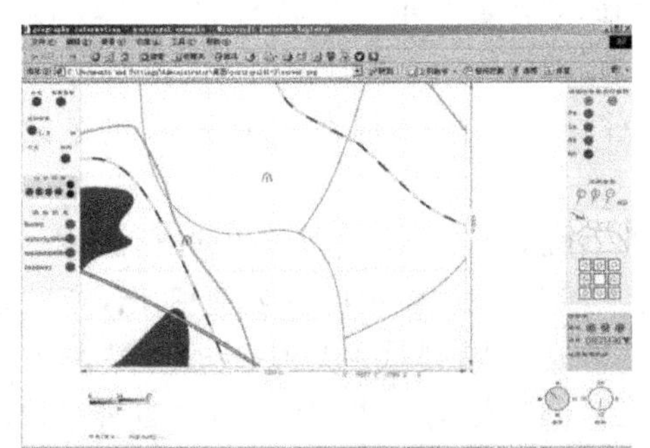
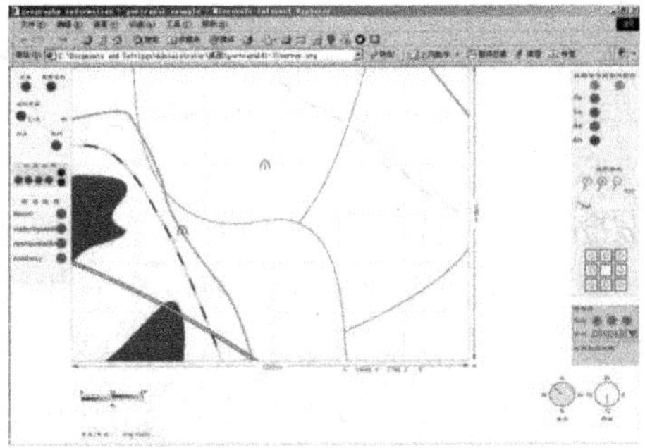

图 6.7 地图符号的选中功能

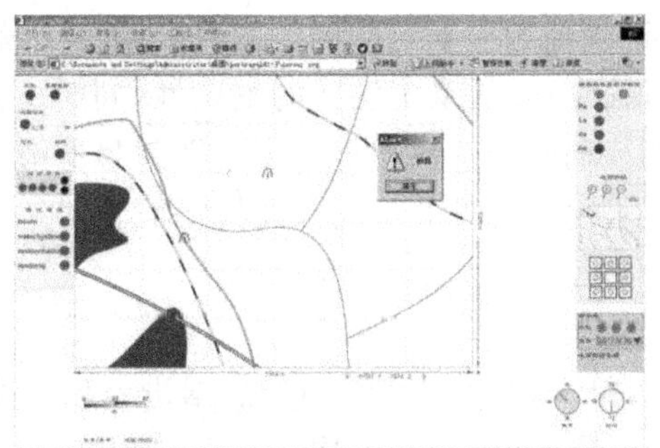

图 6.8 地图符号的属性交互

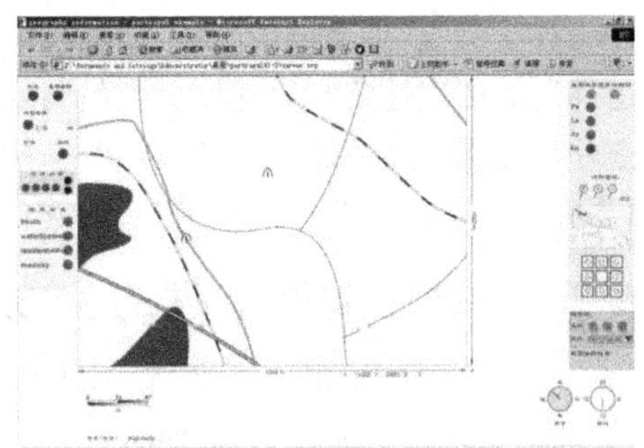

图 6.9 格网控制——隐藏

注：本出所使用的数据，来源于我国政府公开网站上所发布的某地区地图（不包括国界），并在制图软件上进行矢量化，保存为 SVG 格式，最后在此基础上按照实验要求编辑成 GML 数据，在精度上不具有参考价值，仅仅作为理论研究的实验数据。

6.2 表达规则—测试过程

表达规则—测试过程是地图表达的一个子系统，涉及三个部分的内容：GML、基于 XSL 的表达规则与 MapMML。

6.2.1 地理数据标记语言

GML 是由国际 OGC 组织所制定的基于 XML 的地理信息编码标准，是 XML 最早的行业应用之一，用于对地理信息的构模、传输和储存，已经被 Intergraph、ESRI、Oracle 等公司接受(Bakker，2003)。GML 作为一种全新的开放式地理空间数据编码标准，是建立在已被大多数组织或团体所接受的公共地理模型的基础之上，允许用户开发出基于遵循 GML 规范的自己的子集。GML 提供了多种描述地理的对象，包括要素、坐标系、几何、拓扑、时间、度量单位和常用值。GML 所描述的地理要素虽然具有默认样式，但不支持图形的直接显示。

6.2.2 基于 XSL 的表达规则

基于 XSL 的表达规则主要测试 GML 的要素类型与几何类型，确定表达地理要素的地图符号类型，并没有采用外部函数计算地图符号在地图中的大小。虽然地理信息一图示表达(ISO/DIS 19117)在表达规则的测试语句中包含了地图比例尺的测试，或地图符号的几何类型的测试，而且 XSL 也具有采用脚本语言实现这种测试的能力，但在基于 XSL 的表达规则中并没有表示。主要原因是：

①概念上，地图符号的几何类型是地图符号的属性，应该在表达服务中进行测试。

②逻辑上，当地图比例尺不断发生变化时，地图符号的大小相应的发生变化，导致地图符号的几何类型也可能发生变化，因此需要不断调用表达规则测试地理要素的属性和地图符号的大小。由于地图符号几何类型的变化，并不改变地图符号的分类编码，如普通房屋地图符号由面状变为线状或点状，但它们都是普通房屋地图符号，因此测试地图符号的几何类型操作应该放在表达服务中，避免对地理要素属性的重复测试。

③物理实现上，地图制图数据的结构模型能有效记录地理要素对应的地图符号的分类编码，使表达规则的测试过程与表达服务的符号化过程相对独立，降低系统设计的复杂性，同时也为表达服务分析地图符号在地图中的几何类型提供了基础。地图制图数据记录了地图符号的分类编码，表达服务分析地图符号的几何类型，它们共同确定了地图符号的分类和几何特征。

6.2.3 地图制图数据的生成

MapMML 是通过基于 XSL 的表达规则，利用 XSLT 处理器对 GML 数据进行转换而生成的。当前的 XSLT 处理器有两种：Xalan 和 Saxon，都属于 Java 程序。这里采用 Xalan 插件，系统平台为 DOS，命令行如图 6.10 所示。

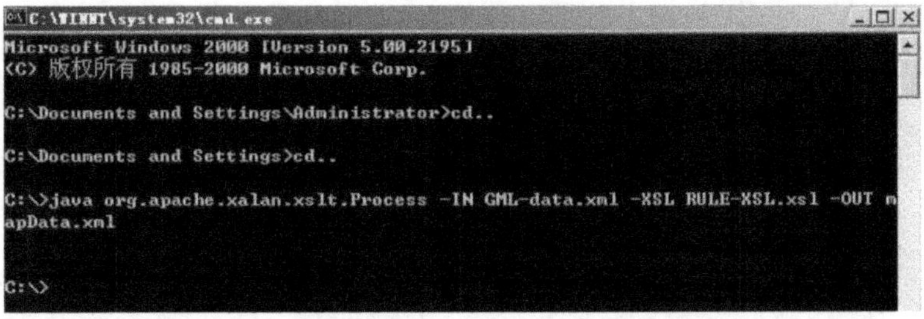

```
C:\WINNT\system32\cmd.exe
Microsoft Windows 2000 [Version 5.00.2195]
(C) 版权所有 1985-2000 Microsoft Corp.

C:\Documents and Settings\Administrator>cd..

C:\Documents and Settings>cd..

C:\>java org.apache.xalan.xslt.Process -IN GML-data.xml -XSL RULE-XSL.xsl -OUT m
apData.xml

C:\>
```

图 6.10 GML-XSL-MapMML **的转换界面**

MapMML 根标记为<g></g>，其子标记<Feature>描述地图制图实体，这里包括属性符号名称和空间位置两个基本属性。为了简化系统设计，在实验中没有对地图制图数据在时间维和尺度维上进行扩展。MapMML 实例片断(mapData. xml)如下：

```
<? xml version="1.0" encoding="UTF-8"? >
<g xmlns:gml="http://www.opengis.net/gml">
    <Feature name="省界" symid="province-boundaries" d="M-340…160, ,0 71,-69z"/>
    <Feature name="水系" symid="water-system" d="M67 419c75,-66…-175,-66"/>
    <Feature name="水系" symid="water-system" d="M-3-18135,42…-135,42"/>
    <Feature name="水系" symid="water-system" d="M-1795 27, -42,…212 -78,223"/>
    <Feature name="水系" symid="water-system" d="M1884 132 0 -36,…-57 124,-30"/>
    …
    </g>
```

由于在基于 XSL 的表达规则中测试了地理要素的属性，没有测试地图符号在地图中的大小，因此地图制图数据表示了地理要素对应的地图符号的分类名称，如普通房屋，而没有表达地图符号的几何类型，如依比例尺的(面状)、半依比例尺的(线状)与不依比例尺的(点状)。

6.2.4 表达规则的验证

根据 GML 数据，生成 MapMML 的过程，也可视为验证表达规则的过程。比较 GML 与生成的 MapMML，能分析出表达规则的正确性。MapMML 是表达规则测试子系统的输出内容，同时也是表达服务子系统的输入，因此作为这两个子系统桥梁的地图制图数据，为它们的分离提供了基础。

6.3 表达规范—符号库建立

表达规范主要描述地图符号的几何类型与图形参数，采用 SVG 字体<font>进行描述，形成地图符号库，其中<font>属性 id 表示地图符号库的标识符。<font-face>元素表示地图符号库的基本公共信息，其中 font-family 属性表示地图符号库的名称。自定义字体<glyph>组织地图符号，其属性 unicode 表示地图符号的标识符，featureType 表示地图符号的要素类型，geometry 表示地图符号的几何类型，便于地图按照要素和几何分层。基于 SVG 字体的地图符号库组织如下：

```
<font id="GB1234290">
    <font-face font-family="cartoSymbol"
                    font-weight="bold" font-style="normal"
                    units-per-em="1000" cap-height="600" x-height="400"
                    ascent="700" descent="300" horiz-adv-x="1000"
                    baseline="0" centerline="350" mathlin="350"
                    ideographic="400" hanging="500" topline="700">
    </font-face>

    <glyph unicode="triangle-point" horiz-adv-x="600" featureType="surveyReferencePoint" geometry="point">
        <g id="triangle-point-symbol" style="fill:none;stroke:red;stroke-width:3.8095">
            <polygon points="0,-35.1924 30.4762,17.5962 -30.4762,17.5962"/>
            <circle cx="0" cy="0" r="2.8572" style="fill:red;stroke:red;stroke-width:3.8095"/>
        </g>
    </glyph>
```

6.3.1 基于 SVG 的地图符号库

6.3.1.1 点状地图符号及其动画

基于 SVG 的表达规范既描述了传统的静态地图符号，同时也增加了动画地图符号的表示。当地理要素能采用静态与动画地图符号表示时，可在表达规范中同时进行描述，只是地图符号标识符不同。地图符号与动画如下：

```
<font id="GB1234290">
    <glyph unicode="astronomical-point" horiz-adv-x="600" featureType="surveyReferencePoint" geometry="
point">
        <g id="astronomical-point-symbol" style="fill:none;stroke:red;stroke-width:3.8095">
            <polygon points="0,-38.0952 9.7767,…"/>
            <circle cx="0" cy="0" r="2.8572" style="fill:blue;stroke:blue;stroke-width:3.8095"/>
        </g>
        </glyph>

    <glyph unicode="dh-astronomical-point" horiz-adv-x="600" featureType="surveyReferencePoint" geometry="
point">
        <g id="dh-astronomical-point-symbol" style="fill:none;stroke-width:1">
            <polygon points="0,-113 73,113 -119,-27 119,-27 -73,113">
            <animateTransform attributeName="transform" type="rotate" values="0;-360"
                dur="5s" repeatCount="4"/>
            </polygon>
            <circle cx="0" cy="0" r="3.4" style="fill:blue;stroke:blue;stroke-width:1"/>
            <animate attributeName="fill" begin="1s" dur="5s"
                values="red;yellow;blue;grey;yellow;magenta" repeatCount="4"/>
            </g>
    </glyph>
```

这里，点状地图符号的参考位置为坐标原点，便于地图符号配置时的平移操作。

6.3.1.2 对称型线状地图符号表示

对称型线状地图符号表示，首先通过<defs></defs>定义线状地图符号的定位线 path，其属性 id 表示 path 的标识符，便于其他元素的引用。<use xlink:href="#id"></use>引用 path，并定义其样式，多个引用按照先后次序复合定义线状地图符号。对称型线状地图符号表示如下：

```
<glyph unicode="odd-line-railway" horiz-adv-x="600" featureType="roadway" geometry="curve">
    <g id="odd-line-railway-symbol" style="fill:none;stroke:black;stroke-width:6; stroke-linejoin:round;stroke-line-
cap:square">
        <defs>
            <path id="odd-line-railway-path" d="M10 100 L500 100"/>
        </defs>
        <use xlink:href="#odd-line-railway-path"/>
        <use xlink:href="#odd-line-railway-path" style="fill:none;stroke:white;stroke-width:4; stroke-linejoin:
round;stroke-linecap:square; stroke-dasharray:50;stroke-dashoffset:50"/>
    </g>
</glyph>
```

6.3.1.3 非对称型线状地图符号表示

非对称型线状地图符号需要采用文字或自定义字体沿线状地图符号的定位线分布，如石滩。非对称型线状地图符号的表示如下：

```
<glyph unicode="j" horiz-adv-x="600">
    <g id="stone-beach1"> <path d="M0,0h400v400z"/> </g>
</glyph>
<glyph unicode="k" horiz-adv-x="600">
    <g id="stone-beach2"> <path d="M0,0v400h400z"/> </g>
</glyph>
<glyph unicode="l" horiz-adv-x="600">
    <g id="stone-beach3"> <path d="M0,400v-400h400z"/> </g>
</glyph>
<glyph unicode="m" horiz-adv-x="600">
    <g id="stone-beach4"> <path d="M0,400h400v—400z"/> </g>
</glyph>
<glyph unicode="stone-beach" horiz-adv-x="600" featureType="waterSystem" geometry="curve">
    <g id="stone-beach-symbol" style="font-size:20;fill:red;stroke:blue">
        <defs>
            <path id="stone-beach-path" d="M10 100 h500"/>
        </defs>
        <text style="font-family:cartoSymbol;letter-spacing:0;baseline-shift:—20%">
            <textPath xlink:href="#stone-beach-path">jklm</textPath>
        </text>
    </g>
</glyph>
```

这里，"j""k""l"与"m"分别自定义为不同的三角形，在符号表示的文本<text></text>中，沿路径<textPath>分布文本"jklm"，文本长度由路径长度决定。

6.3.1.4 模板型面符号表示

面符号按照规则性，分为规则型与非规则型面符号，前者采用模板表示，后者需要借助脚本实现。模板型面符号能实现颜色填充、"井"与"品"形填充，并通过 symStyle 属性标注为 symPattern(模板型符号)。模板 pattern 元素表示填充的颜色和"井"与"品"形样式，然后在面符号的轮廓线 path 中通过 fill:url()引用该模板样式。面状地图符号的轮廓线通过 path 定义。模板型面符号表示如下：

```
<glyph unicode="plain-sand-land" horiz-adv-x="600" featureType="relief" geometry="surface">
    <g id="plain-sand-land-symbol" style="fill:#A0522D;stroke-width:1" symStyle="symPattern">
        <defs>
            <pattern id="plain-sand-land-pattern" patternUnits="userSpaceOnUse" x="0" y="0" width="0.45cm" height="0.45cm" viewBox="0 0 100 100" patternTransform="translate(-40,-40) rotate(45)">
            <circle cx="16" cy="16" r="8.5"/>
            </pattern>
        </defs>
        <path id="plain-sand-land-path" d="M10 100 h200 v200 h-200z" style="fill:url(#plain-sand-land-pattern)"/>
    </g>
</glyph>
```

6.3.1.5 非规则型面符号表示

非规则型面符号主要是指在面符号的分布中具有随机特征，在<glyph>的子元素<g></g>属性中自定义一系列属性进行描述。描述参数有：①SymStyle 属性表示面符号的分类，如模板型、随机型、井字形、品字形等；symRow 表示填充单元之间的行距；symCol 表示填充单元之间的列距。②symSizeStyle 表示符号大小特征的分类，如大小随机、大小保持不变等；symSizeX 表示 X 方向随机变化的范围；symSizeY 表示 Y 方向随机变化的范围。③SymDirectionStyle 表示方向特征的分类，如方向随机、方向不变等；symAngle1 表示主方向；symAngle2 表示随机方向的范围。④SymShapeStyle 表示形状变化特征，如形状随机变化、形状保持不变等；symSkewX1 与 symSkewX2 表示 X 方向随机错切的最小角度和最大角度；symSkewY1 与 symSkewY2 表示 Y 方向随机错切的最小角度和最大角度。非规则型面符号表示如下：

```
<glyph unicode="sand-gravel-land" horiz-adv-x="600" featureType="relief" geometry="surface">
    <g id="sand-gravel-land-symbol" style="fill:black;stroke-width:1;stroke:red" symStyle="symRandom" symRow="100" symCol="100" symSizeStyle="sizeRandom" symSizeX="20" symSizeY="20" symDirectionStyle="DirectionRandom" symAngle1="0" symAngle2="360" symShapeStyle="shapeRandom" symSkewX1="0" symSkewY1="0" symSkewX2="8" symSkewY2="8">
        <defs>
            <g id="sand-gravel-land-filled-symbol">
                <g>
                    <path d="M0 -5 L-5 4 h10z"/>
                </g>
            </g>
            <clipPath id="sand-gravel-land-clippath" style="clip-rule:nonzero">
                <use xlink:href="#sand-gravel-land-path"/>
            </clipPath>
        </defs>
        <g id="sand-gravel-land-clip-symbol" style="clip-path:url(#sand-gravel-land-clippath)">
    </g>
        <path id = "sand-gravel-land-path" d="M10 100 h200 v200 h-200z" fill="none"/>
    </g>
</glyph>
```

非规则面符号的重复单元或填充单元通过<defs></defs>定义，并通过计算分布在轮廓线范围<clipPath>之内。

6.3.2 表达规范的验证

由于地图符号是基于 SVG 标记语言表示的，因此表达规范的验证也在 SVG 文档中进行，极大地方便了地图符号的设计与及时修改。首先引入两个实体分别表示左斜体和耸肩体表示注记：

```
<! ENTITY zuoxie "skewX(15)">
    <! ENTITY songjian "skewX(-15)">
```

所有的地图符号在表达规范中是以 SVG 字体的形式进行组织，因此采用显示字体的方法能有效验证地图符号的正确性。表达规范验证方法如下：

```
<desc>注记验证</desc>
<g transform="translate(30,30) &zuoxie;">
    <g fill="none" stroke="red" stroke-width="3" >
            <line x1="0" y1="0" x2="50" y2="0" />
            <line x1="0" y1="0" x2="0" y2="50" />
    </g>
    <text x="0" y="0" font-size="20" font-family="Verdana" fill="blue" >
            ZUOXIETI
    </text>
</g>
<g transform="translate(200,30) &songjian;">
    <g fill="none" stroke="red" stroke-width="3" >
            <line x1="0" y1="0" x2="50" y2="0" />
            <line x1="0" y1="0" x2="0" y2="50" />
    </g>
    <text x="0" y="0" font-size="20" font-family="Verdana" fill="blue" >
            <tspan rotate = "-15,-15,-15,-15,-15,-15,-15,-15,-15,-15">
                SONGJIANTI
            </tspan>
    </text>
</g>
<desc>点符号验证</desc>
<text id = "pointSymbol" class="fntfamily" x="500" y="500" font-size="500">
        triangle-point
</text>
<desc>线符号验证</desc>
<text id = "pointSymbol" class="fntfamily" x="400" y="400" font-size="900">
        odd-line-railway
</text>
<defs>
    <path id="style1" d="M 100 200 C 200 100 300 0 400 100 C 500 200 600 300 700 200
            C 800 100 900 100 900 100"/>
</defs>
<text class="fntfamily" font-size="20" fill="red"
            stroke="blue" letter-spacing="0" baseline-shift="-20%">
    <textPath xlink:href="#style1" >
        jklmjklmjklmjklmjklmjklmjklmjklmjklmjklmjklmjklmjklmj
    </textPath>
</text>
<desc>面符号验证</desc>
<text id = "pointSymbol" class="fntfamily" x="200" y="450" font-size="200">
    dense-frutex
</text>
```

点符号、对称型线符号与规则型面符号都作为字体进行显示，以验证它们的正确性。对于非对称型线符号则枚举出沿线分布的字体的方法进行验证，而非规则型的面符号则显示其重复单元即可。图 6.11 是上述文档的验证结果，包括了左斜体、耸肩体、对称型与非对称型线符号以及规则分布的面符号。

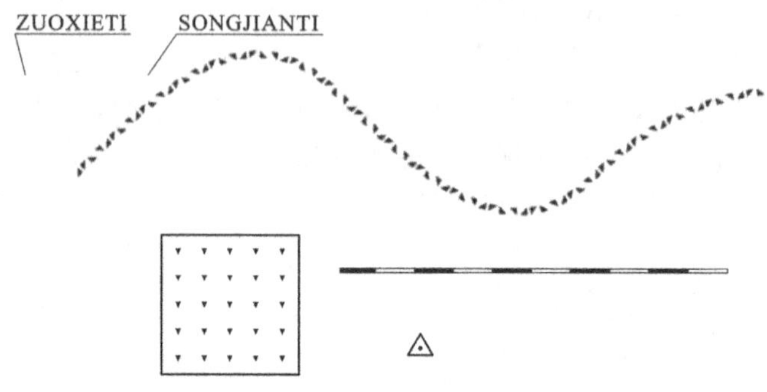

图 6.11 表达规范的验证

已有的 SLD(Filter+SVG)和 GML-XSL-SVG 中的 XSL(XSL+SVG)虽然通过转换，能间接生成 SVG 地图符号，但由于都包括了地图符号的条件(测试)部分，因此不能直接进行 SVG 地图符号的显示与验证。而基于 SVG 的地图符号库则不仅能直接验证地图符号，而且便于对地图符号的修改、完善和更新，从而降低了地图符号库系统研究和实现的复杂性，也便于地图符号库的共享。

6.3.3 个性化地图符号制作

表达规范的建立方法有两种：一是基于 SVG 文本的编辑，能有效建立各种地图符号；另一是基于脚本的可视化方法，采用 JavaScript 对 SVG 元素进行操作。基于 XML 的地图表达系统能生成通用的地图符号(图 6.12)，包括点符号、线符号与面符号，并能符合表达规范的要求。其中符号的设计界面是由(Cartography with JavaScript and SVG 2004)修改而来。

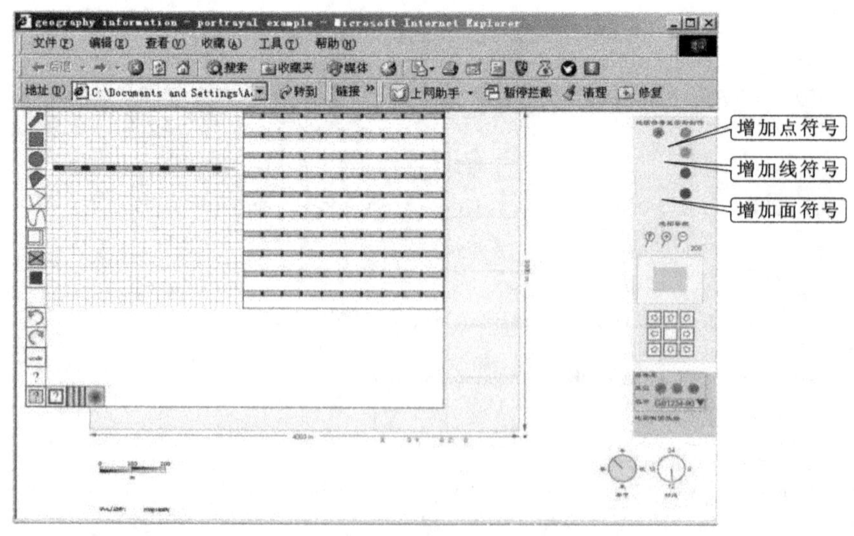

图 6.12 对称型线符号的设计界面

SVG 通过脚本能生成任意复杂的地图符号，并能将设计好的点状、线状与面状地图符号添加到表达规范—地图符号库中，为可视化地理要素提供地图符号（图 6.13）。

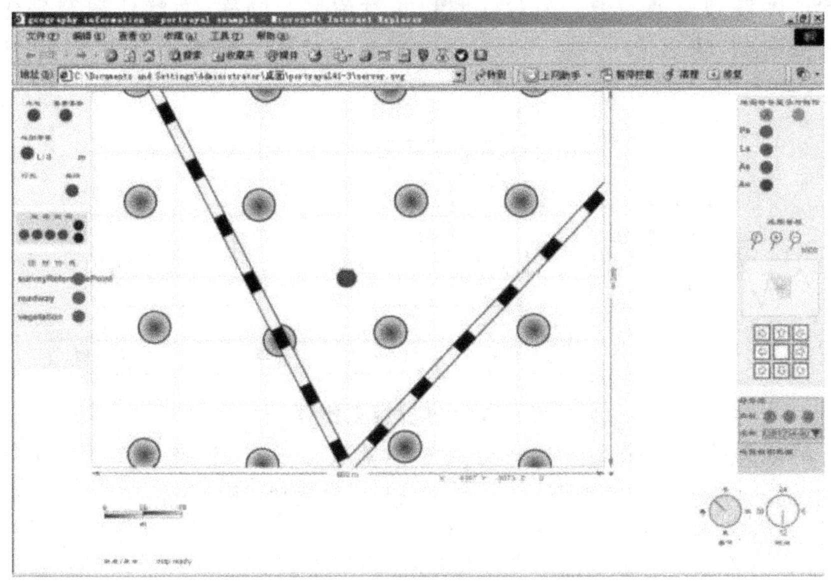

图 6.13 基于脚本设计的地图符号

一般情况下，通过基于 SVG 的文本编辑制作一般地图符号库系统，而通过脚本方法则供应个性化地图符号。

6.4 表达服务—符号化

表达服务是根据地图制图数据提供的地图符号名称，判断并调用地图符号库中的地图符号参数，在空间位置上进行符号化的过程。

6.4.1 表达服务的结构与功能

6.4.1.1 表达服务结构

表达服务是在 SVG 文档中通过 DOM 接口，加载地图制图数据 MapMML 和 SVG 地图符号库，并实现符号化操作（图 6.14）。这里，MapMML 提供地图符号名称和地理要素的空间位置；Symbols 提供地图符号的图形参数与符号化描述参数；基于 JavaScript 的表达服务根据 MapMML 中的地图符号名称从 Symbols 中调用符号化参数，在 MapMML 所提供的空间位置上进行符号化，并生产地图 SVG Map。

图 6.14 表达服务结构

当 MapMML 记录制图编辑的数据时，JavaScript 表达服务需要根据制图编辑的内容修改地图符号。

6.4.1.2 表达服务类型

根据地图符号的几何类型,基于 JavaScript 的表达服务分为:点状、线状、面状与注记地图符号化。线状地图符号化进一步分为对称型和非对称型。同样,面状地图符号化进一步分为模板填充型与随机型(图 6.15)。基于 JavaScript 表达服务的分类与基于 SVG 地图符号的分类相同。

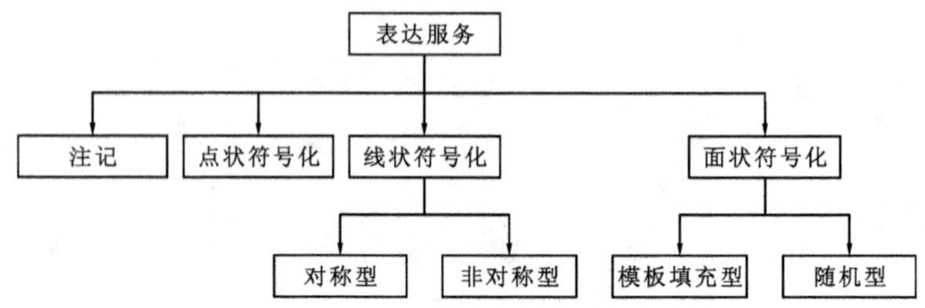

图 6.15 表达服务类型

表达服务将地理要素按照几何类型与要素类型进行了分层(图 6.16)。其中几何类型分层包括:点、线、面与注记。在表达规范中,基于 SVG 的地图符号描述了几何类型和要素类型属性。当地符号化时,地图符号首先按照几何类型分类,然后在同一几何类型中再进行要素类型分类。

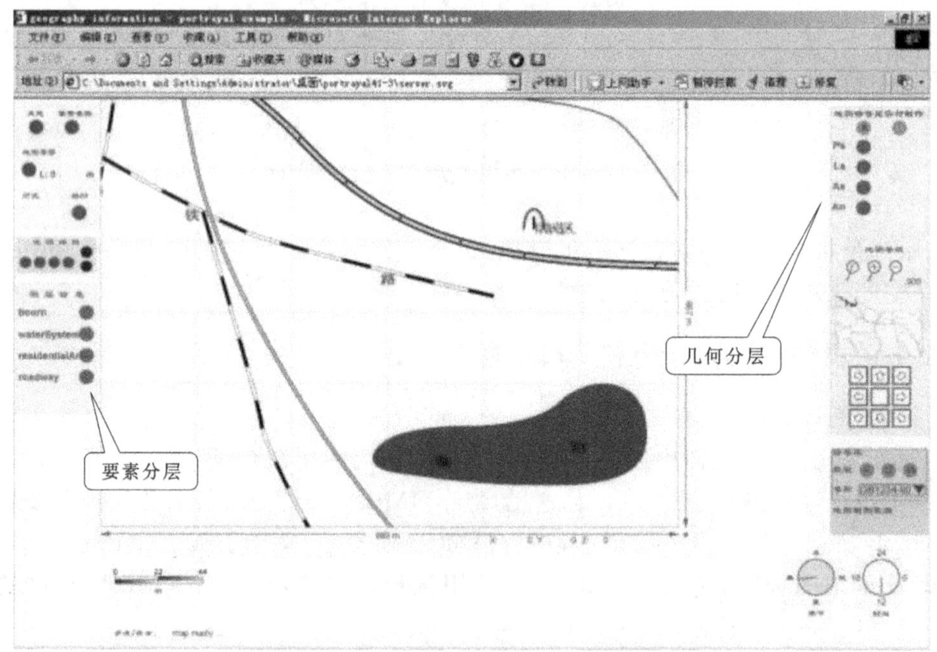

图 6.16 表达服务的分层界面

地图的几何分层实验如下(图 6.17),包括点要素的分层、线要素的分层与面要素的分层。地图的要素分层实验(图 6.18),包括隐藏水系要素和隐藏交通路线要素。

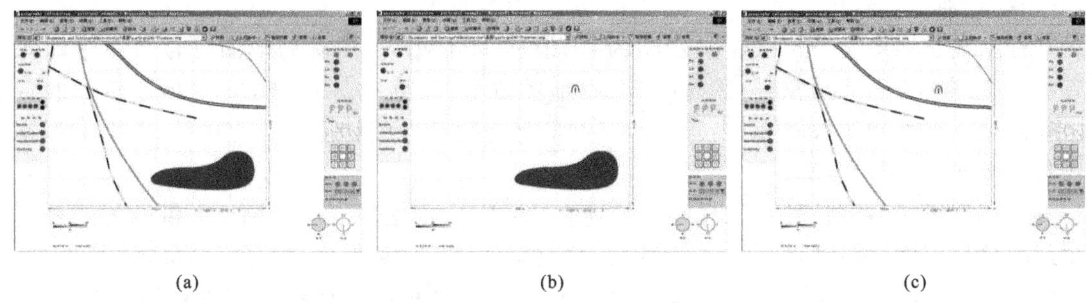

(a) (b) (c)

图 6.17 地图的几何分层

(a)线面几何层;(b)点面层;(c)点线层

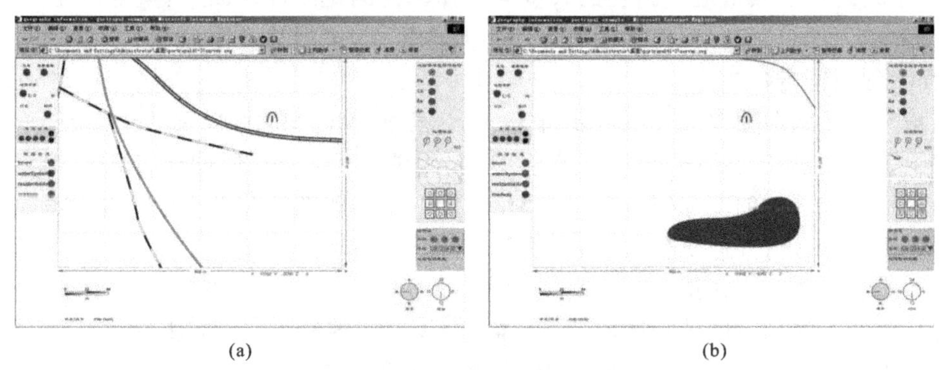

(a) (b)

图 6.18 地图的要素类型分层

(a)隐藏水系要素;(b)隐藏交通路线要素

6.4.2 表达服务的方法

要素的几何类型与地图符号的几何类型都包括点状、线状与面状,但两者并不是一一对应的关系(表 6.1)。每种地理要素都可能采用点状地图符号和无地图符号表示。除此之外,线状地理要素还采用线状地图符号表示,面状地理要素采用面状地图符号和线状地图符号表示。在表达服务中通过分析地图符号在地图中的宽度、长度与面积,确定符号的几何类型,并调用对应几何类型的地图符号。

表 6.1 地理要素与地图符号的几何类型

无地图符号	点状地图符号	线状地图符号	面状地图符号	
点状地理要素	√	√		
线状地理要素	√	√	√	
面状地理要素	√	√	√	√

(1)点状地图符号化

点状地图符号化操作比较简单,步骤为:①根据 MapMML 提供的地图符号名称在地图符号库中查找到地图符号;②克隆 SVG 地图符号;③读取 MapMML 中地图符号的定位点坐标以及记录的制图编辑数据;④将地图符号平移到定位点处;⑤对地图符号进行其他操作,包括移位等。

(2)线状地图符号化

对称型线状地图符号化操作的步骤为:①根据 MapMML 提供的地图符号名称在地图符号库中查找到对应的地图符号;②克隆 SVG 地图符号;③读取 MapMML 中地图符号的定位线坐标以及记录的制图编辑数据;④将定位线的坐标代替地图符号的原定位线;⑤对地图符号进行其他操作,包括移位等。

非对称型线状地图符号化操作则比较复杂,步骤为:①根据 MapMML 提供的地图符号名称在地图符号库中查找到对应的地图符号;②克隆 SVG 地图符号;③读取 MapMML 中地图符号的定位线坐标以及记录的制图编辑数据;④将定位线的坐标代替地图符号的原定位线;⑤计算沿路径分布的字体单元的总宽度;⑥在<textPath></textPath>的内容中增加重复的字体单元,单元的重复数量通过路径的长度与字体单元的宽度计算而来:重复单元的数量=路径长度/字体单元的总宽度;⑦对地图符号进行其他操作,包括移位等。

(3)面状地图符号化

模板填充型面状地图符号化操作的步骤为:①根据 MapMML 提供的地图符号名称在地图符号库中查找到对应的地图符号;②克隆 SVG 地图符号;③读取 MapMML 中地图符号的轮廓线坐标以及记录的制图编辑数据;④将轮廓线的坐标代替地图符号的原轮廓线;⑤按照制图编辑对地图符号进行其他操作,包括移位等。

随机型面状地图符号化操作也比较复杂,步骤为:①根据 MapMML 提供的地图符号名称在地图符号库中查找到对应的地图符号;②克隆 SVG 地图符号;③读取 MapMML 中地图符号的轮廓线坐标以及记录的制图编辑数据;④将轮廓线的坐标代替地图符号的原轮廓线;⑤根据地图符号所提供的描述参数,对重复单元在裁减路径内进行配置;⑥按照制图编辑对地图符号进行其他操作,包括移位等。

(4)注记配置

注记是对地图符号的一种文字标注,在实现中分为点状、线状与面状地图符号的注记。点状注记是在定位点处进行标注;线状注记是沿线分布的标注;面状符号的注记,则分为两种情形,一种是在面符号的某点(如中心点)进行注记,另一种是在面符号的某线(如中轴线或轮廓线等)进行注记。

6.5 Web 地图制图编辑

通过地图制图编辑工具,制图人员交互地修改要素的表达以提高地图的质量,工具既改变地图符号,也改变几何图形,并保存这些变化(Paul,2005)。地图表达的制图编辑不仅表现在对 SVG 地图的修改,而且还保存在 MapMML 中,为制图编辑信息的共享与再现提供了基础。此外,Web 地图制图编辑是 Web 2.0 环境下的用户参与制图的基础。

(1)制图编辑的实现模型

由于 MapMML 和 SVG Map 都是基于 XML 的,因此它们都可以采用基于文本编辑方法和基于脚本的编辑方法实现制图编辑。基于文本的制图编辑是面向文本的非可视化的编辑方法,难以实现地图符号的位置与关系的编辑,只能指定地图符号的大小、方向、色彩等。基于脚本的制图编辑是面向地图的可视化的编辑方法,实现地图符号的移位、删除等操作。

(2)基于脚本的 SVG Map 编辑

作为地图语言之一的地图符号，是制图编辑的主要对象。地图符号编辑的原则是变化后的地图符号仍然符合图式规范要求。根据地图符号的几何类型编辑方法划分为点符号编辑、线符号编辑、面符号编辑与注记编辑；根据地图符号的操作类型划分为移位、删除与结构编辑。

地图符号参数的修改，除了在 MapMML 中指定参数的方法以外，还可以通过脚本编辑 SVG Map 达到同样的目的。SVG Map 的脚本编辑方法按照地图符号的类型分为：点符号编辑、线符号编辑、面符号编辑与注记编辑。图 6.19 所示为脚本编辑界面。

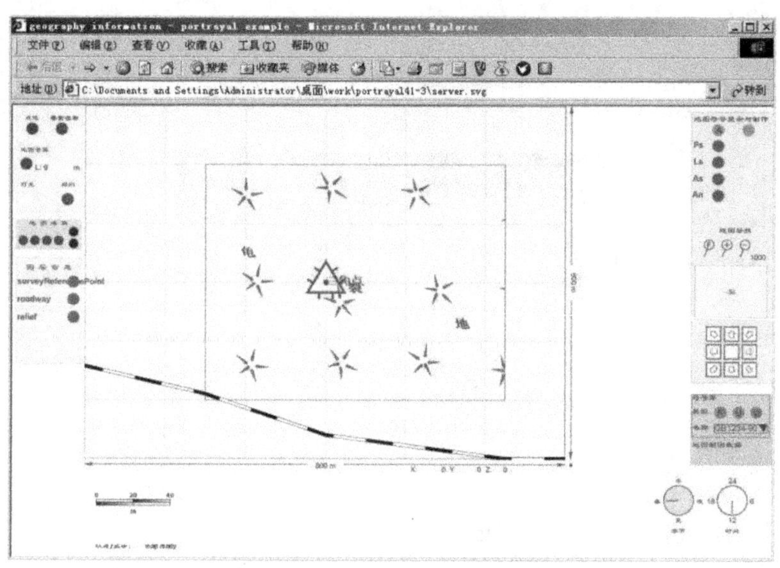

图 6.19　SVG Map 的脚本编辑界面

在试验中地图符号的编辑只进行了移位操作，面符号的移位操作包括轮廓线移位与填充的点符号的移位(图 6.20)。

地图符号的脚本制图编辑分为移位、删除、结构编辑等类型，只涉及符号的位置与结构，并不包括反映地理要素本质特征的符号颜色、几何类型、方向等元素，能有效提高非专业人员的制图编辑水平。

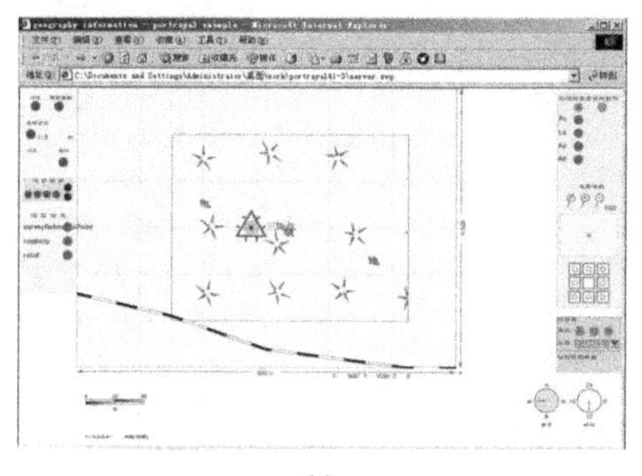

(a)

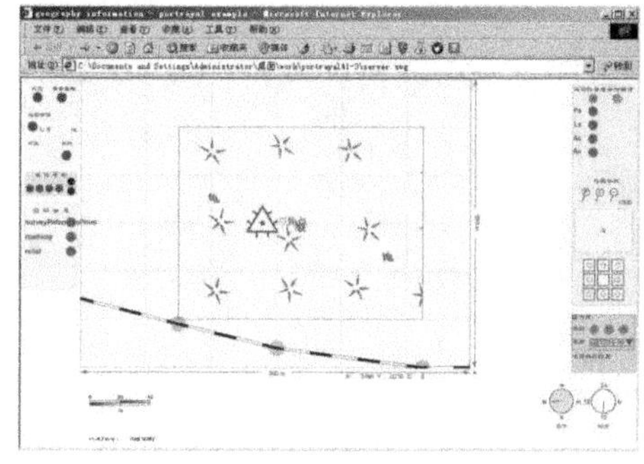

(b)

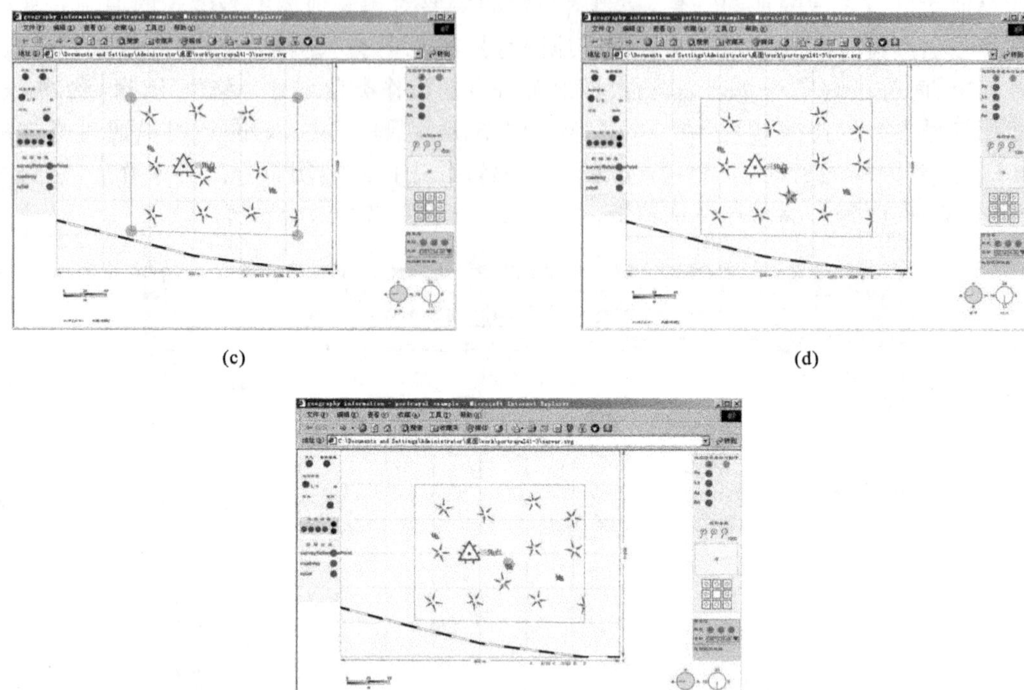

(e)

图 6.20 移位操作

(a)点符号位移;(b)线符号位移;(c)面符号的轮廓线位移;
(d)面符号的点填充位移;(e)注记位移

练习题

(1)阐述基于 XML 的地图表达体系结构。

(2)分析 Web 地图制图编辑与 Web 2.0 地图的联系。

参考文献

1 鲍军鹏,刘晓东,沈钧毅.基于XML的知识融合与知识库组织[J].计算机工程.2003,29(3):56—57

2 陈传波,吴方文.基于SVG的图元对象描述模型的研究[J].华中科技大学学报(自然科学版).2002,30(10):50—52

3 陈思敏.XML文档对象模型(XML DOM)研究与应用[J].苏州大学学报(自然科学).2001,17(2):48—53

4 戴超凡,刘青宝,邓苏,高士光.OIM XML编码研究[J].计算机工程与应用.2001.3:7—9

5 邓春晖,黄冬梅.半结构化数据OEM图的获取及应用[J].海南师范学院学报(自然科学版).2002,15(1):40—44

6 董欣,陈晓鸥.XML文件的显示与浏览[J].计算机应用.2000,20(8):29—32

7 甘莉.基于SVG的点状地图符号设计[D].武汉:武汉大学,2004

8 甘小斌.XML标准体系介绍[J].标准化研究,2004,9:41—44

9 顾蔚,陈天滋.基于XML的元数据系统在地理信息共享中的研究与设计[J].计算机应用研究,2003,1:104—107

10 郭广行,阴桂梅.基于XML的Web数据挖掘探讨[J].太原师范学院学报(自然科学版),2003,2(1):27—30

11 金波,王行愚.采用扩展标记语言的知识表示方法[J].华东理工大学学报,2000,26(1):74—76

12 李峰,李春旺.Mashup关键技术研究[J].现代图书情报技术,2009,1:44—49

13 栗松涛.XML程序设计[M].北京:清华大学出版社,2001

14 聂培尧,李战怀,胡正国.一种基于XML的半结构数据模型[J].计算机应用研究,2002,12:135—138

15 林琅,牛海军.XML规范及网络应用[J].电脑世界,2001,19:20—23

16 刘芳,胡和平.半结构化数据的模式发现[J].微型电脑应用,16(2),2000:13—15

17 刘金红,王挺.基于XML的译文生成系统的设计与实现[J].计算机工程,2004,30(12):128—130

18 芦东昕,李典蔚,柳长安.基于AJAX和Servlet的Web GIS的研究与实现[J].计算机技术与发展,2007,17(3):193—199

19 孟令奎,史文中.网络地理信息系统[M].北京:科学出版社,2005:136—145

20 申怡.基于SVG的线状地图符号设计[D].武汉:武汉大学,2004

21 吴敏,丁永生,陈家训.XML的研究现状及展望[J].微型电脑应用,2001,17(4):5—9

22 熊丽,熊前兴.基于XSLT的XML文档处理[J].现代计算机,2002,135:82—84

23 徐冰,李启炎,朱茜.XML解析器应用分析[J].应用技术,2002,1:30—32

24 尹章才,李霖,朱海红,童雪娟.基于SVG的地图符号描述模型研究[J].武汉大学学报·信息科学版,29(6),2004:544～547

25 张国钢,王建华,武安波.XvgML语言的设计、优化及其与知识系统的集成[J].中国图像图形学报,2003,8(A 2):236—240

26 张俊,李冠宇,谢益武,曹志英,刘刚.创建应用领域XML词汇表的方法与原则[J].交通与计算机,20(6),2002:8～11

27 张荣进.基于XML的大型通用知识库的构建[J].计算机工程,2003,29(7):69—72

28 周文生,毛峰.地理标记语言GML及其可视化[J].测绘通报,2003,9:23—26

29 朱福喜，汤怡群，傅建明. 人工智能原理[M]. 武汉：武汉大学出版社，2002

30 祝国瑞，郭礼珍，尹贡白，徐永利. 地图设计与编绘[M]. 武汉：武汉大学出版社，2003

31 Aileen Buckly, Charlie Frye, Barbara Buttenfield, Torrin Hultgren. An Information Model for Maps: Towards Cartographic Production from GIS Databases[EB/OL]. Environmental Systems Research Institute. http://www.acsm.net/cagis/Buckley.pdf, 2005

32 Alesheikh A. Helali H. Behroz HA. Web GIS: Technologies and Its Applications. Symposium on Geospatial Theory[C]. Processing and Applications, Ottawa, 2002

33 Andreas Neumann, Interactive Topographic Map Tuerlersee[EB/OL], http://www.carto.net/papers/svg/tuerlersee/, 2002

34 Cartography with JavaScript and SVG[EB/OL], http://pilat.free.fr/english/index.htm, 2004

35 CartoML. Software Requirements and Architectural Design Document[EB/OL]. http://www.statlas.org/project/deliverables/wp1/STL_PM_SQAP_D1.5a.pdf, 2003

36 CSML. Cave Survey & Cave Map Markup Language[EB/OL]. http://www.xml.com/pub/r/901 , 2001

37 CSS[EB/OL], http://www.w3school.com.cn/css, 2011.6

38 DOM[EB/OL]. http://www.w3school.com.cn/xmldom/dom_intro.asp, 2011.6

39 DTD[EB/OL]. http://www.w3school.com.cn/dtd/dtd_intro.asp, 2011.6

40 Elisa B, Elena F. XML and Data Integration[J]. IEEE Internet Computing, 2001, 5(6): 75－76.

41 Frye, C. and Eicher, C. L. MODELING ACTIVE DATABASE－DRIVEN CARTOGRAPHY WITHIN GIS DATABASES[C]. Proc. of the 21st Int. Cartographic Conf. (ICC) Durban, South Africa, 2003: 1872－1879.

42 HTML[EB/OL]. http://www.w3school.com.cn/html, 2011.6

43 ISO/DIS 19117. Geographic information — Portrayal[S], 2002

44 Iwan Birrer, XSLT－Werkzeuge für GML und INTERLIS/XML Informatik－Seminar Sommersemester [EB/OL]. http://www.integis.ch/documents/. 2002

45 Juliana Williams and Andreas Neumann. Dynamic Loading of Vector Geodata for SVG Mapping[EB/OL]. http://www.carto.net/papers/svg/postgis_geturl/, 2005

46 Kolbe, T. H., Steinrücken, J. and Plümer, L. COOPERATIVE PUBLIC WEB MAPS[C]. Proc. of the 21st Int. Cartographic Conf. (ICC) Durban, South Africa, 2003: 1062－1070

47 Lars H. Tiina S. Lassi L. A VARIABLE－SCALE MAP FOR SMALL－DISPLAY CARTOGRAPHY [C]. Processing and Applications, Ottawa, 2002

48 Lassi L. Multi-purpose Publishing of Geodata in the Web[EB/OL]. http://www.ginorden.org/konf/getpaper.php? ID=67, 2002

49 Map/Markup Language [EB/OL]. http://meta.wikimedia.org/wiki/Maps/Markup _ Language # Area, 2003

50 Marta W. and Bridget E. Interoperable Solutions in Web－based Mapping, Symposium on Geospatial Theory[C]. Processing and Applications, Ottawa, 2002

51 Paul Hardy, Cory Eicher, Marc－Olivier Briat, Thierry Kressmann. Database－stored Representations and Overrides. Supporting Automated Cartography with Human Creativity, Environmental Systems Research Institute[EB/OL]. http://www.acsm.net/cagis/Hardy_Eicher_Briat_Kresmann.pdf, 2005

52 Rezayat M. Knowledge－based product development using XML and KCs. Computer－Aided Design[J], 2000, 32(5－6): 299－309.

53 Schema[EB/OL]. http://www.w3school.com.cn/schema/index.asp, 2011.6

54 Simple Map Markup Langage[EB/OL]. http://www.stirbitch.com/steve/smml/index.html, 2005

55 Stefanakis,E. Modeling Cadastral Data Using Semi-Structured Data Models[C]. Proc. Of 5th AGILE Conf. on Geographic Information Science, Palma (Mallorca, Spain) ,2002

56 Stefanakis, E. Representation of Generalized Map Series Using Semi-Structured Data Models[J]. Cartography and Geographic Information Science, 2003, 30 (1):51—68

57 SVG[EB/OL]. http://www.w3school.com.cn/svg, 2011.6

58 O'Reilly Network, 2005, What Is Web 2.0, Design Patterns and Business Models for the Next Generation of Software[EB/OL]. http://oreilly.com/web2/archive/what—is—web—20.html? page=1, 玄伟剑(翻译),http://www.hudong.com/wiki/web2.0.

59 Tsoulos, L. , Spanaki, M. and Skopeliti. A. An XML-based Approach for the Composition of Maps and Charts[C]. the 21th Int. Cartographic Conf. (ICC), 2003:2560—2571

60 van Elzakker, Use and Users of Maps on the Web, Cartographic Perspectives[EB/OC]. http://www.nacis.org/cp/cp37/CP37_34_50.pdf, 2000

61 Web GIS[EB/OL]. 百度百科,http://baike.baidu.com/view/41463.htm,2211.6

62 XHTML[EB/OL]. http://www.w3school.com.cn/xhtml,2211.6

63 XML[EB/OL]. http://www.w3school.com.cn/xml/xml_intro.asp,2211.6

64 XSLT[EB/OL]. http://www.w3school.com.cn/xsl/xsl_languages.asp,2211.6

技术篇

XML是Web 1.0的网络语言HTML的升级版本，也是Web 2.0的基础语言，因而XML是连接Web 1.0和Web 2.0的重要桥梁，也是Web 2.0技术的基础。

XML已经是网络数据及其互操作公共协议的基础，基于XML的多种内容格式和基于这些格式的互操作/通信协议，包括RSS、PDF、Ajax、Geo RSS、KML以及大量的微格式等扩展了2.0网站的功能，其中Ajax、RSS是Web 2.0的核心技术。这就意味着，XML是Web 2.0的重要技术和理念基础，因此本篇将进一步分析由XML延伸和发展的相关技术。

1 Web 地理信息服务

网络服务是 Web 2.0 的重要技术基础和实现方式，网格、云计算等都是基于网络服务的。其中，XML 是网络服务的基础语言。

1.1 Web 服务

集成和互操作一直是 GIS 发展的热点问题，而在互联网时代背景下产生的 Web 服务技术可直接将各种组织、应用程序、服务及设备链接起来，实现在不同平台间以一致的方式交换和描述数据，为实现空间地理信息共享、互操作和集成提供了新的解决方案。Web 服务的设计理念就是把各种应用程序包装在一个黑盒中，将与程序开发相关的细节隐藏起来，再将其所具备的功能或服务以标准的接口公布出来。它可能在任何提供相应功能服务的机器上加以实现和发布，可以将异构的应用进行整合，而不管这些应用系统。在设计建设时使用何种程序设计模型、程序语言、操作系统、平台(龙明，2007)

1.1.1 核心定义

(1)Web 服务的概念

Web 服务(Web Service)是一种面向服务的架构的技术，通过标准的 Web 协议提供服务，目的是保证不同平台的应用服务可以互操作。根据 W3C 的定义，Web 服务应当是一个软件系统，用以支持网络间不同机器的互动操作。网络服务通常是许多应用程序接口(API)所组成的，它们通过网络，例如国际互联网(Internet)的远程服务器端，执行客户所提交服务的请求。

尽管 W3C 的定义涵盖诸多相异且无法介分的系统，不过通常我们指有关于主从式架构(C/S)之间根据 SOAP 协议进行传递 XML 格式消息(图 1.1)。无论定义还是实现，Web 服务过程中会由服务器提供一个机器可读的描述(通常基于 WSDL)以辨识服务器所提供的 Web 服务。另外，虽然 WSDL 不是 SOAP 服务端点的必要条件，但目前基于 Java 的主流 Web 服务开发框架往往需要 WSDL 实现客户端的源代码生成。一些工业标准化组织，比如 WS－I，就在 Web 服务定义中强制包含 SOAP 和 WSDL。

Web Service 体系结构基于服务提供者、服务注册中心和服务请求者之间的交互。服务提供者在服务注册中心发布 Web 服务描述语言 WSDL；服务请求者使用注册中心的 UDDI 注册服务来搜索其所需 Web 服务，并通过 SOAP 将该 Web 服务和本部门的当前应用绑定，实现空间数据与操作的共享(翟石艳　等，2009)。

(2)Web 服务关键技术

Web 服务建立在 XML、WSDL、SOAP 和 UDDI 等协议和标准之上，具有完好的封装性、松耦合、使用协约的规范性、使用标准协议规范、高度可集成能力等特点(翟石艳　等 2009)。

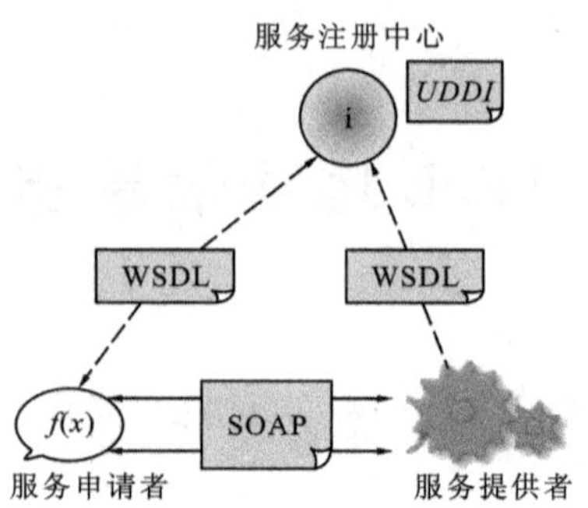

图 1.1 Web 服务构架

①SOAP

SOAP 一个基于 XML 的可扩展消息信封格式，在使用时需同时绑定一个传输用协议。这个协议通常是 HTTP 或 HTTPS，但也可能是 SMTP 或 XMPP。

简单对象访问协议(Simple Object Access Protocol, SOAP)是一种标准化的通讯规范，主要用于 Web 服务中。SOAP 的出现是为了简化网页服务器(Web Server)在从 XML 数据库中提取数据时，无需花时间去格式化页面，并能够让不同应用程序之间通过 HTTP 通讯协定，以 XML 格式互相交换彼此的数据，使其与编程语言、平台和硬件无关。此标准由 IBM、Microsoft、UserLand 和 DevelopMentor 在 1998 年共同提出，并得到 IBM，莲花(Lotus)，康柏(Compaq)等公司的支持，于 2000 年提交给万维网联盟(World Wide Web Consortium, W3C)，目前 SOAP 1.1 版是业界共同的标准，属于第二代的 XML 协定(第一代具主要代表性的技术为 XML－RPC 以及 WDDX)。

一个 SOAP 消息可以发送到一个具有 Web Service 功能的 Web 站点。例如，一个含有房价信息的数据库，消息的参数中标明这是一个查询消息，此站点将返回一个 XML 格式的信息，其中包含了查询结果(价格，位置，特点，或者其他信息)。由于数据是用一种标准化的可分析的结构来传递的，所以可以直接被第三方站点所利用。

②WSDL

一个 XML 格式文档，可以用来描述服务端口访问方式和使用协议的细节。通常用来辅助生成服务器和客户端代码及配置信息。

WSDL(Web Services Description Language，Web 服务描述语言)是为描述 Web 服务发布的 XML 格式。WSDL 2.0 版将被作为推荐标准(recommendation)(一种官方标准)，并将被 W3C 组织批准为正式标准。WSDL 描述 Web 服务的公共接口，是一个基于 XML 的关于如何与 Web 服务通讯和使用的服务描述；也就是描述与目录中列出的 Web 服务进行交互时需要绑定的协议和信息格式。WSDL 通常采用抽象语言描述该服务支持的操作和信息，使用的时候再将实际的网络协议和信息格式绑定给该服务。

③UDDI

一个用来发布和搜索 Web 服务的协议，应用程序可借由此协议在设计或运行时找到目标 Web 服务。

UDDI 是统一描述、发现和集成(Universal Description, Discovery, and Integration)的缩写。它是一个基于 XML 的跨平台的描述规范，可以使世界范围内的企业在互联网上发布自己所提供的服务。UDDI 是 OASIS 发起的一个开放项目，它使企业在互联网上可以互相发现并且定义业务之间的交互。UDDI 业务注册包括三个元件：

白页：有关企业的基本信息，如地址、联系方式以及已知的标识；

黄页：基于标准分类的目录；

绿页：与服务相关联的绑定信息，及指向这些服务所实现的技术规范的引用。

W3C 负责制订 XML、SOAP 及 WSDL 标准；OASIS 负责制订 UDDI 标准。

(3)基本特征

就技术角度而言，Web 服务是对象/组件技术在 Inetnet 上的延伸，它具备以下特征：

①完好的封装性

Web 服务具备良好的封装性，对于服务使用者而言，他能且仅能看到该 Web 服务所提供的接口。

②松散耦合

当一个 Web 服务的实现发生变更的时候，只要其调用界面不变，对服务的调用者不会有任何影响。也就是说，只要 Web 服务的调用接口不变，Web 服务的实现的任何变更对服务调用者来说都是透明的，甚至是当 Web 服务的实现平台从 J2EE 迁移到了.NET 或者是相反的迁移流程，服务的用户都没有必要去了解。

③使用标准协议规范

Web 服务使用开放的标准协议进行描述、传输和交换。这些协议具有完全免费的规范，以便由任意方进行实现。

④高度可集成能力

Web 服务是可组合的，可以用简单的服务构建更复杂的服务。由于 Web 服务采取简单的、易理解的标准协议作为服务接口描述和协同描述规范，完全屏蔽了不同软件平台的差异，从而可以在不同平台间进行互操作，实现了在当前环境下最高的可集成性。

⑤Web 服务是比组件更高层的架构(抽象)

Web 服务并不是面向对象方法和基于组件方法建立企业应用的替代品，而是一种比组件技术更高层的抽象。组件技术通常是多个组件一起共同提供企业所需的某项功能，而 Web 服务通常针对企业范围内一个处理流程提供整体的业务解决方案。Web 服务由组件构成，一个(或几个)组件会暴露在服务接口中。

1.1.2 使用方式

1.1.2.1 远程过程调用

(1)远程过程调用概念

远程过程调用(Remote Procedure Call，RPC)是一个计算机通信协议。该协议允许运行于一台计算机的程序调用另一台计算机的子程序，而程序员无需额外地为这个交互作用编程。如果涉及的软件采用面向对象编程，那么远程过程调用亦可称作远程调用或远程方法调用。

(2)信息传递

远程过程调用是一个分布式计算的 C/S 的例子，它简单且广受欢迎。远程过程调用总是由客户端对服务器发出一个执行若干过程请求，并用客户端提供参数，执行结果将返回给客户端。由于存在各式各样的变体和细节差异，对应地派生了各式远程过程调用协议，而且它们并不互相兼容。为了允许不同的客户端均能访问服务器，许多标准化的 RPC 系统应运而生了，其中大部分采用接口描述语言(Interface Description Language,IDL),方便跨平台的远程过程调用。

(3)远程过程调用在 Web 服务中的应用

Web 服务提供一个分布式函数或方法接口供用户调用,这是一种比较传统的方式。通常,在 WSDL 中对 RPC 接口进行定义(类似于早期的 XML-RPC)。尽管最初的 Web 服务广泛采用 RPC 方式部署,但针对其过于紧密的耦合性的批评声也随之不断。这是因为 RPC 式 Web 服务实质上是利用一个简单的映射,把用户请求直接转化成为一个特定语言编写的函数或方法。如今,多数服务提供商认定此种方式在未来将难有作为,在他们的推动下,WS-I 基本协议集(WS-I Basic Profile,WS 是 Web Service 的简称)已不再支持远程过程调用。

1.1.2.2 面向服务体系结构

(1)面向服务体系结构的概念

面向服务体系结构(Service Oriented Architecture,SOA)是一个组件模型,它将应用程序的不同功能单元(称为服务)通过定义良好的接口和契约联系起来。接口是采用中立的方式进行定义的,它应该独立于实现服务的硬件平台、操作系统和编程语言。这使得构建在各种各样的系统中的服务可以以一种统一和通用的方式进行交互。

这种具有中立的接口定义(没有强制绑定到特定的实现上)的特征称为服务之间的松耦合。松耦合系统的好处有两点,一点是它的灵活性;另一点是,当组成整个应用程序的每个服务的内部结构和实现逐渐地发生改变时,它能够继续存在。而与此相对,紧耦合意味着应用程序的不同组件之间的接口与其功能和结构是紧密相连的,因而当需要对部分或整个应用程序进行某种形式的更改时,它们就显得非常脆弱。

虽然面向服务的体系结构不是一个新鲜事物,但它却是更传统的面向对象的模型的替代模型,面向对象的模型是紧耦合的,已经存在二十多年了。虽然基于 SOA 的系统并不排除使用面向对象的设计来构建单个服务,但是其整体设计却是面向服务的。由于它考虑到了系统内的对象,所以虽然 SOA 是基于对象的,但是作为一个整体,它却不是面向对象的。不同之处在于接口本身。SOA 系统原型的一个典型例子是通用对象请求代理体系结构(Common Object Request Broker Architecture,CORBA),它已经出现很长时间了,其定义的概念与 SOA 相似。

然而,现在的 SOA 已经有所不同了,因为它依赖于一些更新的进展,这些进展是以 XML 为基础的。通过使用 WSDL 来描述接口,服务已经转到更动态且更灵活的接口系统中,非 IDL 可比了。

总之,SOA 是一种"如何将软件组织在一起"的抽象概念,依赖于用 XML 和 Web 服务实现并以软件的形式存在的更加具体的观念和技术。

(2)面向服务体系结构的特征

①可重用,一个服务创建后能用于多个应用和业务流程。

②松耦合,服务请求者到服务提供者的绑定与服务之间应该是松耦合的。因此,服务请求者不需要知道服务提供者实现的技术细节,例如程序语言、底层平台等等。

③明确定义的接口,服务交互必须是明确定义的。服务请求者不知道也不关心服务究竟是由哪种程序设计语言编写的。

④无状态的服务设计,服务不应该依赖于其他服务的上下文和状态。

⑤基于开放标准，当前 SOA 的实现形式是 Web 服务，基于的是公开的 W3C 及其他公认标准。采用第一代 Web 服务定义的 SOAP、WSDL 和 UDDI 以及第二代 Web 服务定义的 WS－*来实现 SOA。

(3)面向服务体系结构在 Web 服务中的应用

现在，业界比较关注的是遵从 SOA 概念来构筑 Web 服务。在 SOA 中，通信由消息驱动，而不再是某个动作(方法调用)，这种 Web 服务也被称作面向消息的服务。SOA 式 Web 服务得到了大部分主要软件供应商以及业界专家的支持和肯定。作为与 RPC 方式的最大差别，SOA 方式更加关注如何连接服务而不是特定某个实现的细节。WSDL 定义了联络服务的必要内容。

值得一提的是，SOA 不是 Web 服务。Web 服务是技术规范，而 SOA 是设计原则。特别是 Web 服务中的 WSDL，是一个 SOA 配套的接口定义标准：这是 Web 服务和 SOA 的根本联系。从本质上来说，SOA 是一种架构模式，而 Web 服务是利用一组标准实现的服务。Web 服务是实现 SOA 的方式之一。用 Web 服务来实现 SOA 的好处就是可以实现一个中立平台，来获得服务，而且随着越来越多的软件商支持越来越多的 Web 服务规范，从而会取得更好的通用性。

1.1.2.3 *表述性状态转移*

(1)表述性状态转移的设计概念和准则

①网络上的所有事物都被抽象为资源(resource)；

②每个资源对应一个唯一的资源标识(resource identifier)；

③通过通用的连接器接口(generic connector interface)对资源进行操作；

④对资源的各种操作不会改变资源标识；

⑤所有的操作都是无状态的(stateless)。

(2)表述性状态转移在 Web 服务中的应用

表述性状态转移式(Representational state transfer，REST)Web 服务类似于 HTTP 或其他类似协议，它们把接口限定在一组广为人知的标准动作中(比如 HTTP 的 GET、PUT、DELETE)以供调用。此类 Web 服务关注与那些稳定的资源的互动，而不是消息或动作。此种服务可以通过 WSDL 来描述 SOAP 消息内容，通过 HTTP 限定动作接口；或者完全在 SOAP 中对动作进行抽象。

1.2 基础 Web 地理信息服务

开放地理信息系统协会(Open GIS Consortium，OGC)致力于为地理信息系统间的数据和服务互操作提供统一，它是一个非盈利的志愿的国际标准化组织，引领着空间地理信息标准及服务的发展。目前在空间数据互操作领域，基于 CGI 模式的互操作方法是一种基本的操作方法。通过国际标准化组织(ISO/TC211)或技术联盟(如 OGC)制定空间数据互操作的接口规范，GIS 软件商开发遵循这一接口规范的空间数据的读写函数，可以实现异构空间数据库的互操作。目前，基于 HTTP、XML 的空间数据互操作主要涉及 Web Service 的相关技术，是未来互操作的发展趋势。OGC 和 ISO/TC211 共同推出了基于 Web 服务的空间数据互操作实现规范 WMS、WFS 和 WCS。

以上三个规范既可以作为 Web 服务的空间数据服务规范，又可以作为空间数据的互操作实现接口。只要某一个 GIS 软件支持这个接口，部署在本地服务器上，其他 GIS 软件就可以通过这个接口得到所需要的数据。从技术实现的角度，可以将 Web 服务理解为一个应用程序(可以用现有的各种编程语言实现)，它向外界暴露出一个能通过 Web 进行调用的接口，允许被任何平台、任何系统，用任何语言编写的程序调用。这意味着，Web 服务可以实现跨平台、跨语言、跨硬件的互操作。

1.2.1 网络地图服务

作为 OGC 基于 Web 地图服务的互操作规范，WMS 凭借其简单明了的请求方式和丰富的响应信息，为在互联网上实现多源异构地理空间数据的集成、共享、互操作和应用提供了一条简捷高效的途径(李振龙　等，2010)。WMS 能动态整合与可视化在线的数据源，而不受格式、数据模型、坐标系以及软件商家的限制(Marta，2002 执行)。WMS 定义了用来在 Internet 上得到地图图像的服务接口，其所生成的地图是以诸如 PNG、GIF、JPEG、SVG 或 WebCGM (Web Computer Graphics Metafile)的格式存在，为不同来源地理信息的融合与服务的共享提供了基础。

WMS 定义了三个操作(图 1.2)："GetCapabilities()"返回服务层的元数据；"GetMap()"返回一定地理范围和维度的地图，用户提供所需地图的边界范围、图像大小、格式、错误处理等信息；"GetFeatureInfo()"是可选的第三种操作，它返回地图中指定要素的属性信息，用户提供所作用的图层和点位置的坐标对(x, y)。标准的网络浏览器通过发送 URLs(Uniform Resource Locators)请求来激活这些操作，不同操作对应的 URLs 内容不同。一般情况下请求地图的 URL 包括：地图显示哪些信息、地图反映地球的哪部分、所使用的坐标参考系、输出的图像高度和宽度等。具有相同地理参数和输出大小的两个或多个地图，通过叠加能产生复合地图。同样，单个地图可以来自于不同的服务器，从而实现网络分布式地图服务。

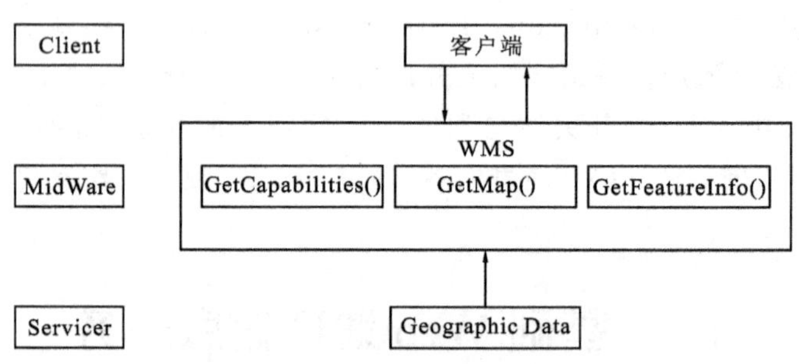

图 1.2　WMS 的三种操作

WMS 通过图层组织地理信息，并提供有限的用于显示图层的预定义样式。WMS 所呈现的地图可以被定义为一系列的样式化图层(Styled Layers)。每个图层可以认为是符号化的要素。一幅地图是由大量的此类图层按照一定的次序构成的。用户通过增加或减少图层，能定义复杂或简单的地图。每个样式化的图层本身表示了"图层"和"样式"的特定融合。理论上讲，图层定义了一系列的要素和定义如何符号化这些要素的样式。WMS 仅仅支持指定的图层和样式，并不包括地理要素的自定义符号化机制。

WMS 与 ISO/DIS19117 存在一定的共同点：①将地图视为地理信息的符号化；②地图符号的描述与表达规则不是地理数据的一部分；③地图符号的描述，即表达规范或样式，与表达规则分离；④支持网络分布式数据处理；⑤支持默认的地理要素表达样式；⑥缺乏交互式地图制图编辑。但也存在差异,主要表现为 WMS 是对已有地图的发布,实质是地图的一种共享机制,而 ISO/DIS19117 是对地理要素的符号化,其输入为地理数据,输出才是地图,实质上是分布式地图制图。

下面 3 个例子来源于网络地图服务执行规范(2002).

【例 1.1】 一个服务器,一个层面,默认类型。

下面这个假想的 URL 从美国国家海洋和大气管理请求飓风影像图,结果显示在图 1.3 上。

```
http://a-map-co.com/mapserver.cgi? VERSION=1.1.0&REQUEST=GetMap&SRS=EPSG:4326&BBOX=-97.
105,24.913,78.794,36.358&
    WIDTH=560&HEIGHT=350&LAYERS=AVHRR-09-27&STYLES=&
    FORMAT=image/png&BGCOLOR=0xFFFFFF&TRANSPARENT=TRUE&
    EXCEPTIONS=application/vnd.ogc.se_inimage
```

图 1.3 墨西哥海湾飓风的 NOAA 影像

【例 1.2】 一个服务器,三个层,命名样式。

以下假想的 URL 请求三个层的数据——建成区,海岸线和行政境界,并由此制作成显示在图 1.4 上的地图:

```
http://b-maps.com/map.cgi? VERSION=1.1.0&REQUEST=GetMap&
    SRS=EPSG:4326&BBOX=-97.105,24.913,78.794,36.358&
    WIDTH=560&HEIGHT=350&LAYERS=BUILTUPA_1M,COASTL_1M,POLBNDL_1M&
    STYLES=0XFF8080,0X101040,BLACK&FORMAT=image/png&BGCOLOR=0xFFFFFF&TRANSPARENT=
TRUE&EXCEPTIONS=application/vnd.ogc.se_inimage
```

注意,在这两个 URL 中空间位置信息是完全相同的,都是:

```
SRS=EPSG:4326&BBOX-    97.105,24.913,78.794,36.358
    &WIDTH=560&HEIGHT=350.
```

要求图 1.4 背景是透明的(TRANSPARENT=TRUE),因此能正好覆盖在图 1.3 的上面。

【例 1.3】 两个服务器,四个层。

图 1.5 显示了在图 1.3 上叠置图 1.4 制作的地图,它们分别来自两个独立的地图服务器。

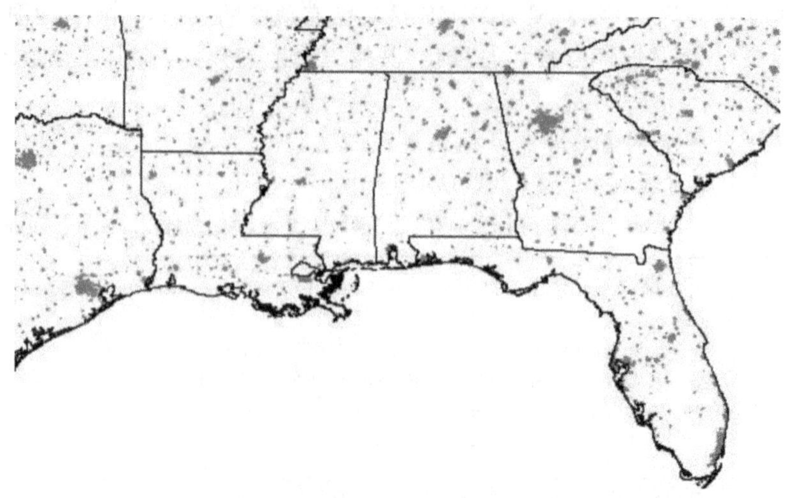

图 1.4　美国东南部行政境界、海岸线和人口聚集区

图 1.5　一组合飓风影像和人口地图

1.2.2　网络要素服务

Web 要素服务(Web Feature Service, WFS)标准描述了使用 HTTP 协议通过网络访问要素服务的规范,是数据访问服务接口之一。WMS 允许客户端重叠显示来自 Internet 的多个 WMS 的地图图像。类似地,Web 要素服务允许客户端从多个 WFS 中使用 GML 编码的地理空间数据。实现 WFS 的必要条件:接口必须用 XML 定义;GML 必须被用来在接口中表达要素;一个最小化的 WFS 必须可以使用 GML 表达要素;谓语或过滤语言将使用 XML 定义;用来存储要素的数据库对客户端应用应该是不透明的,它们对数据的唯一查看方法应通过 WFS 接口;使用 XPath 表达式子集引用特性。WFS 是地理要素数据库提供要素服务的接口(图 1.6)。

WFS 操作支持在使用 HTTP 协议的分布式计算平台上对要素进行插入、更新、删除、查询和发现操作。为了支持事务和查询操作,以下操作必须定义:

GetCapabilities,一个 WFS 必须可以描述它的能力,特别地,必须指出它可以为哪些要素类型提供服务以及每个要素类型支持哪些操作。

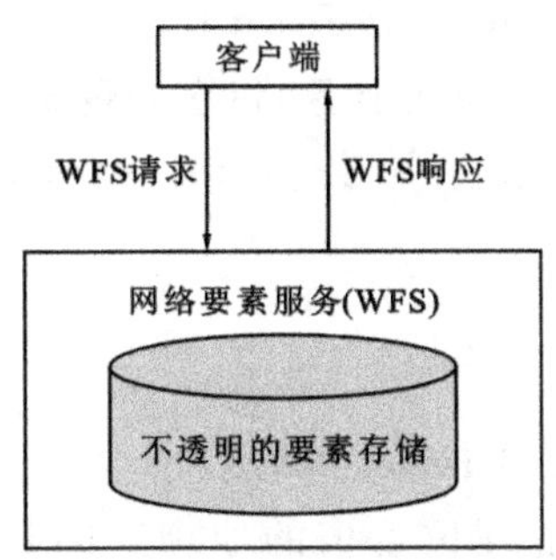

图 1.6　WFS **接口**(摘自:数据访问服务接口规范 2005)

DescribeFeatureType,WFS 必须可以在请求中描述它可以提供服务的任何要素的结构。

GetFeature,WFS 必须可以为一个获取要素实例的请求提供服务。另外,客户端可以规定获取要素的哪些特性,并且可以使用空间和非空间的查询限制条件。

Transaction,WFS 可以为事务请求提供服务。一个事务请求是由修改要素的操作组成的,即对地理要素的创建、修改和删除操作。

LockFeature,WFS 可以处理在一个事务期间对一个或多个要素类型实例上锁的请求,这就保证了可序列化的事务被支持。

基于对以上操作的描述,可以定义两种类型的要素服务:基本 WFS 和事务 WFS。其中,基本 WFS 可以实现 GetCapabilities,DescribeFeatureType 和 GetFeautre 操作,它被认为是只读的 WFS;事务 WFS 可以支持所有的 WFS 操作。图 1.7 是一个简化的协议图,描述了为了处理一个典型的事务请求,客户端和 WFS 间来回传递的数据。

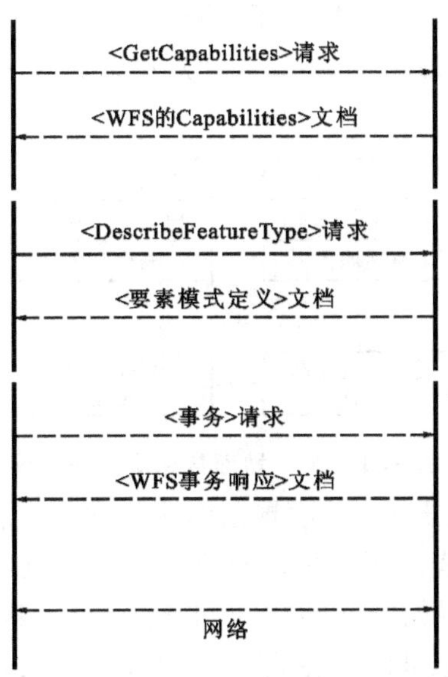

图 1.7　WFS **协议图**

WFS 请求要遵循上述协议,处理请求的过程:客户端应用请求 WFS 的能力文档,这个文档包含对 WFS 支持的所有操作的描述和它可以提供服务的要素类型列表;客户端应用(可选的)向 WFS 发出请求,请求得到 WFS 可以服务的一个或多个要素类型的定义;以要素类型的定义为基础,客户端应用向 WFS 发出事务请求,WFS 被调用以读取请求并为之提供服务。

聚合网络要素服务(Aggregation Web Feature Services, AWFS)能够聚合符合 OGC 的 WFS 规范的 WFS 服务。聚合多个 WFS 服务,将它们逻辑关联在一起,可以更加有效地获取到 WFS 服务的数据(聚合网络要素服务,http://www. xjmaps. com. cn/guide/serviceBrief/)。

1.2.3 网络覆盖服务

网络覆盖服务(Web Coverage Service, WCS)是空间数据互操作的一个重要组成部分。WCS 面向空间影像数据,将包含地理位置值的地理空间数据作为“覆盖”在网上进行交换。OGC 的 WCS 执行规范中定义了三种必需的操作(资料来源:http://swe. whu. edu. cn/swedev/ShowArticle. asp? ArticleID=41):

GetCapabilities 操作返回描述服务和数据集的 XML 文档,包括对特定的服务器能力的描述(如对服务器提供的覆盖的简单描述);

DescribeCoverageType 操作允许客户端请求由具体的 WCS 服务器提供的任一覆盖层的完全描述,包括提供的覆盖的时空范围、参考坐标系、数据格式、插值方法等。

GetCoverage 操作是在 GetCapabilities 确定什么样的查询可以执行、什么样的数据能够在获取之后执行的,它使用通用的覆盖格式如 GML 等来返回地理位置的值或属性。

1.2.4 Web 地理信息服务的发展

GIS 可视化是根据样式规则、符号系统对地理要素或 DLM(Digtial Landscape Model)进行的符号化,其中地理要素与地图符号之间的关联可以通过人工建立或由样式规则推理自动匹配。GIS 可视化与 Web 服务的结合推动了 Web 地理服务的发展(图 1.8)。ISO/TC 211 和 OGC 等国际组织所提出的地理信息 Web 服务大致可以分为三个阶段:

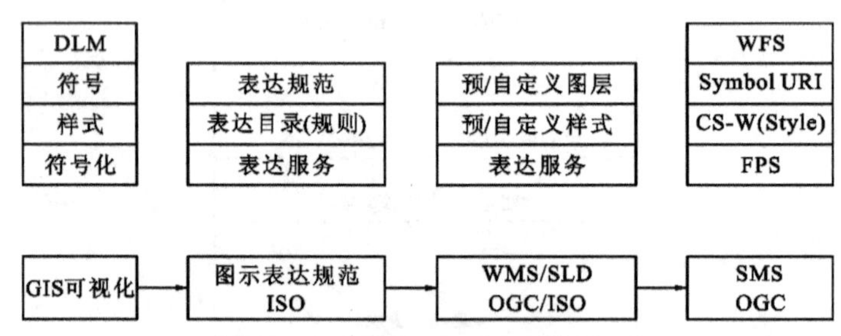

图 1.8 Web 地理信息服务的发展

①图示表达规范,包括表达规范、表达规则和表达服务,分别对应于 GIS 可视化的符号、样式和符号化,这意味着,图示表达规范可以看成是 GIS 可视化的抽象与标准化定义。

②WMS/SLD,包括定义图层、定义的样式和表达服务,其中 WMS 是预定义的图层和样式,而 SLD 则是在预定义基础上可以进行自定义图层和样式。WMS/SLD 的图层、定义的样式、表达服务分别对应于 GIS 可视化的 DLM、符号与样式、符号化;WMS/SLD 的样式可看成是图示表达规范的表达规范与表达规则的复合,这意味着,WMS/SLD 是图示表达在基于 XML 的 Web 服务框架下的实现模型。

③符号表示管理服务(Symbology Management Service, SMS)是 WMS 数据与功能的进一步分离及基于 Web 服务链的集成。WMS 的图层、表达服务对应于 SMS 的 WFS、FPS

(Feature Portrayal Service)，而 WMS 的样式分离为 SMS 的符号资源(Symbol URI)和样式服务(可通过 OGC Catalog Service for Web，CS－W 获得)。

练习题

(1)什么是 Web 服务？分析 Web 服务的关键技术与基本特征。

(2)什么是 REST？它与 RPC、SOA 之间的关系是怎样的？

(3)分析 WMS、WFS、WCS 的基本原理。

2 Ajax地图发布

2.1 互联网应用程序架构

2.1.1 一般互联网架构

2.1.1.1 P2P 模式

端对端技术(P2P)又称对等互联网络技术,是一种网络新技术,依赖网络中参与者的计算能力和带宽,而不是把依赖都聚集在较少的几台服务器上。P2P 架构体现了一个互联网技术的关键概念。

纯点对点网络没有客户端或服务器的概念,只有平等的同级节点,一个节点同时对网络上的其他节点充当客户端和服务器。这种网络设计模型不同于客户端-服务器模型,在客户端一服务器模型中通信通常来往于一个中央服务器。

P2P 网络的一个重要的目标就是让所有的客户端都能提供资源,包括带宽、存储空间和计算能力。因此,当有节点加入且对系统请求增多,整个系统的容量也增大。这是具有一组固定服务器的 C/S 结构不能实现的,因为在上述这种结构中,客户端的增加意味着所有用户更慢的数据传输。

2.1.1.2 C/S 模式

(1)概述

主从式架构(Client/Server model)或客户端-服务器(Client/Server)结构简称 C/S 结构,是一种网络架构,它把客户端 (Client)(通常是一个采用图形用户界面的程序)与服务器(Server) 区分开来。每一个客户端软件的实例都可以向一个服务器或应用程序服务器发出请求。有很多不同类型的服务器,例如文件服务器、终端服务器和邮件服务器等。虽然它们存在的目的不一样,但基本构架是一样的。

(2)特征

主从式架构的客户端需要安装专门的软件。在这种结构下,可以在服务器和客户端平衡服务处理量,但因为客户端安装了专门的软件,对平台有一定限制要求,安装和维护的工作量大。

服务端的特征:被动的角色(从),等待来自用户端的要求,处理要求并传回结果。

用户端的特征:主动的角色(主),发送要求,等待直到收到回应。

2.1.1.3 B/S 模式

浏览器-服务器(Browser/Server)结构,简称 B/S 结构,与 C/S 结构不同,其客户端不需要安装专门的软件,只需要浏览器即可,浏览器通过 Web 服务器与数据库进行交互,可以方便地在不同平台下工作;服务器端可采用高性能计算机,并安装 Oracle、Sybase、Informix 等大型数据库。B/S 结构简化了客户端的工作，它是随着 Internet 技术兴起而产生的，对 C/S 技术的改进，但该结构下服务器端的工作较重，对服务器的性能要求更高。

2.1.2 丰富互联网应用程序

丰富互联网应用程序(Rich Internet applications，RIA)，又译为丰富性网络应用服务，是一种具有近似于传统桌面应用软件系统功能和特性的网络应用系统。RIA 系统最大的特点是将大部分处理任务都从用户界面端移植到客户端，仅保留一些必要数据与服务器端进行信息交互。RIA 系统的特性：运行于浏览器中，不需要额外安装支持软件；在本地运行时，受安全沙箱全程保护。

2.1.2.1 基于 RIA 的 Web 应用程序模式

传统的网络应用程序将所有交互应用都集中在基于“瘦”客户端的 B/S 架构上。在这样的系统中，所有处理操作均在服务器端执行，客户端仅仅是用于显示静态的信息内容(如 HTML)。这种系统最大的缺陷是所有的交互操作都必须经由服务器端进行，首先客户端要将请求数据上传至服务器端，然后服务器端作出响应并传回结果，最后客户端再重载响应信息。而通过使用在客户端执行指令的客户端技术，RIA 可以有效地避免延时，实现程序与用户操作的同步。这种差异有点类似于“终端与主机”或 C/S 结构与“胖”应用系统的差异。

随着时间的迁移，互联网标准正在逐渐地改变着，从而以适应这种新技术，所以也就很难为丰富互联网应用程序划定出一个明确的概念范围。但是，所有的丰富互联网应用程序都有一个相同的特征：它们在客户端与服务器端之间引入了通常被叫做“客户端引擎”的中间代码层。这种客户端引擎通常作为应用初始化的一部分被下载，也可能随着应用的运行在后续代码中作为补丁被下载并补充进来。客户端引擎充当浏览器的一个扩展，而且通常还会接管呈现用户界面和与服务器端进行通信的职责。

丰富互联网应用程序的功能可能会受客户端操作系统性能的限制。但是，在大多数情况下，客户端引擎会按设计者的意愿执行某些编辑好的功能，从而提升用户界面某些方面的性能或在一定程度上改进用户界面的运算速率，而且增加一个客户端引擎也不会导致任何应用脱离原有浏览器与服务器端之间的同步交互模式。其实在大多数丰富互联网应用程序中，客户端引擎在原基础上与服务器端进行的是异步通信。

2.1.2.2 RIA 特征及其优缺点

(1)RIA 的特点

由于丰富互联网应用程序采用客户端引擎，所以它具有以下特点：

①表现力丰富。丰富互联网应用程序能基于标准浏览器的网页应用实现 HTML 标签根本无法实现的用户界面效果。这种内涵更丰富的交互涵盖所有在客户端所能实现的功能，例如拖拽功能、滑块功能，而且这些功能无需与服务器端交互数据，完全是在客户端进行运算，如抵押计算。

②反应更加迅速。与那些必须与远程服务器进行交互的标准网页浏览器相比，丰富互联网应用程序界面功能的反应要迅速的多，这也是丰富互联网应用程序特点之一。

(2)RIA 的优势

最成熟的丰富互联网应用程序会给人近似于桌面程序的外观感觉。而且，使用客户端引擎还有以下好处：

①C/S 结构的负担平衡。丰富互联网应用程序可以使客户端和服务器端对资源的需求更加平衡,从而使服务器不必再像传统网页应用中那样一直高负荷的运转。由此服务器端的资源得到了解放,从而提升了同一服务器端硬件设施所能并行服务的客户端会话数量。

②异步通信。无须等待用户执行诸如在按钮或链接上点击的交互操作,客户端引擎便可与服务器端进行交互。如此,用户便可在客户端引擎跟服务器端通信的同时,异步地进行页面浏览或交互。从而,丰富互联网应用程序的设计者便可在让用户不用等待的情况下,在客户端与服务器端之间传输数据。程序会预先从服务器端预取数据,即程序预见到未来可能需要某些数据的时候,会预先于用户请求将其下载,借此来提升响应后续请求的速度。Google Maps 便是利用了这种技术,先于用户将屏幕滚动到邻近的地区,预取到上边的地图片断。

③网络效率高。丰富互联网应用程序的网络通信量也会明显减少,这是由于在决定需要与服务器端交换什么数据时,为应用程序专门设计的客户端引擎会比标准的网页浏览器更智能。由于每次交互所需传输的数据量变少了,从而总负载也减轻了,所以每个请求和响应的速度也就提升了。但是,滥用异步请求和预取技术有可能会抵消这种优势带来的好处,有时甚至还会起到反作用。因为程序无法准确地预期每个用户下一步操作所需的数据,所以采用这种技术时,时常会下载多余的数据,而对大多数客户端而言,这些数据其实并不是用户真实需要的。

(3)RIA 的缺陷

RIA 也存在一定的缺陷,如它依赖于脚本支持,即 RIA 常常需要 JavaScript 或其他脚本语言的支持,一旦用户浏览器对这些脚本进行屏蔽,RIA 将无法正常运作。

2.1.2.3 常见的 RIA 应用

一些常见的 RIA 应用有:Java Applet、Sun 的 JavaFX、JavaScript/Ajax、微软的 ActiveX 控件、微软的 Silverlight、Adobe 的 Flash、Adobe 的 Flex 等。其中:Ajax 可以说是目前最广泛的 RIA 应用;Flex 涵盖了支持 RIA 开发和部署的一系列技术组合,其前身是 Flash;Silverlight 是微软所发展的 Web 前端应用程序开发解决方案,是微软 RIA 策略的主要应用程序开发平台之一。

2.2 Ajax 技术基础

Ajax 一词最早在 2005 年由 Adaptive Path 公司的 J. J. Garrett 在他的文章 *Ajax:A New Approach to Web Applications* 中提出。严格地讲,Ajax 并不是一门新技术,而是一种技巧,是对现有 Web 技术的一种综合应用,Ajax 的核心是基于 XMLHttpRequest 的异步请求机制,这些技术在 Ajax 这个词出现前就得到了应用,但一直没有得到足够的重视。

2.2.1 Ajax 结构

Ajax 只是一种使用户有更好的用户体验的技术。随着 Google 等的成功应用,Ajax 极大地扩展了 Web 浏览器的潜力,打破了使用页面重载的惯例技术组合,带来了更好的用户体验,使得传统 B/S 方式的 Web 应用换发了新的活力。

根据 Garrett 的定义,Ajax 是 Asynchronous JavaScript + XML 的简写。Ajax 技术包括以下内容(Garrett,2005):

①使用基于 XHTML 和 CSS 标准的表示方法；

②使用 DOM 进行动态显示和交互；

③使用 XML 和 XSLT 进行数据交换和操作；

④使用 XMLHttpRequest 与服务器进行异步通信；

⑤使用 JavaScript 绑定以上技术。

XMLHttpRequest 是 Ajax 技术体系中最为核心的技术。缺少了它，Ajax 的其余技术就无法成为一个有机的整体。

1999 年上半年，MS(微软 Microsoft)在 IE 5.0 版中首次支持这种技术，是通过一个名为 XMLHTTP 的 ActiveX 对象来支持这种技术的。XMLHTTP 对象使得页面中的脚本具有了在不刷新页面的情况下直接与服务器通信的能力。在此之前，能够做到这件事的唯一技术是通过 IFrame，然而这超越了 IFrame 最初设计的目标，是一种存在潜在危险的 hack 做法。于是 MS 就发明了 XMLHTTP 对象，专门用来为浏览器中的脚本(在 IE 中就是 JScript 和 VBScript)提供这样的服务器通信能力。

XML HTTP 对象大受欢迎，到了 2000 年它几乎成为了事实上的标准。Mozilla 在 2000 年实现了具有相同接口的原生对象，称作 XMLHttpRequest 对象。后来 Opera、Safari 等浏览器也都相继实现了 XMLHttpRequest 对象。现在 XMLHttpRequest 是这个技术的正式名称(Ryan，2006)。

2.2.2　Ajax 工作原理

Ajax 的工作原理就是相当于在传统 Web 应用程序模型即 B/S 模型[图 2.1(a)]之间加了一个中间层，使用户操作与服务器响应异步化[图 2.1(b)]。而这一中间层所要做的工作都是由 Ajax 引擎(Ajax engine)来完成的。实际上，Ajax 引擎就是一些复杂的 JavaScript 程序，这些程序通过调用 XMLHttpRequest 对象的属性和方法来与服务器端进行数据交互，然后再通过 DOM 来解析处理 XML 文档和部分更新 HTML 页面的内容。

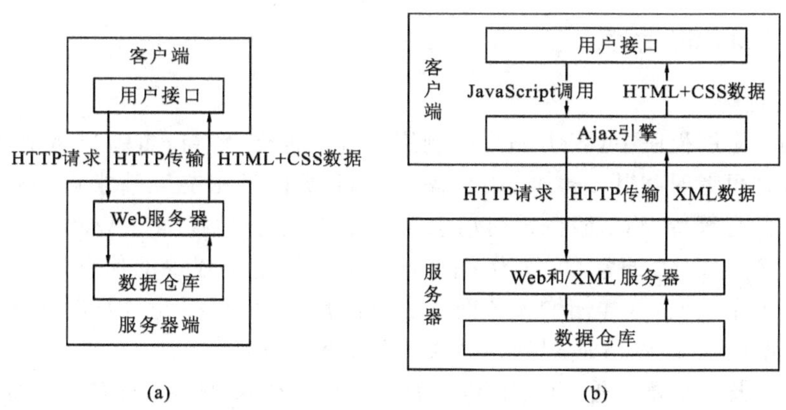

图 2.1　Ajax 的显示意

(a)传统 Web 应用程序模型；(b)Ajax Web 应用程序模型

当用户通过浏览器提交请求时，请求数据将发送给 Ajax 引擎。Ajax 引擎捕获用户输入的请求数据然后再向服务器发送请求，此时，浏览器不用等待服务器的响应，因此用户可以继续输入数据。同时，用户屏幕也不会闪烁、消失或延迟。服务器处理完用户请求之后，返回处理结果并改变 HTTP 就绪状态，一旦 HTTP 的就绪状态发生改变，Ajax 引擎就会调用相对应的回调函数来接收这些处理结果并将它们更新到页面的指定部分，浏览器无需刷新整个页面就能更新页面的部分内容，这样就会让用户感觉到应用程序是立即完成的，使得 Web 浏览器看起来就像是即时响应的桌面应用程序一样(柯昌正　等，2007)。

2.2.3 Ajax 的工作流程

①创建 XMLHttpRequest 对象。

如前所述，Ajax 的核心是 JavaScript 中的 XMLHttpRequest 对象，因此，首先应当创建 XMLHttpRequest 对象。以下代码显示了如何创建一个 XMLHttpRequest 对象：

```
if (window.XMLHttpRequest) {
    xmlhttprequest = new XMLHttpRequest();
    }
    else if (window.ActiveXObject) {
    xmlhttprequest = new ActiveXObject("Microsoft.XMLHTTP");
    }
```

②向服务器端发送请求。

在创建了 XMLHttpRequest 对象后，就要向服务器端发送请求了。XMLHttpRequest 对象中的 open 和 send 方法可以实现此功能：

```
XMLHttpRequest.open(String method, String URL, boolean asynchronous)
    XMLHttpRequest.send()
```

open 的第一个参数是 HTTP 请求的方法，为 Get、Post 或者 Put；第二个参数是目标 URL；第三个参数只是指定在等待服务器返回信息的时间内是否继续执行下面的代码，如果为 True 则不会继续执行并直到服务器返回信息，默认为 True。

③服务器处理完请求后，调用回调函数。

④回调函数解析服务器端返回处理结果并将它们更新到页面指定部分。

2.2.4 Ajax 的特点

(1)Ajax 的优势

在传统 Web 应用程序中，Web 站点强制用户进入提交/等待/重新显示范例，用户的动作总是与服务器的“思考时间”同步：即，用户操作 Web 页面发出交互请求后，整个 Web 页面都将被提交，用户只有等待 Web 服务器对请求响应完毕，重新加载整个 Web 页面后才能进行新的交互操作[图 2.2(a)]。通常，仅仅为了向 Web 服务器提交很少的信息，都需要中断用户操作，提交和刷新整个页面，这样便增大了网络的通信量，用户需要花较长时间等待“白屏”消失和新页面的呈现，降低了 Web 应用程序的执行效率和交互性。

Ajax 提供与服务器异步通信的能力，从而使用户从请求/响应的循环中解脱出来，用户操作 Web 页面发出交互请求后，无需等待应答，浏览器继续显示同一页面并且允许用户进行交互操作，而不会出现白屏现象[图 2.2(b)]。Ajax 的最大优点，就是能在不更新整个页面的前提下维护数据，避免了在网络上发送那些没有改变过的信息。

(2)Ajax 的局限性

Ajax 具有减少数据通信量，使 Web 浏览器与 Web 服务器工作异步化的优势，但同时也

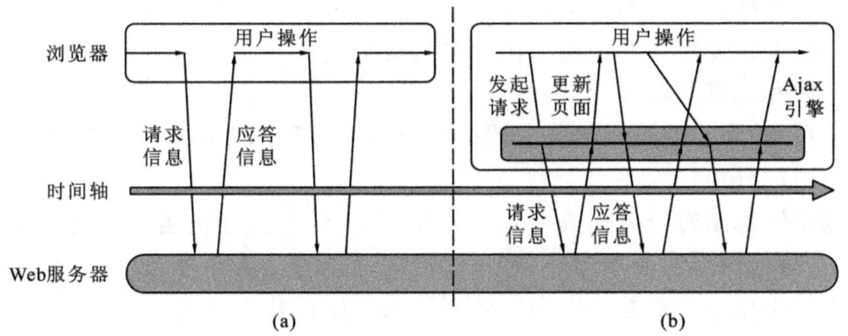

图 2.2 传统 Web **应用和** Ajax Web **应用中用户交互过程**

(a)传统 web；(b)Ajax web

限制了它的应用范围和适用条件。Ajax 适用于 Web 浏览器与 Web 服务器通信时序性不强的情况。如果两者之间的交互要求具有严格的时序性，即不同操作间具有严格的先后顺序，此时要限制 Ajax 异步性的特点。解决这个问题可以通过设定 Ajax 的 open 方法中的连接方式参数，关闭其异步性，此时用户只能等待(周彩兰　等，2007)。

2.3 基于 Ajax 的栅格地图发布

Ajax 引擎是地图服务的核心，完成地图发布需要完成的工作主要有(唐中实　等，2007)：①生成浏览器地图容器，并控制其各项属性；②事件监听：监听用户对地图的各项操作，并触发预设计的可能的处理函数；③控制地图：响应用户对地图的各项动作，如放大、缩小、漫游等，以异步方法多线程向服务器请求地图；④监控服务器返回状态，得到地图图片或 XML 数据，并将之正确地放置在浏览器地图的适当图层和位置；⑤对已读取得的地图贴片进行缓存处理，对该图片的下次请求不再发往服务器，而是直接利用缓存，这大大增加了地图浏览速度。

基于 Ajax 的地图发布涉及如下关键技术。

(1)离散地图缩放级别

客观世界的事物在认识和表达上都有尺度的概念。在地图或者电子地图中一般可以通过比例尺来反映地理实体和图面目标之间的大小、远近等比例关系。在传统地图产品中，静态的数据应用模式使得地图比例尺总是保持不变。但是，随着电子地图和 GIS 的发展，基于屏幕的表达方法和计算机的处理能力，使得人们可以在同一个系统中通过缩放随时选择自己适宜的观察尺度。故一个好的系统应该具有这样的特点，即与缩放过程同时发生的还应该有实体细节、数量和内容的逐渐增加。在这种情况下，比例尺不再是单一地描述空间大小的比例关系，而且也直接反映了信息分辨率的变化(龙毅　等，2002)。要实现地图信息详细程度随比例尺变化的功能，可以从数据库和数据模型出发，建立多比例尺(也称多尺度)空间数据结构。

地图数据是按照地图图幅统一存储的，多级比例尺分层数据模型不考虑地理实体内部的变化关系，而是直接保存几个"关键"比例尺的地图数据，实现在不同比例尺下逐层显示的功能。多级比例尺分层模型主要提供这些不同尺度、不同图幅地图空间数据之间的连接关系。

Internet 上的地图服务，其面向的用户主要为普通民众，他们希望能够尽可能详细地浏览地图，对地图的任意比例缩放要求并不高，也就是说地图不一定要是可以连续缩放的。相反，在一定的范围内，提供足够多个离散的缩放级别(如 0～17 共 18 个缩放级别)，按从大到小的顺序,逐渐提供从概略到详细的地图服务,这在一定程度上也是可以满足用户要求的。而且,对每个缩放等级,都预先定义好相应的比例尺与之对应。

(2)地图分块和浏览器缓存

基于 Ajax 技术,客户端可以与服务器进行异步多线程的数据交互。为充分利用这个技术特点,可以采用地图分块技术。

首先,将浏览器地图容器分割成尺寸为 256×256 像素大小的若干正方形地图方块,每个地图方块都处在该地图容器的地理环境中,即拥有一定的具体参数:如缩放级别、行列数,通过算法由 Ajax 引擎根据这些参数分别向服务器请求地图图片来填充。

并且,由 Ajax 引擎负责这些地图方块的无缝拼接、整体移动和地图填充。当用户做出一定的地图操作时(如平移、放大、缩小),Ajax 引擎根据一定的算法计算出需要新加载的小块地图,并异步多线程地向服务器发出请求。最后,当地图贴片传回用户端时,再由 Ajax 引擎无刷新地、无缝地拼接成用户浏览器界面中所需的地图。并且,利用浏览器缓存,如果已经取得该小块地图,下次使用时则不用向服务器再次请求,直接利用缓存中的图片即可。

下面以地图漫游为例进行具体说明。用户可以通过鼠标拖曳地图来进行地图漫游, Ajax 引擎控制各个地图方块作为整体随着鼠标拖拽方向而移动,如果移动得足够远,要显示一些新的区域时,这些区域的小块地图图片将会异步加载。在地图的更新过程中,用户可以继续移动地图进行漫游,触发更多的更新。这些小块的地图在用户的会话过程中会被浏览器缓存起来,这使得当回到以前曾经访问过的地图时,显示速度非常快。

值得注意的是:分块的大小,并没有一般性标准可循,可以按任意规则分块,但在应用中则不得不考虑某些实际问题,比如方便程度、效率、磁盘读/写等。一幅图像分块的多少对显示速度有直接的影响,块数一般根据具体情况和多次试验取经验值。如假设分块大小为 256×256 像素,一般用户的屏幕分辨率为 1024×768,则显示 1 屏地图最多需要 20 块。

(3)地图预先生成

传统 Web GIS 实现的 Internet 地图服务速度慢交互性差,一个重要原因就是地图图片需要服务器动态实时生成,并经由网络传送至用户端。

但 Internet 地图服务很多时候对地图实时性的要求并不高,道路交通、行政边界、河流等的变化就比较慢,定期如 1 个月更新一次地图就能满足需求。而且,一些 POI(Point of Interests,用户感兴趣的点)实时性信息,如餐馆位置信息等,并不是固化在地图上的,完全可以通过 Ajax 引擎异步读取数据库中的信息并通过简单的图层叠加实现。POI 数据是经常更新的,而基础数据(比如高级别的道路、桥梁、城市、湖泊等)则是很少变动的,即便是某些小道路发生变化,也可以很方便的生成该范围的地图块,这个工作量是较小的。

因此,对用户访问量大、实时性要求不高的普通地图、专题地图和卫星影像地图可以预先生成。目前比较通用的做法是:对每个缩放级别(比例尺),在约定的地理坐标和投影类型下,把地图切割成尺寸为 256×256 像素的若干小块栅格地图贴片,并保存在地图贴片服务器中,同时通过算法将浏览器地图方块坐标和贴片文件位置及名称关联起来。地图贴片格式可以多种多样,如 PNG、GIF、JPEG 等。

(4)像素空间

为了将地图的地理坐标和客户端屏幕的像素联系起来,可以将地理坐标(经度/纬度)映射到一个假想的像素空间上。在计算机屏幕上,是通过像素来显示图像,地图贴片作为栅格图像也是用像素来表示其尺寸，因此使用像素空间可以很容易的排列地图贴片。

(5)坐标和投影

我们知道，一个大地测量学的坐标系统包括坐标系、投影、原点、单位，二个轴，也许还有一个起始偏移量。为使不同的地图数据得以发布和集成，在地图预先生成前，应将地图的地理坐标系和投影方式进行统一，转换到地图发布所用的地理坐标系统。

更进一步，系统需要支持两种坐标格式的转换：分别是地理坐标系的经度/纬度和假想的像素空间下的横/纵坐标。

(6)新加载地图贴片算法

在进行地图加载、地图刷新、地图缩放和地图漫游的时候，都需要对地图的新加载地图贴片进行计算，以确定哪些地图贴片应该被显示和应该显示在哪个位置。地图贴片的加载过程是从屏幕的左下角开始，成 N 字形加载。图 2.3 是加载过程的示例，其中大的正方形表示地图，小正方形表示地图贴片，中间矩形框表示屏幕，箭头为加载的顺序(蔡育秋，2008)。

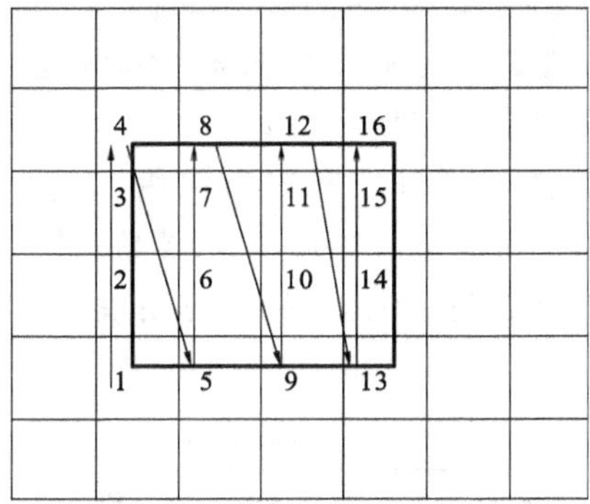

图 2.3　加载过程

(7)Ajax 在 Web GIS 中应用的优点

Ajax 的 Internet 地图服务方法具备以下的优点：①可实现无刷新的地图浏览模式，用户无需等待服务器端回应，地图浏览速度快；②能够解决遥感影像地图在 Internet 上发布困难的问题；③便于进行地图服务扩展。

2.4　基于 Ajax 的矢量地图制图

网络地图作为一种空间信息的可视化与传播形式，不仅包括在 Web 上浏览地图，还包括在 Web 上编辑制作地图，将编辑的地图信息传递给其他用户。

2.4.1　同步交互地图表达模型

地图表达的建模是以制图数据的重用为目的，将地理数据、制图数据与地图数据 3 个数据层及其之间的 4 个转化过程作为一个系统来看待(图 2.4)。基于 XML 的地图表达模型采用 GML、MapMML(M^3L)(李霖　等，2007)与 SVG(和万礼　等，2006；尹章才　等，2006)分别描述 3 个数据层；采用 XSLT 与 JavaScript 描述 4 个步骤，为协同制图提供开放的数据格式。

制图数据是地理信息地图表达过程中所产生的中间数据，如果需要重新进行地图表达或部分更新时，则需要存储这些中间数据(Paul，2005)。M^3L 是制图数据与 XML 的结合，用以

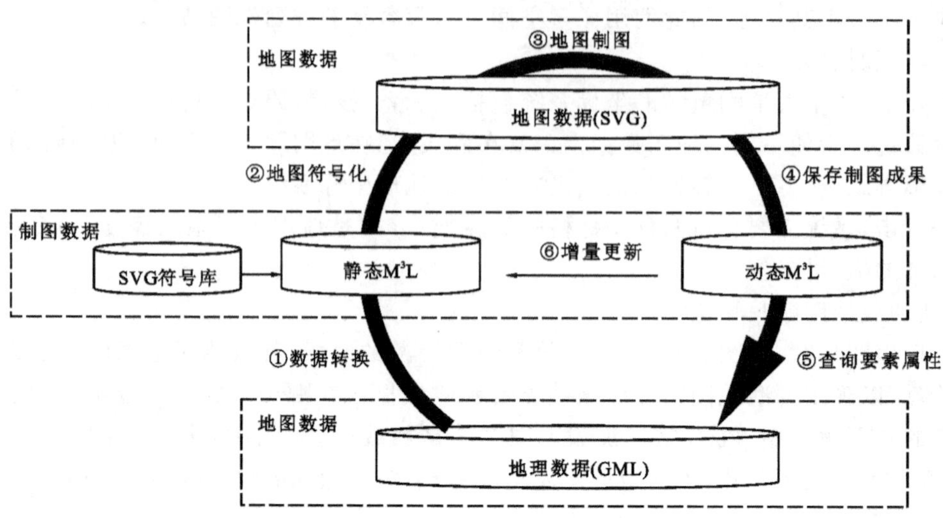

图 2.4 基于 XML 的地图表达模型

显式存储、共享与重用制图编辑成果的自定义标记语言。

通过对基于 XML 的地图表达模型与传统 Web 应用模式的耦合，采用传统 Web 应用模式的客户端用户接口、Web 服务器、应用与数据库服务器等三层 B/S 体系构建基于 XML 的地图表达模型的 3 个数据管理层，形成基于传统 Web 应用模式的同步交互的地图表达模型(图 2.5 左)。

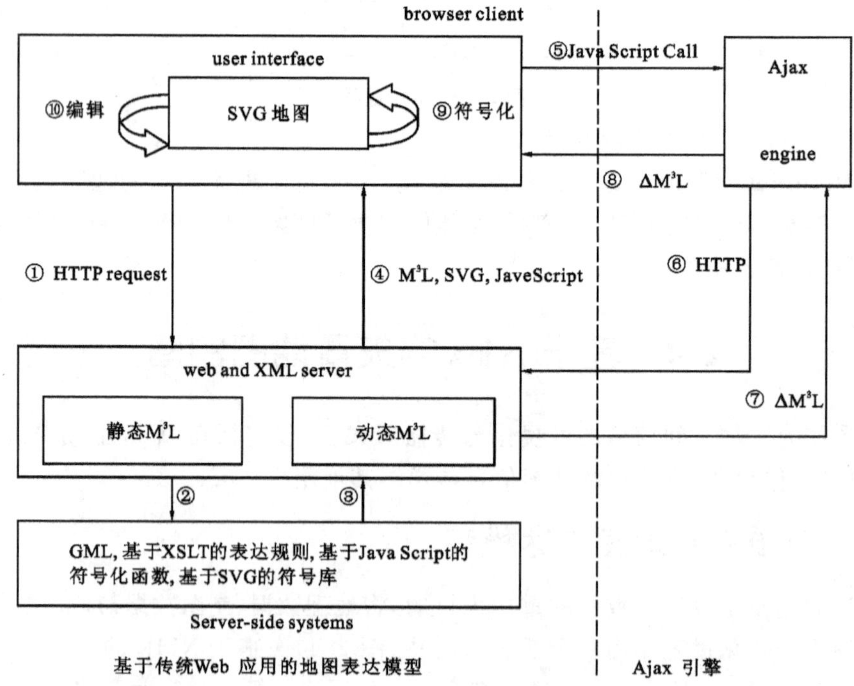

图 2.5 Web 环境下基于 XML 的地理信息地图表达框架

2.4.2 异步交互地图表达

在 Web 2.0 地图制图中，用户不仅要在线编辑客户端矢量地图，产生并通过网络发送描述变化的动态地图数据；而且接受来自其他用户发送的动态数据并更新客户端地图。在多用户同时制图编辑时，将产生大量的动态数据，增加了网络负担和客户端地图的更新频率。Ajax 技术的无刷新更新页面、减轻服务器与网络负担、减少客户实际和心理的等待时间等特点，为交互操作较多、数据读写频繁和数据分类良好的 Web 应用提供了一个很好的解决方案。

如前所述，基于 Ajax 的 Web 应用模型是在传统 Web 应用模型基础上，引入了中间件 Ajax 引擎。类似地，基于 Ajax 的地图表达模型是在传统 Web 地图表达模型基础上，通过添加 Ajax 异步通讯技术扩展而来，为协同制图提供异步通讯技术（图 2.5），其体系结构包括三层：

(1)浏览器层，以地图数据为中心。主要负责接收用户请求，并将请求提交给 Web 服务器①；同时，接受 Web 服务器返回的 XML 文件与 JavaScript 脚本文件④。其中，XML 文件包括基于 SVG 的图形界面、基于 SVG 的地图符号库与 M^3L 文件；JavaScript 脚本文件实施地图符号化、地图浏览、地图测距、制图编辑等不需要访问数据库的操作，以便在客户端直接进行，减轻了网络访问的负担。并在此基础上，实施符号化操作以生成 SVG 地图⑨、实施制图编辑操作并构建动态 M^3L 数据⑩。

(2)中间层/Web 服务器层，以制图数据为中心。主要负责接收客户端请求①，返回页面并进行页面跳转或者调用应用与数据库服务器端的程序②，接受处理后的结果，包括 SVG 文件、JavaScript 脚本文件以及基于 XML 的静态与动态 M^3L 数据文件③，并返回给客户端④。Web 服务器中的 M^3L 数据可以分为静态的与动态的，前者表示 M^3L 的初始状态（即快照），由应用与数据库服务器返回；后者表示 M^3L 数据增量（即 ΔM^3L），一般由浏览器层上传，包含一系列描述地图符号修改的 M^3L 实例。

(3)应用与数据库服务器层，以地理数据为中心。主要负责接收 Web 服务器的调用请求②，并通过 XSLT 表达规则实施 GML 到 M^3L 的转换、地理要素属性的查询等操作，将处理结果、符号化函数库、地图符号库等返回给 Web 服务器③。

当 SVG 地图进行更新时，用户接口通过脚本语言向 Ajax 引擎发出异步服务器页面请求⑤，然后继续人机交互，而无需停止工作等待服务器的处理过程；Ajax 引擎向 Web 服务器发出 HTTP request 请求⑥；Web 服务器响应并返回结果对 ΔM^3L⑦；Ajax 引擎将 ΔM^3L 返回给用户接口⑧。然后再通过 DOM 来解析处理 ΔM^3L 文档，并进行符号化和部分更新 Web 地图的内容，使用户操作与服务器响应异步化，产生桌面式体验感受。

2.4.3 异步协同矢量制图

Web 2.0 环境下，用户不再只是被动的地图消费者，更是通过地图信息反馈手段成为主动的生产者，从而产生了多用户协同地图制图的广泛需求。国际地图制图协会（ICA）地图与 Internet 委员会已将基于 Web 的地图协同工作作为未来主要研究方向之一。

在 Internet 环境下矢量地图的绘制、更新通常由不同站点相互协作完成，其关键在于如何减少网络数据传输量，提高系统的响应速度和稳定性，满足实时性的要求（周树语 等，2005）。基于 Web1.0 的网络电子地图存在着等待时间长、交互性不强等问题，很难适应分布式实时交互的需要。协同工作(Computer Supported Cooperative Work, CSCW)的关键技术之一就是要提供合适的表达机制和通讯语言机制,这恰恰是 Ajax 技术的优点所在。Ajax 的出现大大增强了 Web 程序的功能和交互性,使 Web 程序可以使用像桌面应用程序中常见的动态用户界面和控件,能有效满足群体性、交互性和协作性的地图制图。

XML 是 Ajax 的核心和基础,这里,我们将以 XML 为纽带,集成、整合、耦合计算机支持的 CSCW、Ajax 和 Web 矢量地图表达,建立基于 Ajax 的多用户异步交互的协同制图模型,以实现多用户之间的交互、通信与协作以及动态 M^3L 数据的流动(图 2.6)。在 GML 驱动下的地图表达要求较强的通讯时序性,因而在用户接口与 Web 服务器之间采用同步通讯方式;地图的连续编辑与更新具有交互频繁、用户操作时间大于服务器响应时间的特点,因而采用基于 Ajax 引擎的异步通讯方式。

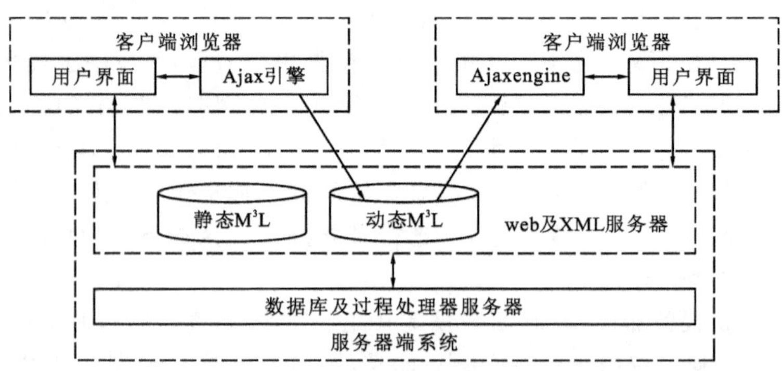

图 2.6 基于 XML 的异步协同地图制图模型

根据 CAD 协同设计对动态数据结构的划分方法,将动态 M^3L 实例分为控制段和数据段两部分,前者分为增加、删除、更新等三种操作方式;后者由 M^3L 元素的其他属性及其子元素描述,包括制图实例标识符、符号标识符、图形编辑修改等与制图相关的信息。

参与多用户设计的每个客户端通过 Ajax 引擎定时检索最新的动态 M^3L 数据,并在客户端通过 XMLHttpRequest 的 responseXML 属性进行快速解析,最后使用 DOM 操作实施符号化,并动态更新客户端制图区,从而保证多用户环境下参与设计的所有客户端的地图一致性,实现了地图编辑系统的协同设计。

练习题

(1)比较 P2P、C/S、B/S 模式特点。

(2)阐述 RIA 模式与特点,以及常见的 RIA 应用。

(3)分析 Ajax 基本原理和特点。

(4)阐述基于 Ajax 的栅格地图发布原理和关键技术。

(5)简述基于 Ajax 的矢量地图制图原理。

3 Google 地图服务技术

3.1 Google 地图服务应用基础

Google 地图服务是 Google 公司提供的一系列与地图技术相关的应用服务，包括 GoogleMaps、Google Earth 和 Google Sketchup 等，普通用户可以很方便地使用 Google 地图查询行车路线、搜索周边和虚拟地球旅游等，开发者则可以利用其提供的免费 API 进行二次开发，快速构建基于 Google 地图服务的地理信息服务平台。Google 地图服务的出现在一定程度上满足了大众对空间服务的需求，极大地提高了地理信息被公众认知的程度，降低了 GIS 系统开发的成本，使以往必须拥有昂贵的 GIS 技术平台和数据的开发变得非常简单。其特点主要表现在以下方面(刘磊　等，2011)：

①系统构建平台的简易性。

不需要如 ArcGIS Desktop 这样的专业 GIS 平台，只需要申请一组免费的 API 密钥，即可使用 Google 提供的强大地图服务。

②基础地理数据易得性。

Google 平台免费提供不同尺度和分辨率的二维及三维的栅格数据，在国外的某些大城市，已经开始提供免费的矢量数据。

③硬件和系统建设成本降低。

基础数据和 API 都在网络上，用户基本不必投入空间数据库和服务器等建设成本。

由此可见，使用 Google 地图服务作为开发平台对于建立地理信息公共服务平台具有很大的优势，这也在某种程度上弥补了现行地理信息公共服务平台的不足。此外，Google 地图服务在提供地图的基础上支持用户通过叠加层(Overlay)叠加空间数据以及网络上存在的空间数据服务实现数据的 Mashup(徐新艳　等，2009)。

3.1.1 Google Earth

Google Earth 于 2005 年向全球推出，是一款 Google 公司开发的虚拟地球仪软件，它把卫星照片、航空照相和 GIS 布置在一个地球的三维模型上(包括地理经纬度和海拔高程)，是一个具有空间标识的信息载体。

3.1.1.1 Google Earth 应用特点

Google Earth(以下简称 GE)是全球卫星地图集成软件，是一个虚拟地球仪。它采用了成熟的宽带流技术，能实时地为用户提供数据。GE 的出现给传统 GIS 带来了巨大的冲击，GE 具有全球高清地理影像数据和较快的影像网络传输速度等优势，并且已经开始渗透到人们日常生活的许多方面，人们对 GE 的关注和使用程度也越来越高，基于 GE 客户端平台进行相关研究和应用的探索也越来越多(刘祥磊　等，2009)。

相对于 GE，传统 Web GIS 普遍存在如下局限：地图不够逼真，操作比较复杂，界面不够友好，速度不够快，专业性太强。GE 系列软件提供了免费地图，其显示直观、逼真度高、使用操作方便，可同时显示遥感图片和矢量数据地标，具有三维虚拟模型和栅格图像叠加功能（窦友平 等，2010）。

尽管 GE 具有独一无二的优势，但是 GE 同时也存在不足：一是地图解译方面，在绝大部分的地区，GE 都缺失到位的卫星地图影像解读，也就是说，对 GE 上的道路、建筑物、行政区域、水域等的识别、名称和有效范围等不能进行解读；二是缺少数据处理功能，GE 只有基本的图像浏览功能，而没有对数据的查询、对比、分析、筛选、统计等功能。所以要想充分利用 GE 提供高清地理影像数据和快速网络传输影像数据的优势，就必须找到有效的途径解决上面提到的两点不足（刘祥磊 等，2009）。

3.1.1.2 开发模式

目前 GE 提供了两种开发方式：C/S 应用的 Google Earth COM API 开发模式和 B/S 应用的 Google Maps API 开发模式。

(1)Google Earth COM API 开发模式

这种模式把 GE 嵌入到 C/S 应用程序中，能在联网条件下打开应用程序，实现地图的浏览、查询、编辑、动态展现以及三维应用等功能。

(2)Google Maps API 开发模式

这种模式通过 Google Maps API 开发模式进行 B/S 应用开发，生成 Google Maps 控件并调用 API 接口程序，在 B/S 程序中实现地图浏览、查询等功能，不足之处是只能在联网条件下才能打开应用程序，不能实现三维应用功能，地图的编辑和动态展现功能虽然可以实现，但是效率较低。

在以上两种方式中进行基于 GE 的 Web GIS 应用开发，GE 不再是应用程序的主体，而是以 API 调用的方式在应用程序中被调用。因此，通过 C/S 或者 B/S 应用系统的开发技术，可以在一定程度上解决基于 GE 的专业 Web GIS 应用的限制问题。

3.1.1.3 体系结构

B/S 和 C/S 都是当前非常重要的计算架构。在 Internet 适用性、维护工作量等方面，B/S 比 C/S 要强得多；但在运行速度、数据安全、人机交互等方面，B/S 远不如 C/S。

(1)C/S 体系结构

采用 C/S 体系结构进行构建时，主要有以下两种方式：

①通过 GE 的客户端程序和用户定制好 KML 文件数据库相结合，开发满足用户需求的系统（图 3.1）。

②利用第三方开发工具、GE 提供的 Google Earth COM API 组件集成开发应用程序和定制好的 KML 文件数据库相结合，开发满足用户需求的系统。

(2)B/S 体系结构

Google Maps API 是 Google 自己推出的编程 API，可以让所有对 Google Maps 感兴趣的程序设计师自行开发基于 Google Maps 的服务，建立自己的地图网站，其 B/S 体系结构如图 3.2 所示。

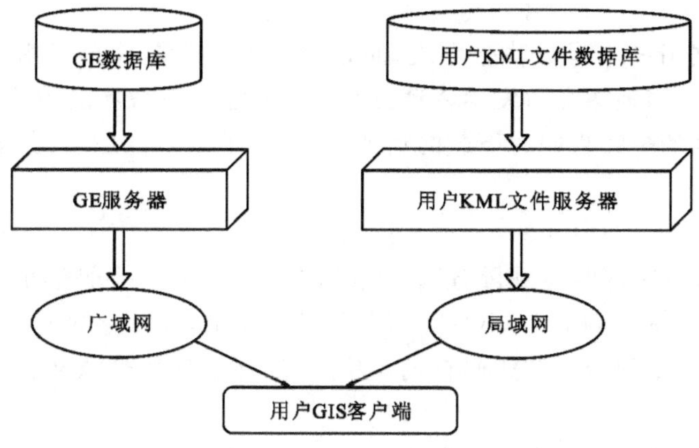

图 3.1 GE 的 C/S 体系结构

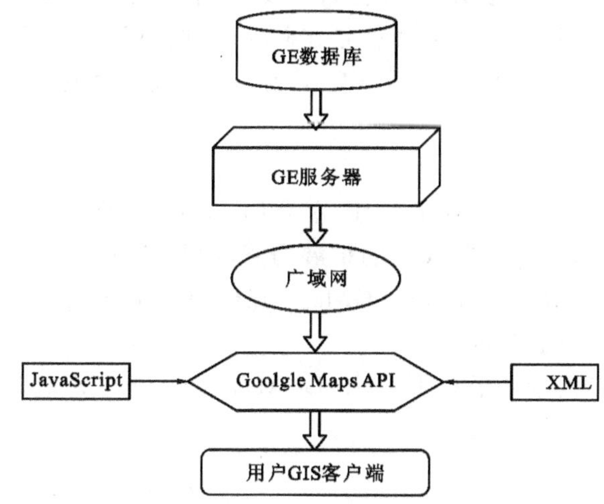

图 3.2 GE 的 B/S 体系结构

3.1.2 Google Maps

3.1.2.1 Google Maps 简介

Google Maps 是 Google 公司 2005 年推出的一套基于海量卫星影像数据的 GIS，Google 公司在 Internet 上发布了它的地图服务，并为开发人员提供了一套调用地图服务的数据接口。Google Maps 以矢量地图、卫星影像、混合 3 种服务模式向全世界免费提供地图搜索和逐级缩放功能的地图服务（王芳，2010）。由于采用了 Ajax 技术，对地图进行了瓦片式处理，尽管数据量庞大，但 Google Map 的响应速度仍然非常出色，目前大约有数十万网站在调用 Google Map 的地图服务。Google Map API 提供了多种将 Google 地图嵌入到网页中的方法，并允许简单调用或者深入的自定义，目前提供以下几种调用类型：Javascript API、Flash API、静态 API、Mapplet API（朱健 等，2011）。

3.1.2.2 Google Maps 的特点

(1)地图操作

Google Maps 的地图操作简单，主要有移动、自由缩放。

(2)地图预生成

地图并不是根据用户的请求动态生成，而是预先处理成图片金字塔，切块后做四叉树编码，存放在服务器端。当地图窗口发生移动、缩放时，只需要下载新的图片来填充新的区域，在此充分利用了浏览器的多线程同时下载的功能。另外，下载过的图片无需再次访问服务器重新下载。

(3)分析功能

Google Maps 可以实现距离测量、最近分析、路径分析等空间分析功能。

虽然 Google Map 完全符合 Web GIS 服务的基本要求，即海量数据传输和即时交互响应，但因为缺乏专业制图、空间分析和空间查询等功能，故并不是严格意义上的专业 Web GIS(彭璇 等，2010)。

3.1.2.3 Google Maps 二次开发基础

Google Maps 提供的地图服务并不能满足所有行业的具体要求，所以需要对 Google Maps 二次开发。Google Maps 二次开发就是在 Google 地图服务的基础上，使用 Google map API 和 DOM，加载企业地理信息、增加用户交互、修正 Google 地理信息，以达到满足企业具体需求的目的(王芳，2010)。

(1)Google Maps API 功能

Google Maps API 按照其具有的功能分为两部分，一是地图显示功能，如 GMap2、GPoint、GIcon、GLatLng 等，另一为 API 的扩展功能，如开发自己的控件、标注和地图类型等，这些类或函数包括 GControl、GMapPane、GMapType、GOverlay 等。

(2)Google Maps 支持的 DOM

Google Maps 二次开发使用的是 HTML DOM，HTML DOM 把 HTML 文档呈现为带有元素、属性和文本的树结构(图 3.3)。

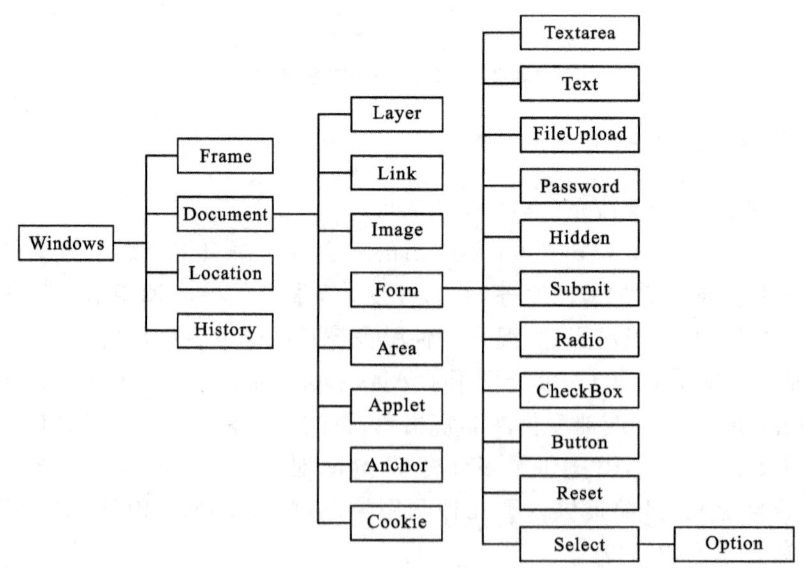

图 3.3 HTML DOM

Google Maps 二次开发使用 JavaScript 的 DOM 绑定，可以即时修改用户界面、响应用户事件和输入等等。

(3)Google Maps 层次性

Google Maps 分多个层次，自下到上分为 G_MAP_MAP_PANE(最底部的地图)，G_MAP_MARKER_SHADOW_PANE(地标的影子)，G_MAP_MARKER_PANE(地标)，G_MAP_FLOAT _SHADOW_PANE(信息窗口的影子)，G_MAP_MARKER_MOUSE_TARGET_PANE(捕捉鼠标响应层)，G_MAP_FLOAT_PANE(信息窗口层)。

3.2 KML

KML，是 Keyhole 标记语言(Keyhole Markup Language)的缩写，是一种采用 XML 语法与格式的语言，用于描述和保存地理信息(如点、线、图像、多边形和模型等)，可以被 Google Earth 和 Google Maps 识别并显示。我们可以使用 KML 来与其他 Google Earth 或 Google Maps 用户分享地标与信息，当然也可以从 Google Earth 社区等相关网站获得有趣的 KML 文件。2008 年，KML 在被 OGC 宣布为国际标准。

注：Keyhole 是一家卫星图像公司，总部位于美国加州山景城(Mountain View)，成立于 2001 年，从事数字地图测绘等业务，它提供的 Keyhole 软件允许网络用户浏览通过卫星及飞机拍摄的地理图像，这一技术依赖于数以 TB 计的海量卫星影像信息数据库——而这正是 GE 的前身。2004 年 10 月 27 日 Google 宣布收购了 Keyhole 公司，并于 2005 年 6 月推出了 GE 系列软件。在 GE 上，大量的地理信息通过地标的形式集成，采用这种技术，客户端和服务器之间不是直接传输空间数据，而是影像图片和 KML 文档。

3.2.1 KML 语法

KML 是一种文件格式，用于在地球浏览器(例如 Google 地球、Google 地图和谷歌手机地图)中显示地理数据。KML 使用含有嵌套的元素和属性的基于标记的结构，并符合 XML 标准。所有标记都区分大小写，而且完全如 KML 参考中列出的那样显示。该参考指出了哪些标记是可选的。在指定元素内，标记必须按照参考中显示的顺序显示。

3.2.1.1 创建和共享 KML 文件

可以使用 Google 地球用户界面创建 KML 文件，也可以使用 XML 或简单的文本编辑器编写“原始”KML 文件。可以使用 ZIP 格式将 KML 文件及其相关图像(如果有)压缩成 KMZ 档案。要共享 KML 和 KMZ 文件，可以通过电子邮件发送这些文件，可以在本地托管以在专有互联网内共享，也可以在 Web 服务器上公开托管。如同网络浏览器可以显示 HTML 文件一样，地球浏览器(例如 Google 地球)可以显示 KML 文件。正确配置服务器并共享 KML 文件的网址(地址)后，安装了 Google 地球的所有用户均可查看公共网络服务器上托管的 KML 文件。

许多应用程序都可显示 KML，包括 Google Earth、Google Maps、谷歌手机地图、NASA WorldWind、ESRI ArcGIS Explorer、Adobe PhotoShop、AutoCAD 和 Yahoo! Pipe。

3.2.1.2 基本 KML 文档

最简单的 KML 文档类型就是可直接在 Google Earth 中编写的文档，也就是说无需在文本编辑器中编辑或创建任何 KML。Placemark、GroundOverlay、Path 和 Polygon 都可以直接在 Google Earth 中编写。

(1)地标

地标是 Google Earth 中最常用的地图项之一。它使用黄色图钉作为图标,在地球表面标记出位置。最简单的地标只包含一个 <Point> 元素,它指定地标的位置。用户可以指定地标的名称和自定义图标,还可以为地标添加其他几何元素。简单地标的 KML 代码如下:

```
<? xml version="1.0" encoding="UTF-8"? >
<kml xmlns="http://www.opengis.net/kml/2.2">
    <Placemark>
      <name>Simple placemark</name>
        <description>Attached to the ground. Intelligently places itself
        at the height of the underlying terrain.
        </description>
      <Point>
        <coordinates>-122.0822035425683,37.42228990140251,0</coordinates>
      </Point>
      </Placemark>
</kml>
```

该文件的结构分解如下:

XML 标头。这是每个 KML 文件的第一行。该行前面不能有空格或其他字符。

KML 名称空间声明。这是每个 KML 2.2 文件的第二行。

包含以下元素的地标对象:

①用于标识地标的“名称”。

②附着到地标的“气泡框”中显示的“说明”。

③指定地标在地球表面位置的“点”、“经度”、“纬度”及“高度”。

用户通常认为的 Google Earth 中的“地标”,实际上是 KML 中的 <Placemark> 元素,包含一个 <Point> 子元素。点地标是用户在 Google Earth 的三维查看器中绘制图标和标签的唯一途径。默认情况下,该图标是黄色图钉。在 KML 中,<Placemark> 可包含一个或多个几何元素,例如 LineString、Polygon 或 Model。但只有具有点的 <Placemark> 可以有图标和标签。点用于放置图标,但点本身并无图形表示。

(2)地标中的描述性 HTML

在地标中可以添加链接、字体大小、样式和颜色,并指定文本对齐方式和表。

(3)地面叠加层

通过地面叠加层,可在 Google Earth 的地形上“叠加”图像。<Icon> 元素包含了指向叠加图像“.jpg”文件的链接。地面叠加层的定位由 <LatLonBox> 标签控制。边框值以南纬、北纬和东经、西经形式给出。此外,旋转值是针对 y 轴与网格北端不重合的图像给出的。

(4)路径

在 Google Earth 中可以创建多种不同类型的路径,并且可轻松地利用你的数据充分发挥创造力。在 KML 中,路径是用 <LineString> 元素创建的。

(5)多边形

可以使用多边形来创建简单的建筑物及其他形状。

3.2.1.3 高级 KML 文档

本部分介绍某些必须用文本编辑器编写的 KML 元素,如几何图形的共享样式、地标的突出显示图标和屏幕叠加层。

(1)几何图形样式

如果在 KML 文档开头定义了样式,并定义了它的 ID,就可以在文档其他地方定义的几何图形、地标和叠加层中使用该样式。因为可有多个元素使用同一个样式,因此以这种方式定义和使用的样式称为“共享样式”。只需定义指定样式一次,即可用<styleUrl>元素多次引用它。如果样式定义位于同一文件内,可在样式 ID 前加#号。如果样式定义位于外部文件中,可在<styleUrl>元素中包含完整的网址。

(2)突出显示图标的样式(如光标移动到图标上时显示)

介绍了如何用 KML 创造滚轮效果。该文档定义了两种样式:一种用"normal Placemark",另一种用"highlight Placemark"。

(3)屏幕叠加层

屏幕叠加层无法直接在 Google 地球中编写,因此比地面叠加层更难以创建。叠加层的定位是通过将 <overlayXY> 指定的图像中的点映射到 <screenXY> 指定的屏幕上的点来控制的。在这种情况下,图像左上角 (0,1) 与屏幕上的这一点重合。

3.2.2 KML 格式转换

GE 与 ArcGIS、MapGIS、MapInfo 等专业的 GIS 软件相比,在功能和数据图形处理上有很多不足,但其海量的数据和全球范围的网络数据发布平台却是一些专业 GIS 所望尘莫及的(王莲玉 等,2009)。

3.2.2.1 KML 与 GIS 数据格式的转换策略

目前主流的 GIS 软件,如 MapInfo,AutoCAD 和 ArcGIS 等,都有将对应格式的矢量数据转换为 KML 的模块。这些模块采用的转换方法的基本原理相同,包括三部分(刘祥磊 等,2009):

(1)空间信息的转换

空间信息的转换从本质上讲就是坐标数据的转换,将非 WGS 84 的坐标系统下的坐标数据直接转换为 WGS 84 坐标系统(GE 采用 WGS 84)下的坐标数据,然后再将坐标数据信息写入 KML 文件。

(2)样式的控制

GE 没有自带的符号库,对点、线、面的显示样式的控制是通过 KML 的标签实现的,由于涉及的标签众多,难以控制。以上模块只对 KML 中的点、线、面的显示样式进行控制,而且颜色的产生是随机的,宽度值是默认的。

(3)属性信息的转换

属性信息的转换是指将 GIS 的属性信息用 KML 的各种标签通过多种表达方式显现。

上述的转换方法存在一定的缺陷,主要包括两个方面:

①精度不够。这主要是针对中国而言,在我国矢量数据通常采用的是北京 54 坐标系或西安 80 坐标系,二者向 WGS 84 坐标系转换的七参数[七参数布尔莎模型:X 平移,Y 平移,Z 平移,X 旋转(WX),Y 旋转(WY),Z 旋转(WY),尺度变化(DM)]尚未对外公开,所以利用上述模块转换后的 KML 数据叠加到 Google Earth 上都存在几十米的偏移。

②KML 中点、线、面的表现形式混乱。对 KML 中的点、线、面的控制没有统一的标准,所

以同一矢量数据进行多次转换，得到的 KML 数据的显示样式是不相同的。

3.2.2.2　KML 与 GIS 格式转换的实例

(1)KML 与 MapInfo 之间的格式转换

MapInfo 的 MIF 外部数据交换格式与 KML 格式均有各自的特定样式，故不可能完全一一对应(表 3.1)，且对应格式也不一定完全匹配(王莲玉　等，2009)。

表 3.1　图形目标要素对比

MIF	KML
点(point)	<Point><Placemark>
直线(line) 折线(pline)	<LineString>
区域(region)	<Polygon>
圆弧(arc) 矩形(rect) 圆角矩形(roundrect) 椭圆(ellipse)	<LinearRing>
文本(text)	<text><name> <address><id> <description><Snippet>

(2)与 ArcGIS 数据格式的转换

ESRI Shapefile(shp)，或简称 shapefile，是 ESRI 开发的一种空间数据开放格式。Shapefile 属于一种矢量图形格式，它能够保存几何图形的位置及相关属性。但这种格式没法存储地理数据的拓扑信息。Shapefile 在 20 世纪 90 年代初的 ArcView GIS 的第二个版本被首次应用。

Geodatabase 是 ArcInfo 8 引入的一个全新的空间数据模型，是建立在 DBMS 之上的统一的、智能化的空间数据库。Geodatabase 要素类虽然将空间对象划分为 7 类，即点、线、多边形、注记、维度、多点和 Multipatches，但可以归为 KML 的 5 种基本空间对象模型：点、线、面、复合体和对象属性。其中：点类型和多点类型划为点对象；线类型划为线对象；多边形类型划为面对象；Multipatches 类型和以上 3 个类型的组合几何体划分为复合体；注记类型和维度类型划分为对象属性。另外，Geodatabase 的属性表可划为对象属性(杜钢虎　等，2010)。

这意味着，基于点、线、面、复合体和对象属性这 5 种类型，可以建立起 KML 与 Geodatabase 的映射关系(图 3.4)。

KML 有存储格式简单明了，利于网络传输的优点，Geodatabase 则在管理海量数据、维护数据完整、建立空间关系上有很大优势。将二者结合起来进行商业开发具有很强的现实意义。在实际应用当中，应结合项目环境，发挥两者优点，才能做到事半功倍(杜钢虎　等，2010)。

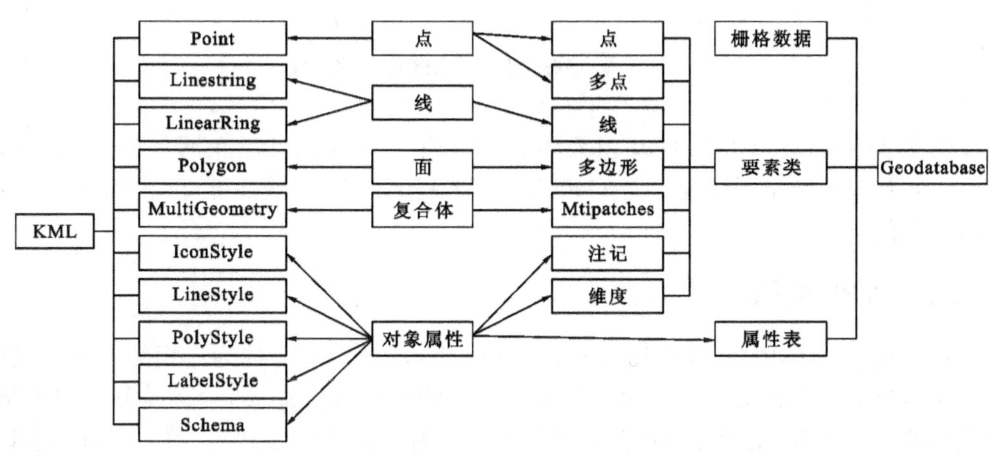

图 3.4 KML 与 Geodatabase **模型的映射**

3.2.2.3 KML 与 GML 的转换

描述性标记语言大量应用于空间数据的存储、传输、交换和表达，其中有代表性的有GML、SVG、KML，从本质上看，它们都与将空间要素的非拓扑几何结构和属性信息存储在数据集中的 shapefile 文件差不多，仅仅是不同的地理数据文件格式而已。这三种描述语言之间并非简单的取代关系，GML 主要是为了描述地理信息，不负责地理信息的表示；KML 除了能够描述地理信息，还能很好地表示地理信息。在参考 GML 基础上，KML 舍弃了地理模型中拓扑关系的描述，精简描述元素。但是由于 GML 和 SVG 在兼容方面没有得到很好的支持，所以它们始终没有真正流行起来，而 KML 在 GE 上运用却取得了比较大的成功，并也成为国际规范(杜英俊　等，2010)。

作为 XML 格式的标记语言，KML 拥有 XML 的所有优点和特性。与 GML 专注于地理信息的结构与内容不同，KML 关注于地理信息的显示和表达。KML 是以位置为中心的，而 GML 是以要素为中心的；GML 应用模式中定义的要素对象可以没有几何属性，而 KML 则必须有。KML 是一种面向客户端设计的数据形式，它以超文本的方式标记属性数据，更便于客户端的表现，而 GML 将属性数据存储为 Element，便于数据的存储、建模、传输和交换。

这意味着，GML 与 KML 两者各有所长，一方面 KML 不能取代 GML 的地位，另一方面 KML 在 GE 和很多地图应用上远强于 GML(曾建刚　等，2009)。在 GML 与 KML 的集成应用中，GML 与 KML 之间的数据转换意义显著：GML 作为数据源，需将其转换为 KML 并在 Google Earth 等客户端软件中显示；客户端更新后的 KML 数据需要转换为 GML 在服务器端进行存储。鉴于 GML、KML 都是基于 XML 的标记语言，采用 XSLT 可有效而直接地实现二者之间的转换(王志红　等，2010)。

3.2.2.4 KML 与 WMS 的集成

若在 GE 中加载显示 WMS，需要以 KML 文件作为桥梁。KML 中有一种“地面贴图”(GroundOverlay)的节点类型，只要为该节点指定地图来源（如一张地图的网络地址）和该地图的地理范围（Bounding Box)，就可以将该地图渲染到 GE 的准确位置上。因此，只需将地图网络地址替换成 WMS 服务器的 GetMap 的请求字符串，同时将地理范围的 4 个值替换成请求字符串中相应的坐标值，就可以在 GE 中显示 GetMap 请求所得的地图(李振龙　等，2010)。

3.3 Google Earth API

通过使用 Google Earth 插件及相关的 JavaScript API，就可以在网页中嵌入全功能的 Google Earth 及其三维呈现功能。与 Google EarthAPI 一样，这些插件可以绘制标记和线条，不过是以三维的方式。

3.3.1 API 接口

应用程序接口(Application Programming Interface, API)，又称为应用编程接口，就是软件系统不同组成部分衔接的约定。由于近年来软件的规模日益庞大，常常会需要把复杂的系统划分成小的组成部分，编程接口的设计十分重要。程序设计的实践中，编程接口的设计首先要使软件系统的职责得到合理划分。良好的接口设计可以降低系统各部分的相互依赖，提高组成单元的内聚性，降低组成单元间的耦合程度，从而提高系统的维护性和扩展性。

3.3.1.1 API 概述

应用程序接口为："'操作系统(Operating System)'或'程序库'提供给应用程序调用使用的代码"。其主要目的是让应用程序开发人员得以调用一组例程功能，而无须考虑其底层的源代码为何、或理解其内部工作机制的细节。API 本身是抽象的，它仅定义了一个接口，而不涉及应用程序如何实现的细节。

应用程序接口有诸多不同设计。用于快速执行的接口通常包括函数、常量、变量与数据结构。也有其他方式，如通过解释器，或是提供抽象层以屏蔽同 API 实现相关的信息，确保使用 API 的代码无需更改而适应实现变化。

应用程序接口经常是软件开发工具包(SDK)的一部分。

3.3.1.2 API 的历史与现状

当 Windows 操作系统开始占据主导地位的时候，开发 Windows 平台下的应用程序成为人们的需要。而在 Windows 程序设计领域处于发展的初期，Windows 程序员所能使用的编程工具唯有 API 函数，这些函数是 Windows 提供给应用程序与操作系统的接口，他们犹如"积木块"一样，可以搭建出各种界面丰富、功能灵活的应用程序。所以可以认为 API 函数是构筑整个 Windows 框架的基石，在它的下面是 Windows 的操作系统核心，而它的上面则是所有的华丽的 Windows 应用程序。那时的 Windows 程序开发还是比较复杂的工作，程序员必须熟记一大堆常用的 API 函数，而且还得对 Windows 操作系统有深入的了解。然而随着软件技术的不断发展，在 Windows 平台上出现了很多优秀的可视化编程环境，程序员可以采用"所见即所得"的编程方式来开发具有精美用户界面和功能强大的应用程序。

这些优秀可视化编程环境操作简单、界面友好，在这些工具中提供了大量的类库和各种控件，它们替代了 API 的神秘功能，事实上这些类库和控件都是构架在 WIN32 API 函数基础之上的，是封装了的 API 函数的集合。它们把常用的 API 函数的组合在一起成为一个控件或类库，并赋予其方便的使用方法，所以极大的加速了 Windows 应用程序开发的过程。有了这些控件和类库，程序员便可以把主要精力放在程序整体功能的设计上，而不必过于关注技术细节。

实际上如果我们要开发出更灵活、更实用、更具效率的应用程序，必然要涉及直接使用

API 函数，虽然类库和控件使应用程序的开发简单得多，但它们只提供 Windows 的一般功能，对于比较复杂和特殊的功能来说，使用类库和控件是非常难以实现的，这时就需要采用 API 函数来实现。

3.3.1.3 开放 API 平台

基于互联网的应用正变得越来越普及，在这个过程中，有更多的站点将自身的资源开放给开发者来调用。对外提供的 API 调用使得站点之间的内容关联性更强，同时这些开放的平台也为用户、开发者和中小网站带来了更大的价值。

开放是目前的发展趋势，越来越多的产品走向开放。目前的网站不能靠限制用户离开来留住用户，开放的架构反而更增加了用户的粘性。在 Web 2.0 的浪潮到来之前，开放的 API 甚至源代码主要体现在桌面应用上，而现在越来越多的 Web 应用面向开发者开放了 API。

具备分享、标准、去中心化、开放、模块化的 Web 2.0 站点，在为使用者带来价值的同时，更希望通过开放的 API 来让站点提供的服务拥有更大的用户群和服务访问数量。

站点在推出基于开放 API 标准的产品和服务后，无需花费力气做大量的市场推广，只要提供的服务或应用出色易用，其他站点就会主动将开放 API 提供的服务整合到自己的应用之中。同时，这种整合 API 带来的服务应用，也会激发更多富有创意的应用产生。

为了对外提供统一的 API 接口，需要对开发者开放资源调用 API 的站点提供开放统一的 API 接口环境，来帮助使用者访问站点的功能和资源。

当然，开放 API 的站点为第三方的开发者提供良好的社区支持也是很有意义的，这有助于吸引更多的技术人员参与到开放的开发平台中，并开发出更为有趣的第三方应用。

3.3.2 COM 组件

COM（Component Object Model，组件对象模型）是微软公司为了计算机工业的软件生产更加符合人类的行为方式开发的一种新的软件开发技术。在 COM 构架下，人们可以开发出各种各样的功能专一的组件，然后将它们按照需要组合起来，构成复杂的应用系统。由此带来的好处是多方面的：可以将系统中的组件用新的替换掉，以便随时进行系统的升级和定制；可以在多个应用系统中重复利用同一个组件；可以方便地将应用系统扩展到网络环境下；COM 与语言、平台无关的特性使所有的程序员均可充分发挥自己的才智与专长编写组件模块。

3.3.2.1 COM 方法

COM 是一种说明如何建立可动态互变组件的规范，此规范提供了为保证能够互操作，客户和组件应遵循的一些二进制和网络标准。通过这种标准将可以在任意两个组件之间进行通信而不用考虑其所处的操作环境是否相同、使用的开发语言是否一致以及是否运行于同一台计算机。

显然，在 COM 规范下将能够以高度灵活的编程手段来开发、维护应用程序。可以将一个单独的复杂程序划分为多个独立的模块进行开发，这里的每一个独立模块都是一个自给自足的组件，可以采取不同的开发语言去设计每一个组件。在运行时将这些组件通过接口组装起来以形成所需要的应用程序。构成应用程序的每一个组件都可以在不影响其他组件的前提下被升级。这里所说的组件是特指在二进制级别上进行集成和重用而能够被独立生产获得和配置的软件单元。COM 规范所描述的即是如何编写组件，遵循 COM 标准的任何一个组件都是可以被用来组合成应用程序的。至于对组件采取的是何种编程语言则是无关紧要的，可以自由选取。作为一个真正意义上的组件，应具备如下特征：

①实现了对开发语言的封装。

②以二进制形式发布。

③能够在不妨碍已有用户的情况下被升级。

④在网络上的位置必须能够被透明的重新分配。

这些特征使 COM 组件具有很好的可重用性，这种可重用性与 DLL 一样都是建立在二进制基础上的代码重用。但是 COM 在多个方面的表现均要比 DLL 的重用方式好得多。例如，在 DLL 中存在的函数重名问题、各编译器对 C＋＋函数名称修饰的不兼容问题、路径问题以及与可执行程序的依赖性问题等在 COM 中通过使用虚函数表、查找注册表等手段均被很好地解决。其实 COM 组件在发布形式上本身就包括 DLL，只不过通过制订复杂的 COM 规范，使 COM 本身的机制改变了重用的方法，能够以一种新的方法来利用 DLL 并克服 DLL 本身所固有的一些缺陷，从而实现了更高层次的重用。

3.3.2.2 COM 接口与 COM 组件

COM 接口是 COM 规范中最重要的部分，COM 规范的核心内容就是对接口的定义，甚至可以说"在 COM 中接口就是一切"。组件与组件之间、组件与客户之间都要通过接口进行交互。接口成员函数将负责为客户或其他组件提供服务。

COM 接口实际限定了组件与使用该组件的客户程序或其他组件所能进行的交互方式，任何一个具备相同接口的组件都可对此组件进行相对于其他组件透明的替换。只要接口不发生变化，就可以在不影响整个由组件构成的系统的情况下自由的更换组件。通常在程序设计阶段需要将接口设计得尽可能完美，以减少在开发阶段对 COM 接口的更改。

接口就是提供两个不同对象间的一种连接。在 COM 中接口就是一切，对客户说组件就是接口集，客户只能通过接口和组件打交道。说明接口可以保护系统免受外界变化的影响，这是封装的体现；接口实现了使用户使用同样的方式来处理不同的组件，这是多态的体现。

3.3.3 Google Earth API 基础

3.3.3.1 Google Earth API 简介

要在网页中载入 Google 地球插件，需要进行以下操作：

①载入 Google 地球 API。

②创建 DIV 元素来包含该插件。

③创建初始化插件的函数。

④网页载入后，调用该初始化函数。

下面通过示例说明这些步骤：

```
<html>
    <head>
        <title>Sample</title>
        <script src="http://www.google.com/jsapi? key=ABCDEFG"></script>
        <script type="text/javascript">
                var ge;
                google.load("earth", "1");
                function init() {
                        google.earth.createInstance('map3d',    initCB,    failureCB);
                }
                function initCB(instance) {
                        ge = instance;
                        ge.getWindow().setVisibility(true);
                }
                function failureCB(errorCode) {}
                google.setOnLoadCallback(init);
        </script>
    </head>
    <body>
        <div id="map3d" style="height: 400px; width: 600px;"></div>
    </body>
</html>
```

其中,<div> 可定义文档中的分区或节(division/section)。

(1)载入 Google 地球 API

将以下标签置于 HTML 网页的 <head> 中,用自己的密钥(可从 http://code.google.com/apis/maps/signup.html 获取)来替换"ABCDEF"。

```
<script src="http://www.google.com/jsapi? key=ABCDEF"></script>
```

标签的 src 指向具有单个方法(用于载入个别 Google API 的 google.load)的 JavaScript 文件。在新的 <script> 标签中,调用:

```
google.load("earth", "1");
```

该调用告知 Google 将 earth 模块载入到 google.earth 命名空间,并指定版本 1(API 的最新稳定版本)。要指定最新的 API 测试版本,需用 "1.x"。

(2)创建插件的容器

将 Google Earth 插件载入到具有唯一 id 的 div 元素中。添加 div 到网页的 <body> 部分:

```
<div id="map3d" style="height: 400px; width: 600px;"></div>
```

在上例中,名称为 map3d 的 DIV 将成为插件的目标元素。

(3)创建初始化函数

在此步骤中,将创建三个函数,它们将按顺序进行以下操作:

①尝试创建新的插件实例。

②在成功创建插件实例后调用。

③在未能创建实例时调用。

第一个函数如下所示：

```
function init() { google.earth.createInstance('map3d', initCB, failureCB); }
```

google.earth.createInstance 函数引用了三个参数项：应添加实例到其中的 DIV 元素、返回成功时要调用的函数以及返回失败时要调用的函数。成功回调函数将包含进行“第一次运行”体验必需的所有代码——将插件实例载入到浏览器中时将首先显示的所有的对象和视图。此函数必须包含 GEWindow.setVisibility 方法，并将窗口可见性设置为 true，这样插件就能在 DIV 中可见了：

```
function initCB(instance) {
    ge = instance;
    ge.getWindow().setVisibility(true);
    }
```

失败回调可包含任何处理创建插件实例失败的代码。错误代码将传递到回调函数，需要时可在网页上或作为警告进行重复。在整个指南中，错误回调函数都留为空：

```
function failureCB(errorCode) { }
```

(4)网页载入后，调用初始化函数

Google 命名空间包括 setOnLoadCallback() 函数，在载入 HTML 网页和所请求的 API 后，该函数将调用所指定的函数。使用此函数可确保只有在网页 DOM 完全扩展后才载入插件。

3.3.3.2 Google Earth API 基本操作

(1)地标

点地标用于标记地球表面上的位置。最基本的地标包括标准图标和地理位置。此外，地标还可以包括：

①说明；

②自定义图标；

③定义翻转图标的样式地图。

(2)球形框

球形框是在 Google 地球插件中显示的信息窗口，可选择将其与地图项关联。其内容由开发人员指定，可包含任何 HTML、CSS 或 JavaScript(地图项球形框除外)。球形框的大多数方面都可以通过 API 进行控制：

①高度和宽度的最小值和最大值：setMinHeight()、setMaxHeight()、setMinWidth()、setMaxWidth()。

②背景颜色 setBackgroundColor()不适用于地图项球形框。

③文本颜色设置函数 setForegroundColor()不适用于地图项球形框。

④与球形框关联的地图项 setFeature()。

⑤是否包含关闭按钮 setCloseButtonEnabled()。

(3)几何图形和叠加层

几何图形和叠加层包括:线字符串、多边形、地面叠加层、屏幕叠加层、multiGeometry、三维模型等。

(4)KML

Google 地球插件可以用不同的方式导入 KML,以便显示地图项、航线和视图。该插件支持所有的 KML 2.2 标签和使用 gx 命名空间的 KML 的扩展。不管地图项是作为 KML 导入的还是使用 API 创建的,该插件同样可以针对这些地图项返回 KML 表示。

3.4 Google Maps API

Google Maps JavaScript API 允许将 Google 地图嵌入到网页内。要使用这个 API,首先需要申请一个 API key,然后按照下面的指南操作。

3.4.1 Google Maps API 简介

学习这个 API 最简单的方法就是看一个简单的例子——Google Maps 上的 Hello World。下面的网页显示一个 500×300 的地图,中心位于 California,Palo Alto:

```
<! DOCTYPE html PUBLIC "-//W3C//DTD XHTML 1.0 Strict//EN"
    "http://www.w3.org/TR/xhtml1/DTD/xhtml1-strict.dtd">
<html xmlns="http://www.w3.org/1999/xhtml">
    <head>
      <meta http-equiv="content-type" content="text/html; charset=utf-8"/>
      <title>Google Maps JavaScript API Example</title>
      <script src="http://maps.google.com/maps? file=api&amp;v=2&amp;key=abcdefg"
              type="text/javascript"></script>
      <script type="text/javascript">
      //<! [CDATA[
      function load() {
        if (GBrowserIsCompatible()) {
          var map = new GMap2(document.getElementById("map"));
          map.setCenter(new GLatLng(37.4419, -122.1419), 13);
        }
      }
      //]]>
      </script>
    </head>
    <body onload="load()" onunload="GUnload()">
      <div id="map" style="width: 500px; height: 300px"></div>
    </body>
</html>
```

其中,

①地址"http://maps.google.com/maps? file=api&v=2"是在页面中放置 Google 地图需要的所有的代码的 JavaScript 文件。页面必须包含指向这个地址的 script 标记,并加上 API Key。如果用户的 API Key 是"abcdefg",则有 key=abcdefg。

②Google Map API 所有的对象、属性和方法都存放于"G"命名空间里,描绘地图的类"GMap2"是 API 的中心类。这个类在页面上显示一个地图。可以创建任意多个该类的实例

(一个实例就是页面上的一个地图)。创建了地图实例之后,就可以指定一个页面元素(通常是div 元素)来包含它。除非明确地指定地图的尺寸,否则地图大小会取决于容器的尺寸。

③地址中的"v=2"部分表明 API 的版本是 2。

④setCenter 方法来初始化刚刚创建的地图实例,括号中的 2 个参数分别是初始化地图的中心点坐标和地图的缩放级别。这里的 GLatLng 类是 Google Map API 的另一个重要对象,用来存放经纬度坐标点。

3.4.2 Google Maps API 地图操作

3.4.2.1 地图移动和动画

下面的例子显示一个地图,然后等待 2 秒,然后平移到一个新的中心点。panTo 方法把地图的中心移动到一个指定点。如果指定点在地图的可见区域内,地图中心会平滑地平移到指定点,否则地图中心会直接跳到那个点。

```
var map = new GMap2(document.getElementById("map"));
map.setCenter(new GLatLng(37.4419, -122.1419), 13);
window.setTimeout(function() {
  map.panTo(new GLatLng(37.4569, -122.1569));
}, 1000);
```

3.4.2.2 在地图上添加控件

可以用 addControl 方法在地图上添加控件。在这个例子里,我们加入 GSmallMapControl 和 GMapTypeControl 控件,这样我们分别可以移动/缩放地图以及在地图和卫星模式之间切换。

```
var map = new GMap2(document.getElementById("map"));
map.addControl(new GSmallMapControl());
map.addControl(new GMapTypeControl());
map.setCenter(new GLatLng(37.4419, -122.1419), 13);
```

3.4.2.3 事件监听器

注册一个事件监听器需要调用 GEvent.addListener 方法。把一个地图,一个需要监听的事件,一个事件发生时需要调用的函数传给 GEvent.addListener 方法。在下面的例子里,在我们拖动地图后,显示地图中心的经纬度。

```
var map = new GMap2(document.getElementById("map"));
GEvent.addListener(map, "moveend", function() {
  var center = map.getCenter();
  document.getElementById("message").innerHTML = center.toString();
});
map.setCenter(new GLatLng(37.4419, -122.1419), 13);
```

3.4.2.4 打开信息窗口

创建一个信息窗口,调用 openInfoWindow 方法,传递给它一个位置和一个用来显示的 DOM 元素。下面的例子在地图中心显示一个包含"Hello, world"信息的窗口。

```
var map = new GMap2(document.getElementById("map"));
map.setCenter(new GLatLng(37.4419, -122.1419), 13);
map.openInfoWindow(map.getCenter(),document.createTextNode("Hello, world"));
```

每个地图有一个“信息窗口”用来浮在地图之上显示 HTML 内容。信息窗口包含一个内容区域和一个锥形箭头，锥形的箭头指向地图上的指定点。一个地图同时只能显示一个信息窗口，但用户可以移动信息窗口，或者修改它的内容。

3.4.2.5 地图覆盖物

覆盖对象是覆盖在地图上有固定经纬度坐标位置的对象，所以当拖动地图或者改变地图类型的时候，它们也会跟着移动。Google Maps API 支持两种类型的覆盖对象：标记，地图上的图标；折线，用一系列点形成的折线。

Google 地图 API 支持用于显示地理信息的 KML 和 Geo RSS 数据格式。使用 GGeoXml 对象可将这些数据格式添加到地图，该对象的构造函数采用可公开访问的 XML 文件的网址。GGeoXml 地标显示为 GMarker，而 GGeoXml 折线和多边形显示为 Google 地图 API 折线和多边形。KML 文件中的 <GroundOverlay> 元素显示为地图上的 GGroundOverlay 元素。

使用 addOverlay() 方法将 GGeoXml 对象添加到地图。KML 和 Geo RSS XML 文件均受支持。注意，GGeoXml 是 Google 地图 API 中的一个模块化对象，并且在首次使用后才会完全加载。因此，仅当页面完全加载后再调用其构造函数。此操作通常通过在 <body> 的 onload 处理程序中调用 GGeoXml 构造函数来完成。

下面是一个简单的 KML 叠加层实例(图 3.5)，其 KML 文档可通过 http://chinamaps.googlecode.com/svn/docs/examples/beijing－cycles.kml 查看。

```
geoXml=new
GGeoXml("http://chinamaps.googlecode.com/svn/docs/examples/beijing－cycles.kml");
map = new GMap2(document.getElementById("map_canvas"));
map.addOverlay(geoXml);
```

(a)　　(b)

图 3.5 KML 覆盖层实例

(a)未覆盖；(b)覆盖

3.4.2.6 点击事件处理

要在用户点击地图的时候触发一个动作，就需要在 GMap2 实例上注册一个 click 事件的监听器。当事件被触发的时候，事件处理句柄将收到两个参数：被点击的标记(如果有)和被点击点的 GLatLng(经纬度)。如果没有标记被点击，那么第一个参数为 null。注意：标记是唯一支持 click 事件的内建覆盖对象。其他类型的覆盖对象，如 GPolyline 是不能被点击的。

在下面的例子里，当访客点击在地图上一个没有标记的点上时，我们在这个点上创建一个标记。当访客点击在一个标记点上的时候，我们把它删除。

```
var map = new GMap2(document.getElementById("map"));
map.addControl(new GSmallMapControl());
map.addControl(new GMapTypeControl());
map.setCenter(new GLatLng(37.4419, -122.1419), 13);

GEvent.addListener(map, "click", function(marker, point) {
  if (marker) {
    map.removeOverlay(marker);
  } else {
    map.addOverlay(new GMarker(point));
  }
});
```

此外，还可以通过监听每一个标记来在他们上面显示定制的信息窗口。

3.4.2.7　创建图标

下面代码将创建一个图标。

```
var icon = new GIcon();
icon.image = "http://labs.google.com/ridefinder/images/mm_20_red.png";
icon.shadow = "http://labs.google.com/ridefinder/images/mm_20_shadow.png";
icon.iconSize = new GSize(12, 20);
icon.shadowSize = new GSize(22, 20);
icon.iconAnchor = new GPoint(6, 20);
icon.infoWindowAnchor = new GPoint(5, 1);
```

3.4.2.8　其他功能

其他功能包括在地图上使用 XML 和异步远程调用(Ajax)、定制地图控件、定制地图覆盖物。

3.4.3　Google Maps API 地理译码

可以直接发 HTTP 请求的方式来访问 Maps API 的地理译码器，或者可以用 GClient-Geocoder 对象在 JavaScript 下发送请求。这样可以从服务器进行地理译码调用或者让用户的浏览器进行这个操作。如果有一个相对稳定的地址数据库，则可以通过 HTTP 请求一次性获得地理译码信息，然后把这些地址缓存在用户的本地数据库里。这会让与网站的交互更快，而且可以减少用户对每日地理译码请求限额的消耗。到目前为止，这个地理译码器还没有足够的我国的本地化信息可以使用。

3.4.3.1　JavaScript 下使用地理译码

在 JavaScript 下可以用 GClientGeocoder 对象来访问地理译码器。getLatLng 方法可用来把地址转换为 GLatLng(经纬度)。因为地理译码需要发送请求到 Google 服务器，所以这可能会花点时间。为了避免脚本一直等待，需要指定一个函数在回应后触发。在这个例子里，我们把一个地址地理译码，然后在这个点上加一个标记，然后打开一个信息窗口显示地址。

```
var map = new GMap2(document.getElementById("map"));
var geocoder = new GClientGeocoder();

function showAddress(address) {
  geocoder.getLatLng(address,function(point) {
      if (! point) {
        alert(address + " not found");
      } else {
        map.setCenter(point, 13);
        var marker = new GMarker(point);
        map.addOverlay(marker);
        marker.openInfoWindowHtml(address);
      }
    }
  );
}
```

GClientGeocoder 类默认情况下装备了一个客户端的缓存。这个缓存会保存地理译码回应，这样当相同的地址被查询的时候，回应会直接从客户端的缓存中返回而不用连接到 Google 的地理译码器。

3.4.3.2　HTTP 请求方式

想直接让服务器端脚本访问地理译码器，可以发请求到"http://maps.google.com/maps/geo?"，把如下参数加在地址里面：

- q——想地理译码的地址。
- key——API key。
- output——输出格式。选项是 XML，KML，CSV 或者 JSON。

在这个例子里，我们请求 google 总部的地理坐标，并以 XML 格式返回。

```
http://maps.google.com/maps/geo? q=1600+Amphitheatre+Parkway,+Mountain+
View,+CA&output=xml&key=abcdefg
```

返回的结果：

```
<? xml version="1.0" encoding="UTF-8" ? >
<kml xmlns="http://earth.google.com/kml/2.0">
  <Response>
    <name>1600 Amphitheatre Parkway, Mountain View, CA</name>
    <Status>
      <code>200</code>
      <request>geocode</request>
    </Status>
    <Placemark id="p1">
      <address>1600 Amphitheatre Pkwy, 芒廷维尤, 加利福尼亚州 94043, 美国</address>
      <AddressDetails Accuracy="8" xmlns="urn:oasis:names:tc:ciq:xsdschema:xAL:2.0">
        <Country>
          <CountryNameCode>US</CountryNameCode>
          <CountryName>美国</CountryName>
          <AdministrativeArea>
            <AdministrativeAreaName>加利福尼亚州</AdministrativeAreaName>
            <Locality>
```

```
            <LocalityName>芒廷维尤</LocalityName>
      <Thoroughfare>
        <ThoroughfareName>1600 Amphitheatre Pkwy</ThoroughfareName>
      </Thoroughfare>
      <PostalCode>
        <PostalCodeNumber>94043</PostalCodeNumber>
      </PostalCode>
    </Locality>
  </AdministrativeArea>
    </Country>
  </AddressDetails>
  <ExtendedData>
    <LatLonBox north="37.4248811" south="37.4185859" east="-122.0810397" west="-122.0873349" />
  </ExtendedData>
  <Point>
    <coordinates>-122.0841873,37.4217335,0</coordinates>
  </Point>
 </Placemark>
</Response>
</kml>
```

在这个例子里，我们请求 google 总部的地理坐标，并以 JSON 格式返回。

```
http://maps.google.com/maps/geo? q=1600+Amphitheatre+Parkway,+Mountain
+View,+CA&output=json&key=abcdefg
```

返回的结果：

```
{
      "name": "1600 Amphitheatre Parkway, Mountain View, CA",
      "Status": {
          "code": 200,
          "request": "geocode"},
      "Placemark": [ {
          "id": "p1",
          "address": "1600 Amphitheatre Pkwy, 芒廷维尤, 加利福尼亚州 94043, 美国",
          "AddressDetails": {
              "Accuracy" : 8,
              "Country" : {
                  "AdministrativeArea" : {
                      "AdministrativeAreaName" : "加利福尼亚州",
                      "Locality" : {
                          "LocalityName" : "芒廷维尤",
                          "PostalCode" : {"PostalCodeNumber" : "94043"},
                          "Thoroughfare" : {"ThoroughfareName" : "1600
Amphitheatre Pkwy"}
                      }
                  },
                  "CountryName" : "美国",
                  "CountryNameCode" : "US"
              }
          },
```

```
        "ExtendedData": {"LatLonBox": {"north": 37.4248811,"south": 37.4185859,"east": -122.0810397,"west": -122.0873349}},
        "Point": {"coordinates": [ -122.0841873, 37.4217335, 0 ]}
    } ]
}
```

练习题

(1)阐述 Google 地图服务原理及其二次开发模式。

(2)建立 SVG 与 KML 图形格式之间的关系。

(3)简介 API 原理,及其在 Google 地图服务中的意义。

(4)比较 GE API 与 Google Maps API 的关系与差异性。

4　Web 脚本与 Geo JSON

4.1　脚本语言

脚本语言(Script language)是为了缩短传统的编写—编译—链接—运行(edit—compile—link—run)过程而创建的计算机编程语言。此命名起源于一个脚本“screenplay”,每次运行都会使对话框逐字重复。早期的脚本语言经常被称为批量处理语言或工作控制语言。一个脚本通常是解释运行而非编译。脚本语言通常都有简单、易学、易用的特性,目的就是希望能让程序员快速完成程序的编写工作。而宏语言则可视为脚本语言的分支,两者也有实质上的相同之处。

虽然许多脚本语言都超越了计算机简单任务自动化的领域,成熟到可以编写精巧的程序,但仍然还是被称为脚本。几乎所有计算机系统的各个层次都有一种脚本语言。包括操作系统层,如计算机游戏,网络应用程序,字处理文档,网络软件等。在许多方面,高级编程语言和脚本语言之间互相交叉,二者之间没有明确的界限。

4.1.1　脚本语言起源和目的

脚本语言是电脑编程语言,因此也能让开发者借以编写出应用程序。以简单的方式快速完成某些复杂的事情通常是创造脚本语言的重要原则,基于这项原则,使得脚本语言通常比 C 语言、C++语言或 Java 之类的系统编程语言要简单容易,也让脚本语言另有一些属于脚本语言的特性:语法和结构通常比较容易;学习和使用通常比较简单;通常以容易修改程序的“解释”作为运行方式,而不需要“编译”;程序的开发产能优于运行性能。

4.1.2　脚本语言定义

计算机语言是为了各种目的和任务而开发的,一个常见任务就是把各种不同的已有组件连接起来以完成相关任务。大多脚本语言共性是:良好的快速开发方式,高效率的执行,解释而非编译执行,和其他语言编写的程序组件之间通信功能很强大。

许多脚本语言用来执行一次性任务,尤其是系统管理方面的任务。它可以把服务组件粘合起来,因此被广泛用于 GUI 创建或者命令行。脚本通常以文本(如 ASCII 码)保存,只在被调用时进行解释或编译。

总之,脚本编程速度快,且脚本文件明显小于同类的 C 程序文件。这种灵活性是以执行效率为代价的。脚本通常是解释执行的,速度可能很慢,且运行时更耗内存。在很多案例中,如编写一些数十行的小脚本,它所带来的编写优势就远远超过了运行时的劣势,尤其是在当前程序开发成本趋高和硬件成本趋低时,脚本编程方式更能显示其优势。

然而,在脚本和传统编程语言之间的界限越来越模糊,尤其是在一系列新语言及其集成出现时。在一些脚本语言中，有经验的程序员可以进行大量的优化工作。在大多现代系统中通常有多种合适的脚本语言可以选择，所以推荐使用多种语言（包括 C 或者汇编语言）编写一种脚本。

4.1.3 脚本语言的分类

(1)工作控制语言和 shell

此类脚本用于自动化工作控制，即启动和控制系统程序的行为。大多的脚本语言解释器也同时是命令行界面，如 Unix shell 和 MS-DOS COMMAND.COM。其他如 AppleScript，可以为系统增加脚本环境，但没有命令行界面。

(2)GUI 脚本

GUI 出现带来一种专业的控制计算机的脚本语言。它在用户和图形界面，菜单，按钮等之间互动。它经常用来自动化重复性动作，或设置一个标准状态。

(3)应用程序定制的脚本语言

许多大型的应用程序都包括根据用户需求而定制的惯用脚本语言。例如，Visual Basic for Applications(VBA)是一种 Visual Basic 的一种宏语言，主要能用来扩展 Windows 的应用程序功能，特别是 Microsoft Office 软件，也可说是一种应用程序视觉化的 Basic Script。

(4)Web 编程脚本

应用程序定制的脚本语言中有一种重要的类别，用于提供 Web 页面的自定义功能。它专业处理互联网通信，使用网页浏览器作为用户界面。当然，大多现代 Web 编程语言都比较强大可以做一些通用编程。

(5)文本处理语言

处理基于文本的记录是脚本语言最早的用处之一，包括 PERL、XSLT 等。其中，PERL 最早是用来产生报告的，现在它已经成了全面成熟的语言。

(6)通用动态语言

一些语言，比如 PERL、PHP，从一门脚本语言发展成了更通用的编程语言。由于“解释执行，内存管理，动态”等特性，它们仍被称为脚本语言。但它们已经用于应用程序编写，用户也不把它们看做脚本语言。PHP 是一种创建动态交互性站点的强有力的服务器端脚本语言。PHP 极其适合网站开发，其代码可以直接嵌入 HTML 代码。PHP 语法非常类似于 Perl 和 C。PHP 常常搭配 Apache (Web 服务器) 一起使用。不过它也支持 ISAPI，并且可以运行于 Windows 的 IIS 平台。

(7)扩展/可嵌入语言

少数的语言被设计通过嵌入应用程序来取代应用程序定制的脚本语言，可以控制应用程序的 hook。这些语言和应用程序定制的脚本语言是同种用途，但优点在于可以在应用程序之间传递一些信息。其中，JavaScript 直到现在仍然是网页浏览器内的主要编程语言，它的 ECMAScript 标准化保证了它成为流行的通用嵌入性语言。

4.1.4 脚本语言的特点

脚本语言是一种基于对象和事件驱动的，具有无类型性、解释性、简单性和高效性等特征，表现为：

①基于对象的语言，这意味着它能运用自己创建的对象。因此，许多功能可以通过脚本环境中的对象独立来创建。

②简单性，主要体现在它是一种基于 Java 基本语句和控制流之上的简单而紧凑的设计；它的变量类型是采用弱类型，并未使用严格的数据类型。

③一种安全性语言，它不允许访问本地的硬盘，并不能将数据存入到服务器上，不允许对网络文档进行修改和删除，只能通过浏览器实现信息浏览或动态交互，从而有效地防止数据的丢失。

④动态的，它可以直接对用户或客户输入做出响应，无需经过 Web 服务程序。

⑤依赖于浏览器本身，与操作环境无关，只要能运行浏览器的计算机，并支持 JavaScript 的浏览器就可正确执行。

4.2 JavaScript

4.2.1 ECMAScript

ECMAScript 是一种由 Ecma 国际(前身为欧洲计算机制造商协会)通过 ECMA－262 标准化的脚本程序设计语言。这种语言在万维网上应用广泛，它往往被称为 JavaScript 或 JScript，但实际上后两者是 ECMA－262 标准的实现和扩展。

1995 年 12 月升阳公司与网景通讯公司一起引入了 JavaScript。1996 年 3 月，网景通讯公司发表了支持 JavaScript 的网景导航者 2.0。由于 JavaScript 作为网页的客户面脚本语言非常成功，微软于 1996 年 8 月引入了 Internet Explorer3.0，这个软件支持一个“约”与 JavaScript 相容的 JScript。

1996 年 11 月网景通讯公司将 JavaScript 提交给欧洲计算机制造商协会进行标准化。ECMA－262 的第一个版本于 1997 年 6 月被 Ecma 组织采纳。

ECMAScript 是由 ECMA－262 标准化的脚本语言的名称。JavaScript 和 JScript 与 ECMAScript 相容，但包含超出 ECMAScript 的功能。

4.2.2 JavaScript 概述

JavaScript 是一种广泛用于客户端 Web 开发的脚本语言，常用来给 HTML 网页添加动态功能，比如响应用户的各种操作。它最初由网景公司的 Brendan Eich 设计，是一种动态、弱类型、基于原型的语言，内置支持类。JavaScript 是 Sun 公司的注册商标。Ecma 国际以 JavaScript 为基础制定了 ECMAScript 标准。JavaScript 也可以用于其他场合，如服务器端编程。完整的 JavaScript 实现包含三个部分：ECMAScript，文档对象模型，字节顺序记号。

Netscape 公司在最初将其脚本语言命名为 LiveScript，在与 Sun 合作之后将其改名为 JavaScript。JavaScript 最初受 Java 启发而开始设计的，目的之一就是“看上去像 Java”，因此语法上有类似之处，一些名称和命名规范也借自 Java。但 JavaScript 的主要设计原则源自 Self 和 Scheme[3]. JavaScript 与 Java 名称上的近似，是当时网景为了营销考虑与 Sun 公司达成协议的结果。为了取得技术优势，微软推出了 JScript 来迎战 JavaScript 的脚本语言。为了互用性，Ecma 国际创建了 ECMA－262 标准(ECMAScript)。现在两者都属于 ECMAScript

的实现。尽管JavaScript作为给非程序人员的脚本语言，而非作为给程序人员的编程语言来推广和宣传，但是JavaScript具有非常丰富的特性。

不同于服务器端脚本语言，例如PHP与ASP，JavaScript是客户端脚本语言，也就是说JavaScript是在用户的浏览器上运行，不需要服务器的支持而可以独立运行。JavaScript是一种脚本语言，其源代码在发往客户端运行之前不需经过编译，而是将文本格式的字符代码发送给浏览器由浏览器解释运行。用户在浏览中填表、验证的交互过程只是通过浏览器对调入HTML文档中的JavaScript源代码进行解释执行来完成的，即使是必须调用CGI的部分，浏览器只将用户输入验证后的信息提交给远程的服务器，大大减少了服务器的开销。

4.2.3 JavaScript语法

JavaScript是Internet上最流行的脚本语言，并且可在所有主要的浏览器中运行，比方说Internet Explorer、Mozilla、Firefox、Netscape和Opera。如果需要把一段JavaScript插入HTML页面，我们需要使用 <script> 标签(同时使用type属性来定义脚本语言)。在下面的示例程序中如果我们不使用 <script> 标签，浏览器就会把“document. write("Hello World!")”当做纯文本来处理，也就是说会把这条命令本身写到页面上。document. write字段是标准的JavaScript命令，用来向页面写入输出。

JavaScript的Hello World程序：

```
<html>
  <body>
    <script type="text/javascript">document.write("Hello World!");</script>
  </body>
</html>
```

或是在浏览器的地址栏(location bar)中输入javascript:URL，以交互方式表示：

```
javascript:document.write("Hello, world!");
```

JavaScript语句是发给浏览器的命令。这些命令的作用是告诉浏览器要做的事情。上面的代码告诉浏览器向网页输出“Hello world!”。

4.3 Geo JSON技术

4.3.1 JSON

4.3.1.1 JSON概述

JSON (JavaScript Object Notation)是一种轻量级的数据交换格式，以文字为基础，且易于人阅读和编写，同时也易于机器解析和生成。JSON格式是1999年*JavaScript Programming Language，Standard ECMA-262 3rd Edition*的一个子集，所以可以在JavaScript以eval()函数[javascript通过eval()调用解释器]读入。不过这并不代表JSON无法使用于其他语言，事实上几乎所有与网页开发相关的语言都有JSON库。JSON采用完全独立于语言的文本格式，但是也使用了类似于C语言家族的习惯(包括C，C++，C#，Java，JavaScript，Perl，Python等)。这些特性使JSON成为理想的数据交换语言。

JSON 已经是 JavaScript 标准的一部分。目前,主流的浏览器对 JSON 支持都非常完善。应用 JSON,我们可以从 XML 的解析中摆脱出来,对那些应用 Ajax 的 Web 2.0 网站来说,JSON 确实是目前最灵活的轻量级方案。

4.3.1.2 JSON 结构

JSON 建构于两种结构:一是“名称/值”对的集合;另一是值的有序列表(An ordered list of values),在大部分语言中,它被理解为数组。

一个 JSON 的例子如下:

```
var book ={
    "bookName":JSON
    "bookPublic":WHU.PUBLIC,
    "bookAuthor":Faitle
}
```

对应的 XML 表示为

```
<book>
    <bookName>JSON</bookName>
    <bookPublic>WHU.PUBLIC</bookPublic>
    <bookAuthor>Faitle</bookAuthor>
</book>
```

JSON 可以将 JavaScript 对象中表示的一组数据转换为字符串,然后就可以在函数之间轻松地传递这个字符串,或者在异步应用程序中将字符串从 Web 客户机传递给服务器端程序。

4.3.1.3 JSON 和 XML 的比较

尽管有许多宣传关于 XML 如何拥有跨平台,跨语言的优势,然而,除非应用于 Web Services,否则,在普通的 Web 应用中,开发者经常为 XML 的解析伤透了脑筋,无论是服务器端生成或处理 XML,还是客户端用 JavaScript 解析 XML,都常常导致复杂的代码,极低的开发效率。实际上,对于大多数 Web 应用来说,他们根本不需要复杂的 XML 来传输数据,XML 的扩展性很少具有优势,许多 Ajax 应用甚至直接返回 HTML 片段来构建动态 Web 页面。和返回 XML 并解析它相比,返回 HTML 片段大大降低了系统的复杂性,但同时缺少了一定的灵活性。现在,JSON 为 Web 应用开发者提供了另一种数据交换格式。同 XML 或 HTML 片段相比,JSON 提供了更好的简单性和灵活性。

(1)可读性

JSON 和 XML 的可读性可谓不相上下,一边是简易的语法,一边是规范的标签形式,很难分出胜负。

编码的可读性方面,XML 有明显的优势,毕竟人类的语言更贴近这样的说明结构。JSON 读起来更像一个数据块,读起来就比较费解了。不过,我们读起来费解的语言,恰恰是适合机器阅读。

(2)可扩展性

XML 天生有很好的扩展性,JSON 当然也有,没有什么是 XML 能扩展而 JSON 不能的。不过 JSON 在 Javascript 主场作战,可以存储 Javascript 复合对象,有着 XML 不可比拟的优势。

(3)编码难度

XML有丰富的编码工具,JSON也有提供的工具。无工具的情况下,相信熟练的开发人员一样能很快地写出想要的XML文档和JSON字符串,不过,XML文档要多很多结构上的字符。编码的手写难度来说,XML便捷一些,好读当然就好写。不过写出来的字符JSON就明显少很多。去掉空白制表以及换行的话,JSON就是密密麻麻的有用数据,而XML却包含很多重复的标记字符。

(4)解码难度

XML的解析方式有两种:一是通过文档模型解析,另一是遍历节点。JSON也同样如此。如果预先知道JSON结构的情况下,使用JSON进行数据传递简直是太美妙了,可以写出很实用美观可读性强的代码。JSON比较适合前台开发人员,而对于应用开发人员,XML才是真正的结构化标记语言,用于进行数据传递。

而如果不知道JSON的结构而去解析JSON的话,那简直是噩梦。费时费力不说,代码也会变得冗余拖沓,得到的结果也不尽如人意。但是这样也不影响众多前台开发人员选择JSON。因为通过json.js中的toJSONString()就可以看到JSON的字符串结构。(当然不是使用这个字符串,这样仍旧是噩梦)。常用JSON的人看到这个字符串之后,就对JSON的结构很明了了,就更容易的操作JSON。

以上是在Javascript中仅对于数据传递的XML与JSON的解析。在Javascript地盘内,JSON毕竟是主场作战,其优势当然要远远优越于XML。如果JSON中存储Javascript复合对象,而且不知道其结构的话,解析JSON将会很困难。

4.3.1.4 JSON优缺点

(1)优点

①数据格式比较简单,易于读写,格式都是压缩的,占用带宽小。

②易于解析这种语言,客户端JavaScript可以简单的通过eval()进行JSON数据的读取。

③支持多种语言,包括ActionScript, C, C#, ColdFusion, Java, JavaScript, Perl, PHP, Python, Ruby等服务器端语言,便于服务器端的解析。

④在PHP世界,已经有PHP-JSON和JSON-PHP出现了,便于PHP序列化后的程序直接调用。PHP服务器端的对象、数组等能够直接生成JSON格式,便于客户端的访问提取。另外PHP的PEAR类已经提出了支持 。

⑤因为JSON格式能够直接为服务器端代码使用,大大简化了服务器端和客户端的代码开发量,但是完成的任务不变,且易于维护。

(2)缺点

①没有XML格式这么深入人心和使用广泛,没有XML那么通用性。

②JSON格式目前在Web Service中推广还属于初级阶段。

4.3.2 Geo JSON

传统的WFS请求以各种XML的形式返回结果,但是解析XML并不是一种高效的方式。而Geo JSON的目的就是将JSON方式的数据传输引入WFS查询(龙岳红,2008)。

Geo JSON是一个用于编码各种地理数据结构的开放格式,其格式规范于2008年完成。事实上,每个Geo JSON数据结构也是一个JSON对象,因而JSON工具也能用于处理Geo JSON数据(http://en.wikipedia.org/wiki/Geo JSON)。Geo JSON保留了JSON的结构,但增加了一些约束条件(http://chuo.me/2009/03/about－Geo JSON/),主要是空间几何方面。Geo JSON 支持的空间数据格式包括点、多边形、多多边形、要素、几何集和边界盒。

下面是一个 Geo JSON 要素集实例(http://Geo JSON.org/)。

```
{ "type": "FeatureCollection",
  "features": [
    { "type": "Feature",
      "geometry": {"type": "Point", "coordinates": [102.0, 0.5]},
      "properties": {"prop0": "value0"}
      },
    { "type": "Feature",
      "geometry": {
        "type": "LineString",
        "coordinates": [
          [102.0, 0.0], [103.0, 1.0], [104.0, 0.0], [105.0, 1.0]
          ]
        },
      "properties": {
        "prop0": "value0",
        "prop1": 0.0
      }
    },
  { "type": "Feature",
      "geometry": {
        "type": "Polygon",
        "coordinates": [
          [ [100.0, 0.0], [101.0, 0.0], [101.0, 1.0],
          [100.0, 1.0], [100.0, 0.0] ]
        ]
      },
      "properties": {
        "prop0": "value0",
        "prop1": {"this": "that"}
        }
      }
    ]
}
```

目前,支持 CeoJSON 的制图和 GIS 软件较多,包括 Yahoo! 和 Google API 服务。在地图 Mashup 开发中,大多数地图制图 API 均采用 Javascript 形式提供,因此都能够支持 Geo JSON 格式的数据。对于 Javascrit 语言基础较好的开发者来说,CeoJSON 的使用也很方便(龙岳红,2008)。

练习题

(1)什么是脚本语言?它与 C 语言的关系和差异是什么?

(2)分析 JavaScript 与其他脚本语言的差异。

(3)Geo JSON 与 XML、GML 之间的联系和区别。

5 Web 地理信息混搭与聚合

5.1 Mashup

5.1.1 Mashup 关键问题及其集成特点

总体来说，Mashup 是一种集成方案，与传统资源集成方案不同，Mashup 提供了一种基于 Web 的轻量级的内容集成方法，而且由于组成 Mashup 的服务和应用本来就是面向最终用户的，所以用户不需要很强的编程能力也可以根据需要组装出自己的 Mashup 应用程序。

5.1.1.1 Mashup 关键问题

①Mashup 数据转化与集成：研究如何将数据提取并转化成 Mashup 可用的形式。

②Mashup 系统的设计：研究如何构建一个 Mashup 系统，使之满足某些特定的功能需求。

③Mashup 平台与工具：一些辅助用户构建 Mashup 应用的平台和工具集。

④Mashup 与软件工程：研究 Mashup 思想如何应用到软件过程中去，以提高开发的效率。

⑤Mashup 质量属性研究：研究如何确保 Mashup 应用满足某些非功能需求，如质量、互操作性和可用性等。

⑥Mashup 在特定行业的运用：研究 Mashup 如何应用到现有的一些系统中去，以给用户带来新的应用体验。

5.1.1.2 Mashup 集成特点

随着信息技术的快速发展，集成信息越来越得到重视，如企业信息化、EAI（企业应用集成）等等。在集成信息方面，采用传统的系统集成方案和基于 Web2.0 的 Mashup 技术之间具有很多的不同：

(1)对平台与系统的要求方面

传统系统集成方案需要平台 API 层的支持，如 J2EE 平台和.NET 平台，集成过程十分复杂；Mashup 可以轻松的聚合和重组来自不同地方的内容，包括服务和数据，进行业务敏捷开发，快速满足他们因情景而不断变化的需求。

(2)新特性的支持与功能扩展方面

传统系统集成方案需要采用编程的方式完成系统功能扩展，涉及表示层、业务逻辑层和数据存储层等三层或多层结构；Mashup 直接使用基于松散耦合的 Web Service 创建新的特性与功能。其中，XML 解决了将形态各异的数据结构、程序接口、操作系统、硬件平台有效结合在一起；Web Service 供应商提供免费工具箱能够让开发者快速创建和部署自己的 Web Service。

(3)表示层支持方面

传统系统集成方案的表现层大多采用图形用户界面 GUI,当客户端发送请求时,需要加载整个页面;Mashup 使用 Ajax 技术调用 Web 应用程序,浏览器客户端不需要在每次与服务器通信时都重新加载整个页面,动态性强。

(4)底层集成技术支持方面

传统系统集成方案使用多层企业应用集成技术,涉及不同的集成层次,如业务过程集成、应用集成和数据集成;Mashup 采用 SOA(面向服务架构)思想集成底层系统,强调功能的暴露与服务的组合,以 Web Service 形式包装并暴露统一格式的接口和现有系统的能力,这样的集成系统具有模块化,松耦合的特点,并且可扩展性较好。

(5)进行内容聚合的物理位置方面

传统系统集成方案的内容聚合通常在服务器端;而 Mashup 通常选择在客户端进行内容聚合,且数据能够缓存在客户端,从而具有响应速度更快且数据往返于服务器次数更少的优点。

5.1.2 系统构架和关键技术

5.1.2.1 Mashup 系统构架

信息服务 Mashup 的产生是受用户交互及第三方资源集成发展的影响,资源和 API 的开放是其产生的前提,所以一个 Mashup 应用是一个三元模型,即包括 API/内容提供者、Mashup 服务器和 Mashup 应用者(图 5.1)。

其中,API/内容提供者负责提供 Mashup 集成的信息内容;Mashup 服务器负责把所获得的或者是自有的资源和服务封装成标准组件,并管理这些组件,同时响应应用程序对于资源、服务的开放调用;Mashup 应用者选择相关资源将其融合到自己的门户或其他应用系统中,并通过客户端浏览器以图形化的方式呈现出 Mashup 应用结果。

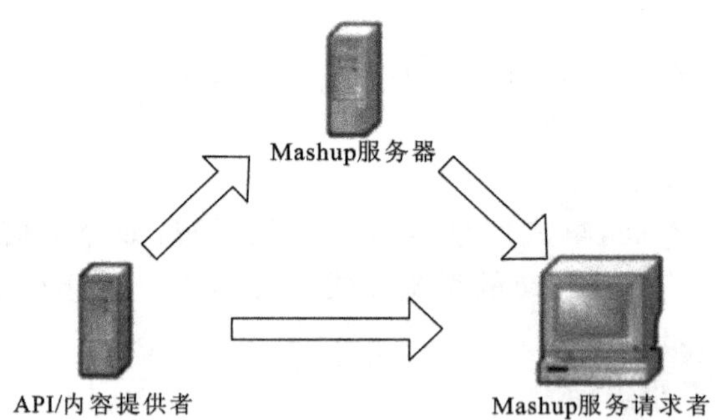

图 5.1 Mashup **三元模型**

在 Mashup 三元模型的基础之上,创建一个 Mashup 应用的基本流程是:Mashup 站点的服务程序和 API/内容提供者都通过向注册中心发布并注册,使服务请求者(客户机 Web 浏览器)可以查找得到;Web 浏览器查找到服务路径后,向 Mashup 服务站点和 API/内容提供者发出请求,若得到回应则与所请求服务绑定并调用(龙岳红,2008)。

5.1.2.2 Mashup 资源获取技术

(1)Web Feed 方式

在 Mashup 中,有大量关于内容的集成,是以 RSS 为代表的简单内容联合,使得应用程序开发人员不用花费时间开发自己的文件格式、传输协议和软件来实现内容的联合,只需使用

RSS即可。这些联合技术对于集成基于事件或更新驱动内容的Mashup来说都非常有用。

RSS与Mashup的区别在于，RSS提供了可供聚合的源，Mashup实现聚合。

(2)公共接口API方式

这种Mashup资源获取技术是指内容提供者发布自己的公共接口API，Mashup服务器通过SOAP或者XML－RPC协议与内容提供者进行请求与响应的通信，把数据传递到Mashup服务器端。API需要用户传递相关的参数，返回用户的内容取决于这个参数。

由于调用API需要通过SOAP协议，而这一协议要求调用者熟悉服务描述与发现机制(WSDL、UDDI)，所以比较适合用户已知、共用一个数据模型的闭合应用环境中。SOAP接口过于复杂，对接口方法调用顺序、参数类型等有一定约束，不能完全适应Mashup开放的、分布式的、可伸缩的Web需求。

(3)REST协议方式

针对使用API调用资源的复杂性，一种新的资源获取方式正在逐渐兴起。它不需要内容提供者提供自己的公共接口API，服务请求者(Mashup服务器或者是客户端浏览器)只需要了解REST协议，就可以访问内容提供者的资源。

(4)屏幕抓取(Screen Scraping)方式

大部分公共领域的数据是没有提供API的，Mashup创建者所需要的内容或资源可能需要直接从网上获取，这就用到屏幕抓取方式。屏幕抓取方式适用范围广，但有其内在的缺点：

其一，与使用接口的API不同，抓取操作没有建立在内容提供者和内容消费者之间合作机制上，抓取者独自根据一个源内容模型设计抓取工具，并且希望提供者一直采用这种模型来呈现内容。由于内容提供者会周期性地更新外观以保持新颖和时髦，又不事先通知抓取者，抓取工具很可能会失效，给抓取者带来新的维护任务。

其二，缺少成熟的可重用屏幕抓取工具包软件。由于屏幕信息内容及其结构不太适合机器自动处理，每种抓取工具通常都针对特定资源内容和应用需求，因此编辑公共可重用的屏幕抓取工具有很大难度。

5.1.2.3　Mashup服务器技术

Mashup服务器负责Mashup组件的注册、发布、服务代理等功能，同时支持第三方组件调用。它可以是每个信息服务机构(如图书馆、Google等)内部自己的服务器，也可以是公共服务器。Mashup组件在服务器上发布后，其他应用系统才能开放调用。

5.1.2.4　Mashup融汇组织技术

当Mashup服务器获取了所需要的资源，并封装成标准的组件接口之后，Mashup的应用者就可以选择相应的组件完成融汇。从融汇模式上来讲，包括服务器端融合和浏览器端融合，所涉及的编程语言既有客户端脚本的编写，也有服务器端程序语言。融汇的时候，应用者可以选择某一种Mashup工具创建一个具体的应用。

(1)融汇模式

Mashup有两种融汇模式，即服务器端融合和浏览器端融合。

服务器端融合是指Mashup服务器通过SOAP或者REST等协议向外部的API/内容提供者发送请求，API/内容提供者返回一个SOAP或者XML响应给Mashup服务器，Mashup服务器融合这些响应，按照合理的方式组合各种数据与服务，最终把融合的结果发送回浏览器[图5.2(a)]。在这种模式下，由于Mashup服务器承担了所有的融合任务，所以对客户端浏览器的要求并不高，开发人员不用考虑浏览器兼容的问题。其缺点在于当访问量增加时，Mashup 服务器的工作量会大大增大，而且由于服务器做了所有的融合工作，对于用户来说，可扩展性降低。

浏览器端融合是指 Web 浏览器通过 Ajax 与 Mashup 通信，Mashup 服务器充当代理的角色，负责转发客户端的请求，真正的融合发生在浏览器端[图 5.2(b)]。在浏览器端进行融合，浏览器做了大部分工作，Mashup 服务器的负载减小了，因此 Mashup 服务器就可以处理更多的页面。

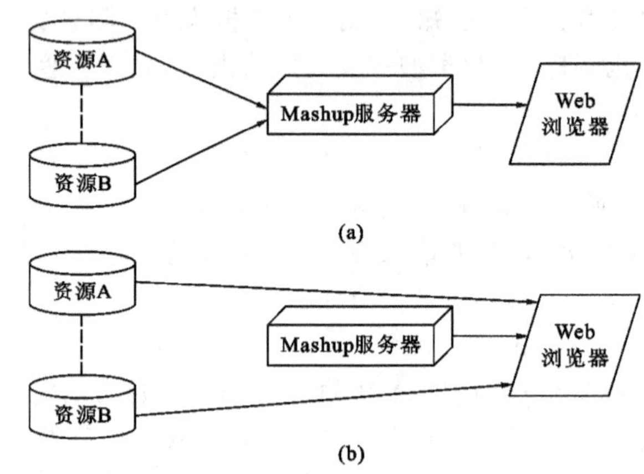

图 5.2 Mashup 服务器端和浏览器端的融汇模式

(2)编程语言与 Mashup 工具

Mashup 所涉及的编程语言可分三类：面向浏览器端的数据、服务集成组织语言，主要是各类脚本语言，如支持 Ajax 技术的 JavaScript 等；服务器端程序语言，实现服务器端的复杂功能和操作，主要是各类高级语言，如 Java、PHP、Perl 等；Mashup 过程定义描述语言，如 DSL。Mashup 工具主要有 Google Mashup Editor、Intel Mash Maker 等，它们各有其优缺点。

5.1.3 一个简单实例

Google Map 作为时下最为大众化、使用面最广的地图产品，提供了基础地图查询、地理位置查找、路线查询等功能。在某些情况下，我们可能需要在 Google Map 中叠加 ArcGIS 发布的地图服务，使用 ArcGIS 地图服务提供的功能。ESRI 公司为了迎合这种需求，开发了 ArcGIS JavaScript Extension for the Google Maps API，通过这个 API 能在 Google Map 添加 ArcGIS Server 发布的地图服务(Google map 与 ArcGIS 地图的互联互通)。

(1)定义数据源

两个 script 元素分别指向 Google map API 和 ArcGIS Online 中发布的服务，这样就可调用 Google map 和 ArcGIS 中的对象和方法了。

```
<script src="http://maps.google.com/maps? file=api&v=2&key=abcdefg" type="text/javascript"></script>
<script src="http://serverapi.arcgisonline.com/jsapi/gmaps/? v=1.6" type="text/javascript" ></script>
```

(2)定义地图对象

通过用户自定义的 JavaScript 代码，实例化 2 个地图资源。

```
var gmap = new GMap2(document.getElementById("gmap"));
var dynamicMap = new esri.arcgis.gmaps.DynamicMapServiceLayer ("http://sampleserver1.arcgisonline.com/ArcGIS/rest/services/Demographics/ESRI_Population_World/MapServer",null, 0.75, dynmapcallback);
```

(3)实现混搭

通过在 Google 地图上添加覆盖物的方式，实现 Google map 与 ArcGIS 地图的混搭(图5.3)。

```
function dynmapcallback(mapservicelayer)
  {gmap.addOverlay(mapservicelayer); }
```

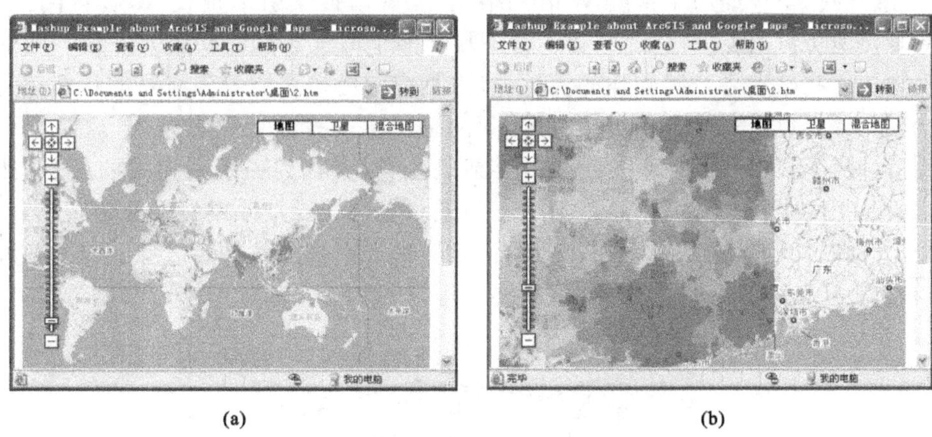

(a) (b)

图5.3 Google **地图与** ArcGIS **地图混搭**

(a)初始界面;(b)放大过程

5.2 地理信息聚合标准

随着互联网的蓬勃发展，网络信息资源以指数方式增长，为解决网络信息资源的有序组织、有效传播的问题，许多元数据格式也就随之产生，其中DC元数据(Dublin Core 都柏林元数据)简单易用，已被广泛应用，成为其他元数据格式的基础；而在 Web 2.0 理念中，基于 XML 的内容聚合元数据 RSS 规范和 ATOM 规范目前广泛用于网络新闻、博客等网络信息的组织和传播，成为 Web 2.0 中不可缺少的要素。目前，RSS 和 ATOM 是两种主要的内容聚合元数据(曹树金　等,2008)。

5.2.1 RSS

RSS 是一种描述和同步网站内容的格式，是目前使用最广泛的资源共享应用。RSS 是互联网上用于共享信息的一种元数据，通常用于共享新闻的梗概和新闻文章的链接(当然共享的内容不一定仅限于新闻)。实际应用中，被共享的信息未必是实际共享的，但关于信息的相关描述(即元数据)通常是共享的；这些相关描述通常包括信息的标题、摘要、提供者信息以及信息所在的 URL 信息(陈玮　等,2007)。

5.2.1.1　RSS 概述

RSS 是“Rich Site Summary”、“RDF (Resource Description Framework) Site Summary”

或“Really Simple Syndication”的英文首字母缩写，中文称作“简易信息聚合”。RSS 是一种基于 XML 标准，在互联网上被广泛采用的内容包装和投递协议。RSS 搭建了信息迅速传播的一个技术平台，使得每个人都成为潜在的信息提供者。发布一个 RSS 文件后，这个 RSS 文件中包含的信息就能直接被其他站点调用，而且由于这些数据都是标准的 XML 格式，所以也能在其他的终端和服务中使用。

RSS 是站点用来和其他站点之间共享内容的一种简易方式。借助于支持 RSS 的新闻聚合工具软件，RSS 会收集和组织定制的新闻，按照用户希望的格式、地点、时间和方式，直接传送到客户端，用户可以在不打开网站内容页面的情况下阅读支持 RSS 输出的网站内容。

网络信息查找，至今经历了传统 Web 网络浏览、网络搜索引擎查找、RSS 订阅三种模式。传统的 Web 浏览方式(图 5.4)，浏览者不得不打开多个浏览器窗口才能进入到不同的门户网站，然后才能从这些站点寻找感兴趣的标题，点击相应的链接才能看到需要的目标信息。由于网络信息量趋于海量增长，使得使用传统 Web 网络浏览查找信息越来越难，这时网络搜索引擎的出现极大缓解了这种现象，它使用关键字或是分类，查找到一系列相关的信息，然后浏览各个信息，从而在其中找到所需信息。但由于信息总量过大或是搜索引擎算法问题，使得使用者要用相当大的时间和精力从一系列相似的信息中去查找自己需要的信息。以上两种信息查找模式从本质上还是一种“找”的模式(季颖斐　等，2007)。

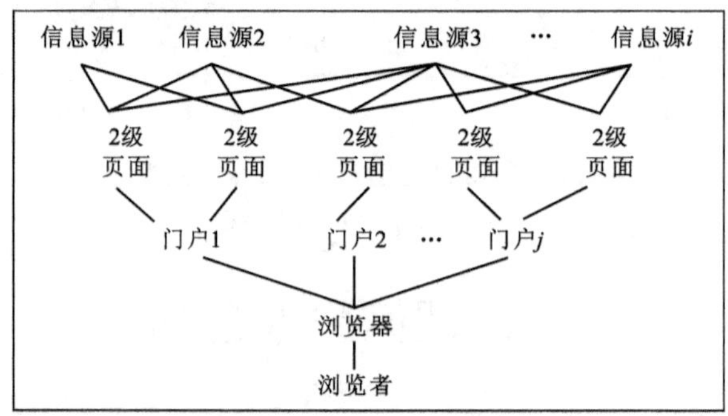

图 5.4　传统 Web 浏览方式

RSS 的出现从本质上改变了网络信息的查找，它使用了一种“找”、“推”结合方式。RSS 订阅 Web 信息(图 5.5)，用户可在 RSS 聚合站点或者在 RSS 阅读器中有针对性地订阅自己感兴趣的信息源(汤文平，2010)。

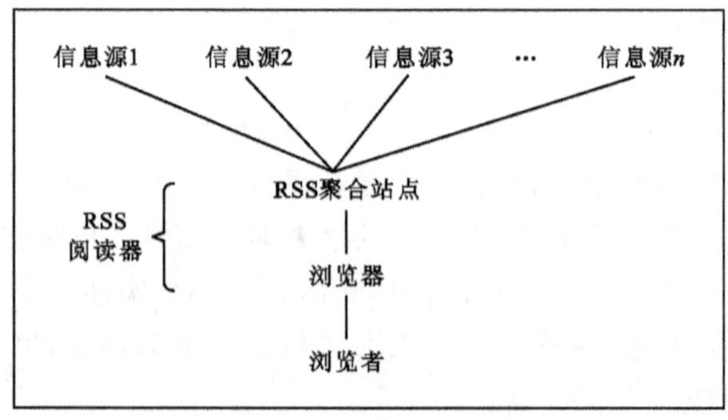

图 5.5　基于 RSS 订阅的浏览方式

5.2.1.2 一个简单的RSS实例

RSS文档使用一种简单的自我描述的语法，下面是一个RSS的实例

```
<? xml version="1.0" encoding="ISO-8859-1" ? >
<rss version="2.0">

<channel>
  <title>W3School Home Page</title>
  <link>http://www.w3school.com.cn</link>
  <description>Free web building tutorials</description>
  <item>
    <title>RSS Tutorial</title>
    <link>http://www.w3school.com.cn/rss</link>
    <description>New RSS tutorial on W3School</description>
  </item>
  <item>
    <title>XML Tutorial</title>
    <link>http://www.w3school.com.cn/xml</link>
    <description>New XML tutorial on W3School</description>
  </item>
</channel>

</rss>
```

文档中的第一行：XML声明定义了文档中使用的XML版本和字符编码。此例遵守XML1.0规范，并使用ISO－8859－1（Latin－1/West European）字符集。

第二行是标识此文档是一个RSS文档的RSS声明(此例是RSS version 2.0)。

第三行含有 <channel> 元素。此元素用于描述RSS feed。

<channel> 元素有3个必需的子元素：

①<title>＝定义频道的标题(比如W3school Home Page首页)。

②<link>＝定义到达频道的超链接(比如www.w3school.com.cn)。

③<description>＝描述此频道(比如免费的网站建设教程)。

每个 <channel> 元素可拥有一个或多个 <item> 元素。

每个 <item> 元素可定义RSS feed中的一篇文章或"story"。

<item> 元素拥有3个必需的子元素：

①<title>＝定义项目的标题(比如RSS教程)。

②<link>＝定义到达项目的超链接(比如http://www.w3school.com.cn/rss)。

③<description>＝描述此项目(比如w3school的RSS教程)。

最后，后面的两行关闭 <channel> 和 <rss> 元素。

5.2.1.3 联合(Syndication)和聚合(Aggregation)

RSS/ATOM的内容聚合的基本原理是(图5.6)：网页、新闻、博客等的网上信息资源通过RSS/ATOM的内容聚合元数据来描述其内容属性及其他属性，描述得到的数据通过Feed(种子)的形式进行发布。网站可以通过收集多个Feed，把内容相关但来源不同的网上的信息资源有效聚合并发布出来；用户可以通过安装RSS/ATOM内容聚合阅读器；订阅感兴趣的频道内容(曹树金 等，2008)。

RSS发布RSS Feed后，这个RSS Feed中包含的信息就能直接被其他站点调用，而且由

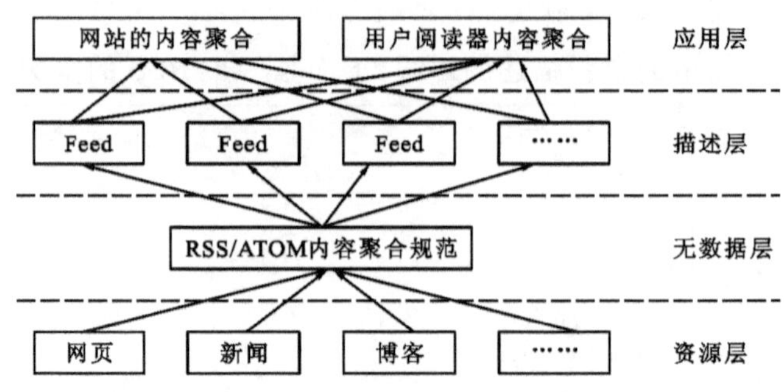

图 5.6 内容聚合的基本原理

于这些数据都是标准的 XML 格式，所以也能在其他的终端和服务中使用，如 PDA、手机、邮件列表等。

一个网站联盟（比如专门讨论旅游的网站系列）也能通过互相调用彼此的 RSS Feed，自动显示网站联盟中其他站点上的最新信息，这就叫做 RSS 的联合。这种联合就导致一个站点的内容更新越及时、RSSFeed 被调用的越多，该站点的知名度就会越高，从而形成一种良性循环。

所谓 RSS 聚合，就是通过软件工具的方法从网络上搜集各种 RSS Feed 并在一个界面中提供给读者进行阅读。这些软件可以是在线的 Web 工具，可以使用以上提到的客户端工具。

5.2.1.4 RSS 技术特点

RSS 通过 XML 标准定义内容的包装和发布格式，使内容提供者和接收者都能从中获益。对内容提供者来说，RSS 技术提供了一个实时、高效、安全、低成本的信息发布渠道；对内容接收者来说，RSS 技术提供了一个崭新的阅读体验。RSS 技术几大显著特性简述如下：

(1)来源多样的个性化“聚合”特性

因为 RSS 是一种被广泛采用的内容包装定义格式，所以任何内容源都可以采用这种方式来发布信息，包括专业新闻站点、电子商务站点、企业站点、甚至个人站点等。而在用户端，RSS 阅读器软件的作用就是按照用户的喜好，有选择性地将用户感兴趣的内容来源“聚合”到该软件的界面中，为用户提供多来源信息的“一站式”服务。

(2)信息发布的时效、低成本特性

RSS 技术秉承“推”信息的概念，当新内容在服务器数据库中出现时第一时间被“推”到用户端阅读器中，极大地提高了信息的时效性和价值。此外，服务器端内容的 RSS 包装在技术实现上极为简单，而且是一次性的工作，使长期的信息发布边际成本几乎降为零，完全是传统的电子邮件、卫星传输、互联网浏览等发布方式所无法比拟的。

(3)无“垃圾”信息、便利的本地内容管理特性

RSS 用户端阅读器软件的特点是完全由用户根据自身喜好以“频道”的形式订阅值得信任的内容来源，如“中国汽车网市场行情”等。RSS 阅读器软件完全屏蔽掉其他所有用户没有订阅的内容以及弹出广告、垃圾邮件等令人困扰的噪音内容。此外，对下载到 RSS 阅读器软件本地的订阅内容，用户可以进行离线阅读、存档保留、搜索排序、相关分类等多种管理操作，使阅读器软件不仅是一个“阅读”器，更是一个用户随身的“资料库”。

5.2.2 Atom标准

2005 年，Google 收购了美国大型的博客服务网站，使这个网站一直采用的一种近似于 RSS 的技术衍生版 Atom，一夜之间成为 RSS 领域标准之争的新的有力竞争对手。

5.2.2.1 Atom 标准概述

Atom 是一对彼此相关的标准。Atom 供稿格式(Atom Syndication Format)是用于网站消息来源，基于 XML 的文档格式；而 Atom 出版协定(Atom Publishing Protocol，简称 AtomPub 或 APP)是用于新增及修改网络资源，基于 HTTP 的协议。

它借鉴了各种版本 RSS 的使用经验，被许多的聚合工具广泛使用。Atom供稿格式设计作为 RSS 的替代品；而 Atom 出版协定用来取代现有的多种发布方式(如 Blogger API 和 LiveJournal XML－RPC Client/Server Protocol)。而值得一提的是 Google 提供的多种服务正在使用 Atom。Google Data API (GData) 亦基于 Atom。

Atom 是 IETF 的"建议标准"，Atom 供稿格式列为 RFC 4287，而 Atom 出版协定列为 RFC 5023。

5.2.2.2 一个 Atom 文档

```
<? xml version="1.0" encoding="utf-8"? >

<feed xmlns="http://www.w3.org/2005/Atom">

        <title>Example Feed</title>
        <subtitle>A subtitle.</subtitle>
        <link href="http://example.org/feed/" rel="self" />
        <link href="http://example.org/" />
        <id>urn:uuid:60a76c80-d399-11d9-b91C-0003939e0af6</id>
        <updated>2003-12-13T18:30:02Z</updated>
        <author>
                <name>John Doe</name>
                <email>johndoe@example.com</email>
        </author>

        <entry>
                <title>Atom-Powered Robots Run Amok</title>
                <link href="http://example.org/2003/12/13/atom03" />
                <link rel="alternate" type="text/html" href="http://example.org/2003/12/13/atom03.html"/>
                <link rel="edit" href="http://example.org/2003/12/13/atom03/edit"/>
                <id>urn:uuid:1225c695-cfb8-4ebb-aaaa-80da344efa6a</id>
                <updated>2003-12-13T18:30:02Z</updated>
                <summary>Some text.</summary>
        </entry>

</feed>
```

5.2.2.3 Atom 与 RSS 2.0 的比较

当初发展 Atom 的动机在于解决广泛应用 RSS 2.0 时所遇到的问题，以降低开发支持 Web 聚合应用的难度。下面列出 Atom 1.0 所克服的应用 RSS 2.0 时所遇到的几个主要问题：

①RSS 2.0 可能包含文本或经过编码的 HTML 内容，同时却没有提供明确的区分办法；相比之下，Atom 则提供了明确的标签（也就是 typed）。

②RSS 2.0 的 description 标签可以包含全文或摘要（尽管该标签的英文含义为描述或摘要）。Atom 则分别提供了 summary 和 content 标签，用以区分摘要和内容，同时 Atom 允许在 summary 中添加非文本内容。

③RSS 2.0 存在多种非标准形式的应用，而 Atom 具有统一的标准，这便于内容的聚合和发现。

④Atom 有符合 XML 标准的命名空间，RSS 2.0 却没有。

⑤Atom 通过 XML 内置的 xml:base 标签来指示相对地址（URL），RSS 2.0 则无相应的机制区分相对地址和绝对地址。

⑥Atom 通过 XML 内置的 xml:lang，而 RSS 采用自己的 language 标签。

⑦Atom 强制为每个条目设定唯一的 ID，这将便于内容的跟踪和更新。

⑧Atom 1.0 允许条目单独成为文档，RSS 2.0 则只支持完整的种子文档，这可能产生不必要的复杂性和带宽消耗。

⑨Atom 按照 RFC 3339 标准（ISO 8601 标准的一个子集）表示时间，而 RSS 2.0 中没有指定统一的时间格式。

⑩Atom 1.0 具有在 IANA 注册了的 MIME 类型，而 RSS 2.0 所使用的 application/rss+xml 并未注册。

⑪Atom 1.0 标准包括一个 XML schema，RSS 2.0 却没有。

⑫Atom 是 IETF 组织标准化程序下的一个开放的发展中标准，RSS 2.0 则不属于任何标准化组织，而且它不是开放版权的。

5.2.3 Geo RSS

Geo RSS 现在得到包括 Yahoo、微软和 Google 等公司的支持，可以说是一个地理对象聚合事实上的标准。Geo RSS 是 RSS 在地理信息领域的扩展，是对包含地理位置的网络信息的聚合。

5.2.3.1 Geo RSS 概述

Geo RSS 是基于 RSS 聚合应用的位置编码的实现方式，是 RSS 的一个扩展模块，它描述了一种互操作的方式使得应用程序能请求、聚合、分享和定位带有地理标签的种子，有助于将 RSS feed 立即分发到基于事件类型和位置的特定用户。Geo RSS 具有可扩展性，可应用到任何 RSS 格式中，包括 Atom 1.0，RSS 2.0 和 RSS 1.0；具有空间描述性信息和简单内容描述性信息，能满足绝大多数网络上内容定位描述的需求。RSS 是一种非常适合内容传播的格式，却不具备空间信息，所以 Geo RSS 的提出对 GIService 有很大的推动作用。

Geo RSS 的最大优点是空间搜索与空间聚合。与 RSS 相比，Geo RSS 在进行信息过滤、聚合时除了能够根据城市名称、邮政编码等文字信息进行过滤聚合以外，更能够进行各种各样的空间上的过滤和聚合。例如，能够将指定位置附近 20 千米以内的受地震影响的相关信息直接发送到手机上。

5.2.3.2 编码方式

Geo RSS 的编码方式主要有 Geo RSS Simple 和 Geo RSS GML。

(1)Geo RSS Simple

Geo RSS Simple 规则的设计思想是在表现和概念上进行最大限度的精简。正因如此 GcoRSS Simple 不能和 GML 直接兼容，但可以通过 GML 模型很方便地进行转换。事实上 Geo RSS Simple 编码已经能在很大程度上满足基本需求了。下面是一个 Geo RSS Simple 格式实例。

```
<Geo RSS:point>45.256 -71.92</Geo RSS:point>
```

(2)Geo RSS GML

Geo RSS GML 是一个正式的 GML 应用方案，相比 Simple 支持更大范围的特征，特别是它的参考坐标系统不仅仅限于 WGS 84。使用 Geo RSS GML 时要引用 Geo RSS 和 gml 的命名空间，包含位置的信息都放在<Geo RSS:where>标签里。下面是一个 Geo RSS 格式实例。

```
<Geo RSS:where>
    <gml:Point>
        <gml:pos>45.256 -71.92</gml:pos>
    </gml:Point>
</Geo RSS:where>
```

5.2.3.3 一个简单的 Geo RSS 应用实例

(1)Geo RSS 实例

```
<? xml version="1.0" encoding="UTF-8" ? >
<rss version="2.0" xmlns:geo="http://www.w3.org/2003/01/geo/wgs84_pos#">
  <channel>
    <title>北京景点</title>
    <link>http://ditu.google.com</link>
    <description>北京景点地标</description>
    <item>
      <title> <![CDATA[ 故宫]]> </title>
      <description />
        <geo:lat>39.917</geo:lat>
        <geo:long>116.397</geo:long>
      </item>
      ...
      </channel>
</rss>
```

(2)Google 地图 API 的 Geo RSS 叠加层

```
geoXml=new
GGeoXml("http://chinamaps.googlecode.com/svn/docs/examples/beijing-resorts.xml");
          map=new GMap2(document.getElementById("map_canvas"));
          map.addOverlay(geoXml);
```

上述代码对应的叠加地图如下(图 5.7)：

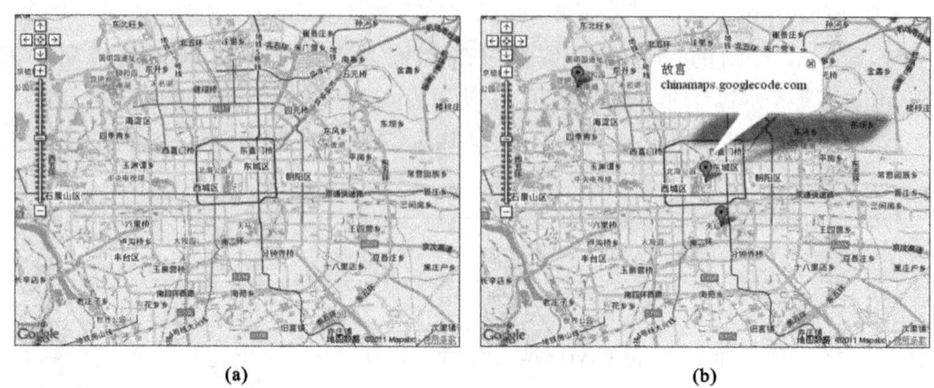

(a) (b)

图 5.7 Geo RSS **叠加层的应用**

(a)叠加前;(b)叠加后

练习题

(1)简述 Mashup 的基本原理。

(2)简述 Mashup 集成特点。

(3)简述 Mashup 系统架构。

(4)简述 Mashup 资源获取技术。

(5)RSS/ATOM 采用传统的分类方法还是分众分类?

(6)试分析 RSS 与 Geo RSS 的联系与区别。

(7)比较分析 Geo RSS、KML 在描述空间信息方面的差异性。

6　参与型地理信息技术

6.1　Wiki

6.1.1　Wiki 简介

Wiki 一词来源于夏威夷语的“wee kee wee kee”，原本是“快点快点”的意思，被译为“维基”或“维客”。一种多人协作的写作工具。Wiki 站点可以有多人(甚至任何访问者)维护，每个人都可以发表自己的意见，或者对共同的主题进行扩展或者探讨。Wiki 的发明者是一位 Smalltalk 程序员沃德·坎宁安(Ward Cunningham)。

有人认为，Wiki 系统属于一种人类知识网格系统，我们可以在 Web 的基础上对 Wiki 文本进行浏览、创建、更改，而且创建、更改、发布的代价远比 HTML 文本小；同时 Wiki 系统还支持面向社群的协作式写作，为协作式写作提供必要帮助；最后，Wiki 的写作者自然构成了一个社群，Wiki 系统为这个社群提供简单的交流工具。与其他超文本系统相比，Wiki 有使用方便及开放的特点，所以 Wiki 系统可以帮助我们在一个社群内共享某领域的知识。

由于 Wiki 可以调动最广大的网民的群体智慧参与网络创造和互动，它是 Web 2.0 的一种典型应用，是知识社会条件下创新 Web 2.0 的一种典型形式。

6.1.2　Wiki 与 Blog 的区别

维基 Wiki 站点一般都有着一个严格的共同关注，Wiki 的主题一般是明确的坚定的，Wiki 站点的内容要求着高度相关性。对其确定的主旨，任何写作者和参与者都应当严肃地遵从。Wiki 的协作是针对同一主题作外延式和内涵式的扩展，将同一个问题谈得很充分很深入。博客 Blog 是一个简易便捷地发布自己的心得，关注个性问题的展示与交流的综合性平台。一般的 Blog 站点都会有一个主题，但是这个主旨往往都是很松散的，而且一般不会去刻意地控制内容的相关性。

Wiki 非常适合于做一种 “All about something”的站点。个性化在这里不是最重要的，信息的完整性和充分性以及权威性才是真正的目标。Wiki 由于其技术实现和含义的交织和复杂性，如果漫无主题地去发挥，最终连建立者自己都会很快的迷失。Blog 注重的是个人的思想(不管多么不成熟，多么的匪夷所思)，个性化是 Blog 的最重要特色。Blog 注重交流，一般是小范围的交流，通过访问者对一些或者一篇 Blog 文章的评论和交互。

Wiki 使用最多也最合适的就是去共同进行文档的写作或者文章/书籍的写作。特别是技术相关的(尤以程序开发相关的)FAQ(Frequently Asked Questions，常见问题解答)，更多的也是更合适地以 Wiki 来展现。Blog 也有协作的意思，但是协作一般是指多人维护，而维护者之间可能着力于完全不同的内容。这种协作在内容而言是比较松散的。任何人，任何主体的站点，都可以以 Blog 方式展示，都有它的生机和活力。从目前的情况看，Wiki 的运用程度不如 Blog 的广泛，但以后会怎样，还有待观察，毕竟 Wiki 是一个共享社区。

Blog 可以展示自己个性化的东西，Wiki 则体现共性的东西。

6.1.3 Wiki 的技术和规范

Wiki 是任何人都可以编辑的网页。在每个正常显示的页面下面都有一个编辑按钮，点击这个按钮就可以编辑页面了。为了维持网站的正确性，Wiki 在技术上和运行规则上做了一些规范，做到既持面向大众公开参与的原则又尽量降低众多参与者带来的风险。这些技术和规范包括：

①保留网页每一次更新的版本：即使参与者将整个页面删掉，管理者也会很方便地从纪录中恢复最正确的页面版本。

②页面锁定：一些主要页面可以用锁定技术将内容锁定，外人就不可再编辑了。

③版本对比：Wiki 站点的每个页面都有更新记录，任意两个版本之间都可以进行对比，Wiki 会自动找出它们的差别。

④更新描述：在更新一个页面的时候可以在描述栏中写上几句话，如更新内容的依据、或是跟管理员的对话等。这样，管理员就知道更新页面的情况。

⑤IP 禁止：尽管 Wiki 倡导人人都可参与，但破坏者、恶作剧者总是存在的，Wiki 有记录和封存 IP 的功能，将破坏者的 IP 记录下来就可以约束其行为。

⑥Sand Box(沙箱)测试：一般的 Wiki 都建有一个 Sand Box 的页面，这个页面就是让初次参与的人先到 Sand Box 页面做测试，Sand Box 与普通页面是一样的，这里可以任意涂鸦、随意测试。

⑦编辑规则：任何一个开放的 Wiki 都有一个编辑规则，上面写明建设维护 Wiki 站点的规则。

6.2 几种典型技术

公众参与地理信息技术，是在 Web 环境下以用户为主体、以用户参与为手段、以地理信息的采集、发布、共享、传播为目的的地理信息技术。

6.2.1 Geo URL

Geo URL 提供了网上邻居的服务，用户可以将一个 URL(比如博客的地址)添加到地图上，然后就可以找到这个 URL 所在位置附近的 URL，所以很形象地形容为网上邻居。

6.2.2 GeoNames

GeoNames 提供了一个地理编码服务，根据输入的地址返回相应的坐标。还提供 API 供开发者使用，开发者能够免费的使用如此大的数据库(高皓亮，2009)。

GeoNames 是一个免费的全球地理数据库，被认为是“地理数据的维基百科”。GeoNames 的目标是把各种来源的免费数据进行集成并制作成一个数据库或一系列的 Web 服务。GeoNames 的用户包括 Microsoft Popfly、Slide.com、LinedIn 和 Tagzania。

GeoNames 地名辞典包含了 650 万个地点将近 200 种语言的 850 万个地名和 200 万种别名。地理信息还详细到坐标、行政区划、邮政编码、人口、海拔和时区。GeoNames 的数据收集自(美国)国家测绘机构、(美国)国家统计署、(美国)国家邮政局,还有美国陆军。

GeoNames 回答了诸如此类的问题:这个地方在哪儿?它的坐标是多少?它属于哪个地区或哪个省?有哪些城市或地址靠近这个给定的经纬度?GeoNames 的用户一般利用这些数据或服务计划旅游、房地产、在线社区、商店定位、交通工具追踪、地址确认或关于地理地图等方面。2007 年 4 月,GeoNames 报告宣称已有 15,000 次数据库下载和 3000 万次 Web 服务查询。

并且,GeoNames 采用了维基百科的风格允许用户纠正数据和添加新的地名。

6.2.3 GeoCommons

GeoCommons 口号是 Visual Analytics through Maps,宣称要让没有技术和 GIS 背景的普通人也可以查看地理数据集,进行决策、分析和解决问题。简言之,GeoCommons 是一个网络上的专题图制作工具,带一些空间分析功能。最初在 2007 年的 Where 2.0 上由 FortiusOne 团队发起,后来和 Mapufacture 团队合作,于 2008 年再次发布。

新版 GeoCommons 由 Finder 和 Marker 两部分组成,Finder 主要是查询、组织和共享地理数据,Marker 便是利用这些地理数据进行专题图制作。目前支持的数据格式有 CSV、Shapefile 和 KML,支持根据某一属性值进行颜色绘制、比例符号绘制、梯度符号绘制等专题图形式,还可以设置阴影、透明度等 Style。下图是 Classicning 制作的全美各州奥运奖牌分布图(图 6.1)。

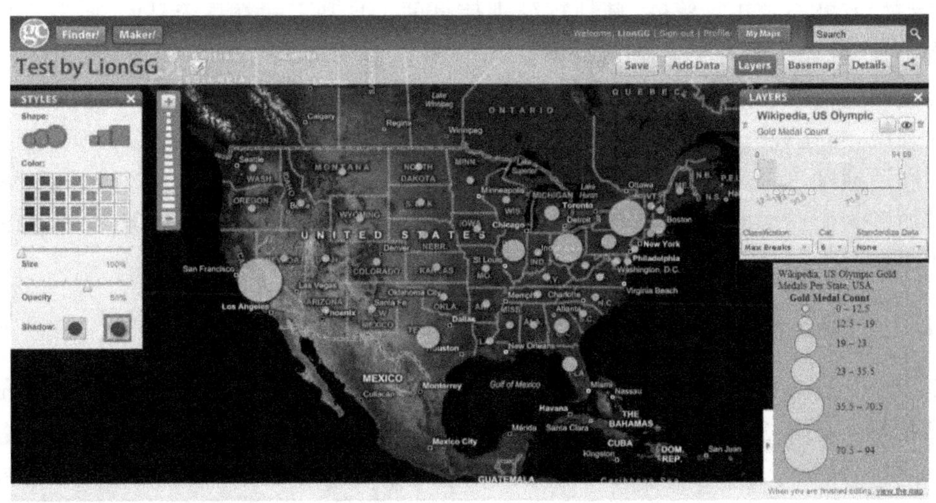

图 6.1 基于 GeoCommons 的全美各州奥运奖牌分布图

6.2.4 Mapufacture

Mapufacture 是一个空间信息的聚合网站,同时提供地图定制工具。用户制作地图的数据可以是合并的 Geo RSS 或 KML 源,也可以是自己上传的数据;还提供时间线工具,可以查看一定时间内的空间信息。

6.3 新地理

6.3.1 新地理简介

GIS 领域最近数年的变化，离不开互联网 Web2.0 大环境的驱动，比如说 VGI 正对应于 Web2.0 网站中的 UGC(User Generated Content，用户贡献内容)，甚至直接把 VGI 具体化为 UGGC(User Generated Geographic Content)。同时许多网站开始提供开放的地理服务，如 Geonames 提供地理编码(Geocode)服务，Flickr 提供图片地理分享(Geotag)服务，也为 GIS 大众化应用提供了诸多便利，同时也让 Neogeography 的涵义变得更为丰富和深刻。

“Neogeography，亦即 New Geography(新地理)，是指非 GIS 和制图专业人员基于公共平台或者私有平台，分享和提供各类信息，采用地理信息技术和工具制作地图和地理信息，为个人和团体服务，而不是规范的处理和分析。大众不仅是地理信息的受用者，也是地理信息服务中的信息提供者。”在 2008 年 9 月召开的“第六届地图学与地理信息系统大会”上，中科院地理科学与资源研究所钟耳顺研究员在“地理信息服务模式探讨”主题报告中，阐述了新地理的概念。

结合我们前面的叙述不难看出，首先，新地理强调了用户是非 GIS 和制图专业人员，也即普通民众，只要他能够使用电脑、PDA、手机等终端设备，他就是新地理学的用户。其次，这里的“用户”(User)，不仅仅是像传统 GIS 应用中纯粹的地理信息消费者(Consumer)，更有可能也是地理信息的提供者(Provider)，类如 OpenStreetMap 的 VGI 模式，用户之间有着良好的信息共享和相互补充校正。第三，新地理处理信息的工具和方式都是简易的，是普通民众可以接受和使用的，譬如最为常见的 Mashup，Google 地图服务中“我的地图”等，而非传统 GIS 那种让外行望而生畏的复杂处理与分析。

总的来说，新地理极大地降低了普通民众获取、分享和处理地理信息的门槛，让更广泛的群体懂得利用地理思考和空间思维来为自己服务。它促进了 GIS 在更大范围的受欢迎程度，尤其是增加了人们对空间的想象，使之愿意去挖掘地理信息使用的方式，从而为 GIS 的发展创造新的机遇。

6.3.2 Neogeography 与 ArcGIS 10

在 2010 ESRI International User Conference 问与答的环节中，有一问“Neogeography 对传统 GIS 的影响是什么?”ESRI 回答：“Neogeography 运动强调地理知识的易用性、数据访问开放性、可视化和聚合等，为 GIS 业界引入一种新的地图交互方式。Google 和 Microsoft 等传播者已在基本制图、可视化、聚合取得了重大进展，并为用户展现了新的用户界面模式。ESRI 正在学习这些新的模式，并将这些想法集成到 ArcGIS 下一代的产品中(ArcGIS 10)。这些针对传统 GIS 的 Web 扩展会让非 GIS 专业人士更多的参与到 GIS 的世界中。随着时间的推移，Neogeography 和 GIS 的区分将慢慢消失。ArcGIS 发展的重要目标是，让 GIS 技术越来越简单。ArcGIS10 将会带给用户比之前任何版本都要简单的 GIS 技术，即人们如何使用 GIS 的信息和能力，如何更强大地与地图和地理知识进行交互。这些变化将极大提升 GIS 的可用性及社会化。”

6.4　参与型 GIS

随着 GIS 技术发展，学术界对于 GIS 的研究领域得到了很大程度的拓展，从“技术层面的研究”逐渐转向“技术应用领域”，怎样利用 GIS 技术来解决人类的社会问题成为主要的研究领域。有关“参与型 GIS(PGIS)”、“公共参与 GIS(PPGIS)”、“自愿型地理信息 VGI”的议题便成为近年来讨论得最多的热点问题。

6.4.1　参与型 GIS 相关概念

(1)PPGIS

“公共参与地理信息系统(Public Participation GIS)”术语最早来源于美国国家地理信息与分析中心(NCGIA)，在 2003 年第二届 PPGIS 国际研讨会上，PPGIS 正式定义为：①是一种对地理信息或地理信息技术的研究；②由既可以是个体也可以是最基层的一般民众所使用；③参与会影响其生活的公众过程。

简单说来，PPGIS 就是这样一个公众参与系统，即让用户或普通民众通过 Web 网络连接到专业地理信息系统服务器，通过用户与界面进行互动操作，利用地理信息或相关技术自主参与到公共行政决策(如环境管理、城市规划等)，进而影响公众自己的生活，最终提升公众的民主价值及社会感。

(2)PGIS

随着 PPGIS 理念在西方民主决策中广泛推广，其应用也有了外延和新的意义，“参与型 GIS”的提法随即产生。在 Mapping for Change International Conference(PGIS'05)年会上，“参与型 GIS(PGIS)”被定义为：从规划、空间信息、信息沟通管理的“参与方式”发展而来，并凭借自身的优势形成一种具有系统整体突现性特征的应用，是参与式学习、行动与地理信息技术相结合的产物。

PGIS 依赖于专业技术与地方性社会知识的差异，整合了众多技术和方法。增强参与者在收集和管理空间信息的“交互性参与”，利用相关的详细地理地形来增强更广范围的决策过程，并支持有效的交流和社区提议。

(3)VGI

从数据的获取上看，传统的地理数据主要来自于专业的测绘机构。由政府机构统一组织，通过人工采集、航拍照片、遥感影像获取并更新地理数据。这样获取的数据不仅更新周期长，而且需要政府投入大量人力物力。

随着 Web 2.0 技术的广泛推广与应用，产生了一种新的地理信息获取理念，将会有效地补充已有的数据获取手段，填补当前数据采集流程中的空白。这样的地理信息应该怎么定义，目前学术上还没有一个统一的定论，Goodchild 称之为 VGI，体现了：完全由用户自愿地提供、共享地理信息，系统由用户自主地定义并应用。

目前已出现很多基于 Web 2.0 的服务器开始设计来获取、收集、发布 VGI 地理信息，并从中获得了巨大的商业价值。如维基地图(Wikimapia)就是一个模仿维基百科模式的例子，允许用户提供他们自己感兴趣地点的描述和这些地点的位置坐标，信息按照地理关联来组织。VGI 集合了诸多新兴元素：如 Web 2.0、集体智慧和新地理概念等，因此建立在 VGI 之上的地理信息系统将势必对 GIS 应用及 GIS 产业产生更加深远的影响。

(4)PPGIS、PGIS、VGI 区别与联系

PPGIS 与 PGIS 的定义在学术上没有明确的区分，从广义的范畴上看它们都属于 GIS 技术与“社区参与”理念的结合，在很多案例中出现 PPGIS 与 PGIS 在语义上表述同一个概念的例子。不过，一般认为 PGIS 的范围比 PPGIS 广泛。

从历届 PPGIS、PGIS 年会上不同的定义可以得出以下结论：PGIS 是“参与过程”与 GIS 的交集；而 PPGIS 主要是“参与规划决策”与 GIS 的结合。前者的概念主要针对于发展落后地区，侧重于“技术层面”；而后者的术语主要在发达地区使用，则更多关注“参与决策”。

VGI 则作为信息的一种获取方式，不能完全定义为一种地理信息系统。信息通过用户自觉的产生、加工、共享，以 VGI 的方式在 PPGIS、PGIS 系统中相互渗透(图 6.2)，让用户通过信息的共享达到了“参与”的目的。

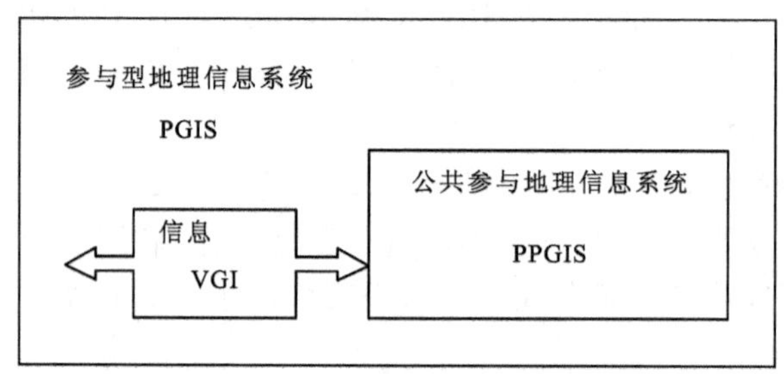

图 6.2 PPGIS、PGIS、VGI 关系图

6.4.2 Web 2.0 背景下参与型 GIS 发展趋势

在 Web 2.0 背景下，交互性、共享性等技术特征的集中体现，使得网络社区的社会性得以增强，网民的公众力量得以蓬勃发展和广泛提升。“GIS 技术也并不再只是一个专门为解决特定问题而设计的技术”，“GIS 的发展更是一种社会过程”，地理信息成为“一种新兴媒介语言”，有学者甚至把 GIS 与 Web 2.0 的融合称为 Where 2.0。我们可以将这种地理信息成为媒体信息的过程称为地理信息媒体化。

练习题

(1)分析 Wiki 特点及其在 Web 2.0 中的地位。

(2)分析 Geo URL、GeoNames、GeoCommons 中如何体现了 Wiki 理念。

(3)新地理的特征与本质是什么？

(4)论述参与型 GIS 与传统 GIS 的联系和区别。

(5)分析参与型 GIS 如何体现了 Wiki 理念。

参考文献

1. 蔡育秋.基于Ajax的电子栅格地图Web发布方法[D].武汉:武汉理工大学,2008
2. 曹树金,司徒俊峰.论RSS / ATOM内容聚合元数据[J].图书馆论坛,2008,28(6):98—103
3. 曾建刚,苗放,叶成名.基于GML/KML的空间数据库研究[J].计算机与数字工程,2009,37(2):51—54
4. 陈蓓青.利用ARCIMS和网络技术开发长江中下游防汛调度信息系统[J].长江科学院院报,2003,20(3):50—53
5. 陈玮,苏玉娜.RSS信息聚合技术[J].电脑知识与技术,2007,(1):46—47
6. 高皓亮,用户参与驱动的Geo RSS地图分享平台[D].上海:华东师范大学,2009
7. 窦友平,杨永平.基于Google Earth的电力GIS应用[J].云南电力技术,2010,28(1):25—28
8. 杜钢虎,陈荦.KML与Geodatabase数据模型映射技术[J].重庆理工大学学报(自然科学),2010,24(11):71—74
9. 杜英俊,于重重,刘杰.基于KML开发的GIS系统研究与应用[J].计算机应用与软件,2010,27(10):49—51
10. 奉永桃.Mashup国内外研究综述[J].图书情报工作,2010,54(8):60—63
11. 和万礼,崔铁军,刘兴科,陈应东.基于SVG的地图符号设计与实现.测绘科学技术学报,2006,23(3):208—210
12. 季颖斐,高海峰,倪代川.RSS信息聚合技术在高校图书馆工作中的应用[J].情报科学,2007,25(5):759—761
13. 柯昌正,黄厚宽.Ajax技术的原理与应用[J].铁路计算机应用,2007,16(1):27—29
14. 李峰,李春旺.Mashup关键技术研究[J].现代图书情报技术,2009,1:44—49
15. 李霖,尹章才,朱海红.地图制图标记语言概念与模式研究[J].测绘学报,2007,36(1):108—111
16. 李振龙,苗立志,修卫丽.基于QuadKML的WMS与Google Earth集成研究与实现[J].测绘与空间地理信息,2010,33(5):24—27
17. 廖建尚.论Mashup技术与传统系统集成方案的异同[J].电脑知识与技术,2009,5(12):3249—3250
18. 刘磊,仇菊香,吴国洋.基于Google地图服务的城市地理信息公共服务平台的设计与实现[J].测绘标准化,2011,27(1):10—13
19. 刘祥磊,童小华,马静.一种将GIS矢量数据精确转换成KML的方法[J].测绘通报,2009,3:27—30
20. 刘云碧,刘元达,周靖斐.参与型GIS:Web2.0下的地理媒介[J].地理空间信息,2009,7(1):16—19
21. 龙毅,温永宁,盛业华.电子地图学[M].北京:科学出版社,2002:284—300
22. 龙岳红.地图Mashup的研究与实现[D].长沙:中南大学,2008
23. 彭璇,吴肖.Google Map API在网络地图服务中的应用[J].测绘信息与工程,2010,35(1):25—27
24. 祁晓晖,郑滔,.Mashup研究综述[J].计算机应用,2010,30增刊(1):203—207
25. 唐中实,朱贤泽,饶顺斌.基于Ajax的Internet地图服务方法初探[J].测绘科学,2007,32(3):156—159
26. 汤文平.基于RSS的旅游电子商务平台信息发布系统设计[D].华东交通大学,2010
27. 王芳.Google地图开发研究[J].计算机与数字工程,2010,38(3):146—149
28. 王莲玉,马晓东,曹金莲.浅析MapInfo到KML格式的数据转换过程中的技术方法[J].测绘与空间地理信息,2009,32(4):122—125

29. 王志红，张亦汉，任金铜. KML 标记语言规范及其与 GML 的交换研究[J]. 测绘标准化，2010，26(1)：10—13
30. 网络地图服务执行规范——开放式地理空间互操作规范(OpenGIS)[S]. 工程文件索引号：OGC 01—068r3，2002
31. 徐新艳，谈帅，符丽媛. 基于 Web 2.0 与 GoogleMap 的国境口岸疾病监测 Web GIS 构建[J]. 信息化研究，2009，35(12)：61—64
32. 尹章才，李霖，王铮，申怡. 基于 SVG 的地图符号设计与实现[J]. 测绘科学，2006，31(5)：97—99
33. 翟石艳，宋根鑫. 基于 Web Service 和 Mashup 的城市地理信息共享[J]. 地理空间信息，2009，7(3)：82—84
34. 张明，张建军，于瑞萍. Ajax 技术在 W eb Services 应用中的安全研究[J]. 2006，6(17)：2674—2676
35. 周彩兰，孙琳，李素芬. Ajax 在电子地图二次开发中的应用[J]. 武汉理工大学学报，2007，29(7)：49—52
36. 周树语，许小艳，刘然. 基于 GIS 的分布式实时协同制图系统的研究[J]. 计算机工程与设计，2005，26(1)：55—57
37. 朱健，李建，庄科旻，吴孟春. 基于 Google Map 的公共气象服务信息显示平台研究[J]. 科技通报，2011，27(1)：14—17
38. WCS [EB/OL]. http://swe. whu. edu. cn/swedev/ShowArticle. asp? ArticleID=41，2011. 6
39. 面向服务架构概念[EB/OL]. http://dev. yesky. com/220/7656220. shtml，2011. 6
40. 面向服务架构特征[EB/OL]. http://baike. baidu. com/view/453197. htm，2011. 6
41. REST 设计概念和准则[EB/OL]. http://baike. baidu. com/view/1077487. htm，2011. 6
42. 数据访问服务接口规范——WEB 要素服务规范(征求意见稿). 科学数据共享工程技术标准(SDS/T 2221. 2—2004)[S]，2005
43. Mashup [EB/OL]. http://baike. baidu. com/view/241257. htm，2011. 6
44. 地图覆盖物[EB/OL]. http://code. google. com/intl/zh-CN/apis/maps/documentation/javascript/v2/services. html#XML_Overlays，2011. 6
45. 开放 API 平台[EB/OL]. http://www. neweredu. com/news/6337. shtml，2011. 6
46. 脚本语言[EB/OL]. zh. wikipedia. org，2011. 6
47. 聚合网络要素服务[EB/OL]. http://www. xjmaps. com. cn/guide/serviceBrief/，2011. 6
48. 维基百科的 Mashup [EB/OL]. Mashup，http://zh. wikipedia. org，2011. 6
49. 闲话 GeoCommons、OpenStreetMap 及其他[EB/OL]. http://hi. baidu. com/liongg/blog/item/a0120ef4bdb16a68ddc47410. html，2011. 6
50. 新地理，Neogeography. GIS 借助互联网的新发展[EB/OL]. http://hi. baidu. com/liongg/blog/item/af5d564e35f3440eb3de05d8. html，2011. 6
51. 一个简单的 Geo RSS 应用实例[EB/OL]. http://code. google. com/intl/zh—CN/apis/maps/documentation/javascript/v2/services. html#XML_Overlays，2011. 6
52. 主从式架构[EB/OL]. http://baike. baidu. com/view/5537218. htm，2011. 6
53. API 概述[EB/OL]. http://zh. wikipedia. org/wiki/API，2011. 6
54. API 的历史与现状[EB/OL]. http://baike. baidu. com/view/16068. htm，2011. 6
55. B/S [EB/OL]. zh. wikipedia. org，2011. 6
56. COM [EB/OL]. http://baike. baidu. com/view/185316. htm，2011. 6
57. COM 方法，COM 编程技术基础[EB/OL]. http://www. pcdog. com/edu/vc/2005/12/q057160. html，2011. 6
58. COM 接口与 COM 组件，COM 编程技术基础[EB/OL]. http://www. qqread. com/vc/p012200200. html，2011. 6
59. ECMAScript[EB/OL]. http://zh. wikipedia. org/wiki/ECMAScript，2011. 6

60. Garrett J. J. Ajax: A New Approach to Web Applications [EB/OL]. http: www. adaptivepath. com/publications/essays/ar－chives/000385. php, 2005

61. GeoNames：地理数据的维基百科[EB/OL]. http://migege. com/archives/geonames－wikipedia－for－geographical－data. html,2011. 6

62. Google Earth API[EB/OL]. http://code. google. com/intl/zh－CN/apis/earth/documentation/index. html,2011. 6

63. Google Maps API[EB/OL]. http://www. codechina. org/doc/google/gmapapi/,2011. 6

64. Google map 与 ArcGIS 地图的互联互通[EB/OL]. http://www. gisall. com/html/27/121627－2934. html, 2011. 6

65. JavaScript 概述[EB/OL]. http://zh. wikipedia. org/wiki/JavaScript,2011. 6

66. JavaScript 语法[EB/OL]. http://www. w3school. com. cn/b. asp,2011. 6

67. JSON 和 XML 的比较[EB/OL]. http://baike. baidu. com/view/136475. htm,2011. 6

68. JSON 优 缺 点 [EB/OL]. http://www. jzxue. com/wangzhankaifa/xml － xslt/201004/26 － 3722. html, 2011. 6

69. KML[EB/OL]. http://code. google. com/intl/zh－CN/apis/kml/documentation/kml_tut. html,2011. 6

70. Kolbe, T. H. , Steinrücken, J. and Plümer, L. COOPERATIVE PUBLIC WEB MAPS[C]. Proc. of the 21st Int. Cartographic Conf. (ICC) Durban, South Africa, 2003:1062－1070

71. Marta W. and Bridget E. Interoperable Solutions in Web－based Mapping[C]. Symposium on Geospatial Theory. Processing and Applications, Ottawa, 2002

72. P2P[EB/OL]. zh. wikipedia. org,2011. 6

73. Paul H. , Dan L. Multiple Representations With Overrides, and their Relationship to DLM/DCM Generalization[C]. 8th ICA Workshop on Generalization and Multiple Representation, Coruña, Spain, 2005

74. RIA[EB/OL]. http://zh. wikipedia. org/wiki/RIA,2011. 6

75. Ryan A. , Nathaniel T. ,Schutta,金灵,译. Ajax 基础教程[M]. 北京:人民邮电出版社,2006

76. Web 服务[EB/OL]. 维基百科,http://zh. wikipedia. org,2011. 6

77. Web 服务构架[EB/OL]. 维基百科,http://zh. wikipedia. org,2011. 6

78. Wiki[EB/OL]. http://baike. baidu. com/view/737. htm,2011. 6

应用篇

本篇主要介绍了部分 Web 2.0 地理信息技术与理念的应用，包括基于参与型 GIS 的协同路线规划、OSM 的地图制图，以及基于 Google 地图服务的空间气象信息服务开发等。

1 Web 地图协同路线规划

1.1 Google Maps 规划平台

Google map 是个典型的使用 Web 2.0 技术的网站，通过它，可以随时随地查看地球的任意角落，现在它又开放了地标功能，每个人都可以创建出属于自己的 Google Maps 地图了。在 Google Maps 卫星地图上，可以任意地绘制出熟悉的地方，甚至是路线，而且还可以在其上发布自己的地图，此外，使用 Google map/earth 还可以达到导航导游的目的。

随着 GPS 不断改进与完善，其应用领域也不断拓展，并开始逐步深入人们的日常生活。在旅游及野外考察中，准确的导航是至关重要的，将 GE 和 GPS 结合，可以随时知道使用者所在的位置及行走速度和方向，起到卫星地图导航作用。

如今，越来越多的汽车装备了车载 GPS，产生大批 GPS 数据，可以将这些信息和 GE 3D 功能结合起来，用 Google Earth 地标自动标注程序和 GPS 数据处理程序 MapEdit 来处理数据，从而在 GE 中形成航线，使其更直观地展现在使用者眼前。图 1.1 为在 Google 地图中标注从黄鹤楼到归元寺的线路图。

图 1.1 基于 Maps. google 线路规划图实例

传统的纸质地图受地图载负量的影响，很难包含自驾游所需的全部信息，随着网络电子地图技术的进步，人们需要能够满足特殊需要的个性化的自驾游地图，基于公众参与的 Web 2.0 协同地图设计应运而生，并将成为自驾游地图制图发展的趋势。Web 2.0 协同地图设计能满足个性化制图需求，可以输出自己设计的地图以方便携带及参考。

Maps. google 是优秀的 Web 2.0 平台，它提供了良好的网络协同交互式制图平台，其多级比例尺工具可以进行多个不同比例尺页面的切换；带有垂直滚动条的地图符号说明区可以容纳大量符号而无须考虑图形配置问题，不像纸质地图受地图载体大小的限制；基于 Web 2.0 思想，可以在任意位置标点、画线、画面并且提供说明；可以将地图搜索的结果应用于自己创建的地图中；甚至邀请其他人进行协作，多个用户可以同时访问某个地图数据，获得邀请的用户将具有修改数据的权限。当某一个用户对数据进行修改时，其所做的修改将同步反映在其他用户的屏幕上。

1.2　出行路线设计

本次设计路线为从武汉理工大学到东湖磨山，交通工具为自行车。

打开 Google 地图 http://ditu.google.com/，登录后在“我的地图”栏中创建名为“自行车自驾游路线规划图”，并且说明此地图的作用是通过网络协同进行自驾游路线设计，这是自驾游地图设计的主体。

运用 Google 地图提供的“协作”功能，邀请同游者一起进行路线规划，如图 1.2 所示，本次实验邀请了三人进行协同设计，以下分别称为协同者 A、B、C。被邀请者将在其电子邮箱内收到邀请函，并且通过地图链接地址直接登录，进行地图的浏览和修改。

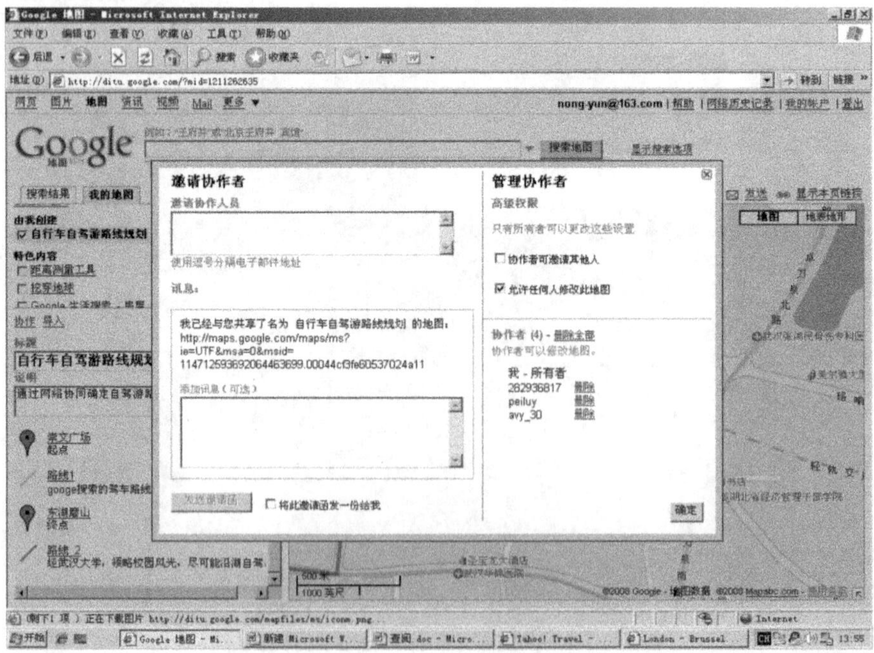

图 1.2　邀请同游者界面

首先，设计者运用 Google 提供的搜索功能，设置了起点为武汉理工大学南门和终点为东湖磨山后，得到一条搜索引擎提供的最佳路径。然后，使用标点工具标明起点和终点，并且标明是自行车出游。利用画线工具临摹，选择画线按钮，从起点开始画，到终点处双击结束，并且在弹出的对话框中设定这条线的样式，填写名称和描述。最后，将修改后的地图保存到“我的地图”内，作为出游的初始路线，如图 1.3 中的“自驾路线 1”所示。

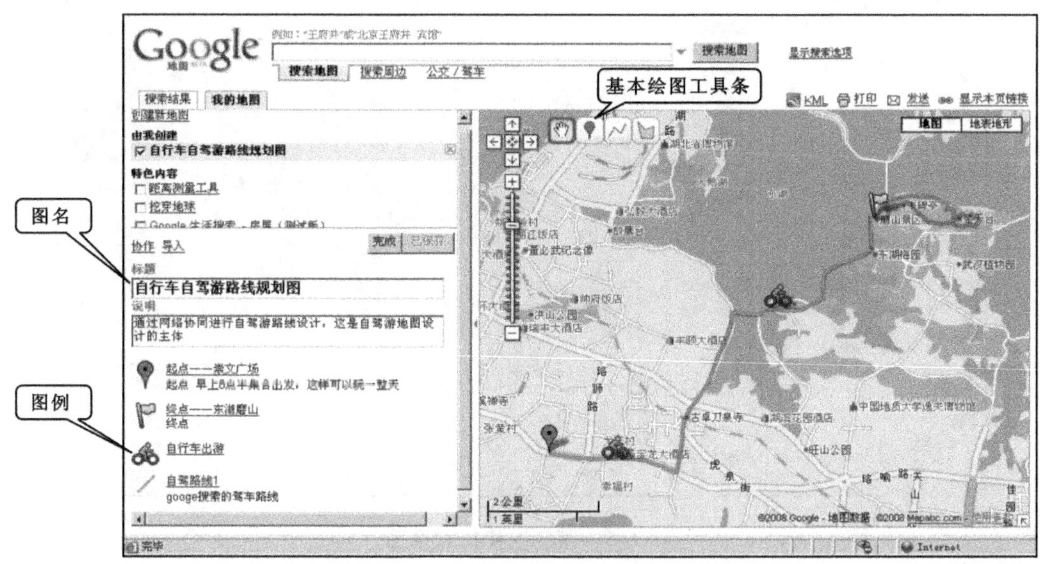

图 1.3　初次规划结果图

但是协作者们不赞同，认为沿街骑游毫无情调，纷纷争相修改。其中，协作者 A 认为华中师范大学校内风景优美，而且其坐落在桂子山上，起伏不断的地形能够为自行车出游增添趣味，同时可以领略校园风光，因而修改了路线如图 1.4 所示。

图 1.4　初次修改结果图

然而，从出游开始就骑自行车频繁上下坡，会导致体力消耗多而影响游东湖磨山的兴致。协作者 B 将路线修改为穿越武汉理工大学到达广埠屯，由武汉大学信息部南门进入，到达武汉大学正门，穿越武汉大学到达东湖景区，最后沿湖骑车游玩，一路上校园风光、湖泊美景不绝，如图 1.5 所示。

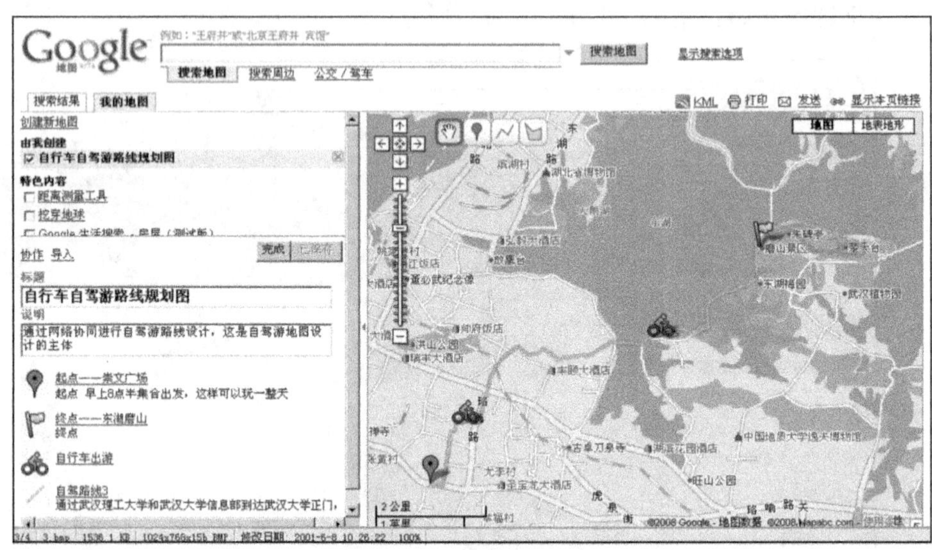

图 1.5　第二次修改结果图

虽然如此，但是校园里的弯曲的小道无疑增加了骑游总路程，仍然未能达成共识。显然，在东湖景区沿湖骑车游览的部分以及领略校园风光的想法已经达成共识，仍然存在争议的是穿越哪个校园到达东湖景区。协作者 C 认为武汉大学即位于东湖边上，而且武汉大学的校园景色优美，将路线修改为通过武工大路、珞狮路到达武汉大学正门，由此穿越武汉大学到达东湖景区，如图 1.6 所示。

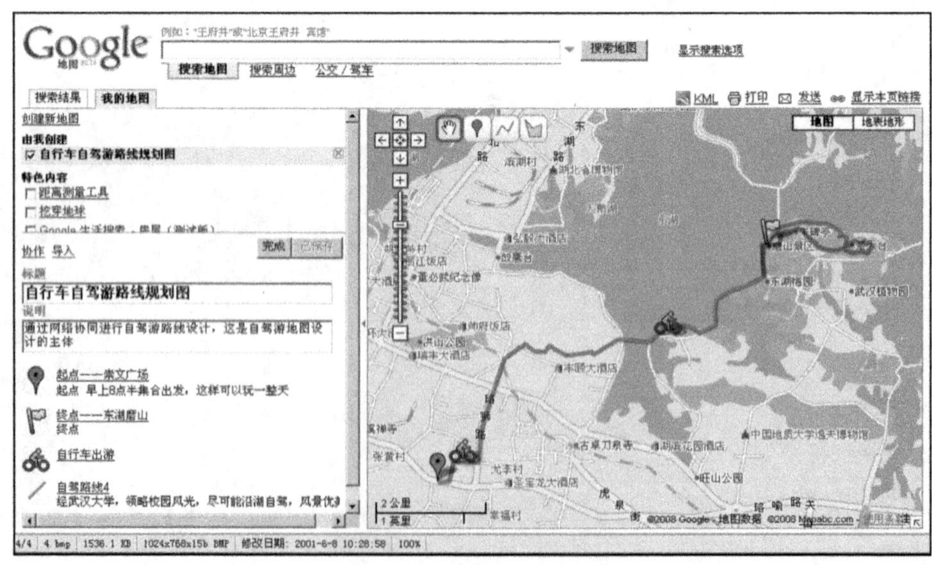

图 1.6　第三次修改结果图

以上是协同者们各自所持的观点，并通过协同编辑表达在地图上，即，协作者A修改的同时，其他协作者也可以修改，修改后的地图在协同者之间相互共享。凡是还存在异议之处，可能随时被修改。

26分钟后，设计者赞同协作者C的修改路线，不再做修改，其他协作者仍然不妥协，修改继续进行着。7分钟后，协作者B妥协，也认同协作者C的路线。3分钟后，4人达成共识，得到了符合一起出游的所有人意愿的自行车自驾游路线。整个过程花费了36分钟。当然，不需要协同者在同一时间上网进行协同设计，只要被邀请，被邀请者可以选择任何一个方便的时间进行设计。

假如大家就出游路线或是行程安排中的某项争执不休，仍不能达成一致的话，则只能取消一起出游，分裂成几组，其中意见统一的为一组，分别通过不同路线或方案出游。

1.3 行程安排与返程路线设计

1.3.1 行程安排

确定路线之后，安排行程（表1.1）：集合地点、出发时间、出游具体项目等。

表1.1 自行车自驾游行程安排表

时间	地点	事项
8:30	升升公寓	集合出发
8:30—8:45	工大路	吃早点
9:00—9:30	群光广场	购买野餐用品
10:10—11:10	东湖边	划船
11:10—12:30	东湖	环湖自驾
12:30—14:00	东湖磨山湖边	野餐、休息
14:00—16:00	磨山	游磨山
16:00	磨山	骑车返回学校

说明：图中未标明的时间段均为自行车自驾时间。

与上述过程类似，每位协同者均可以标注信息，由此向其他协同者表达意愿。经过协同设计，我们达成两项共识，即到达东湖边划船和在磨山湖边野餐。由此得到符合大家意愿的行程安排如图1.7所示：

1.3.2 返程路线设计

自驾游，是有返程的，而且一般返程是与原程路线不同的，因而需要进行返程路线设计。过程与上述过程相仿。所不同的是在返程路线设计上，由于骑着自行车游玩了大半天，疲倦度增加，因而在返程途中未设计任何娱乐项目，仅仅是设计了一条不同的路线，如下图（图1.8）的粗线条所示。

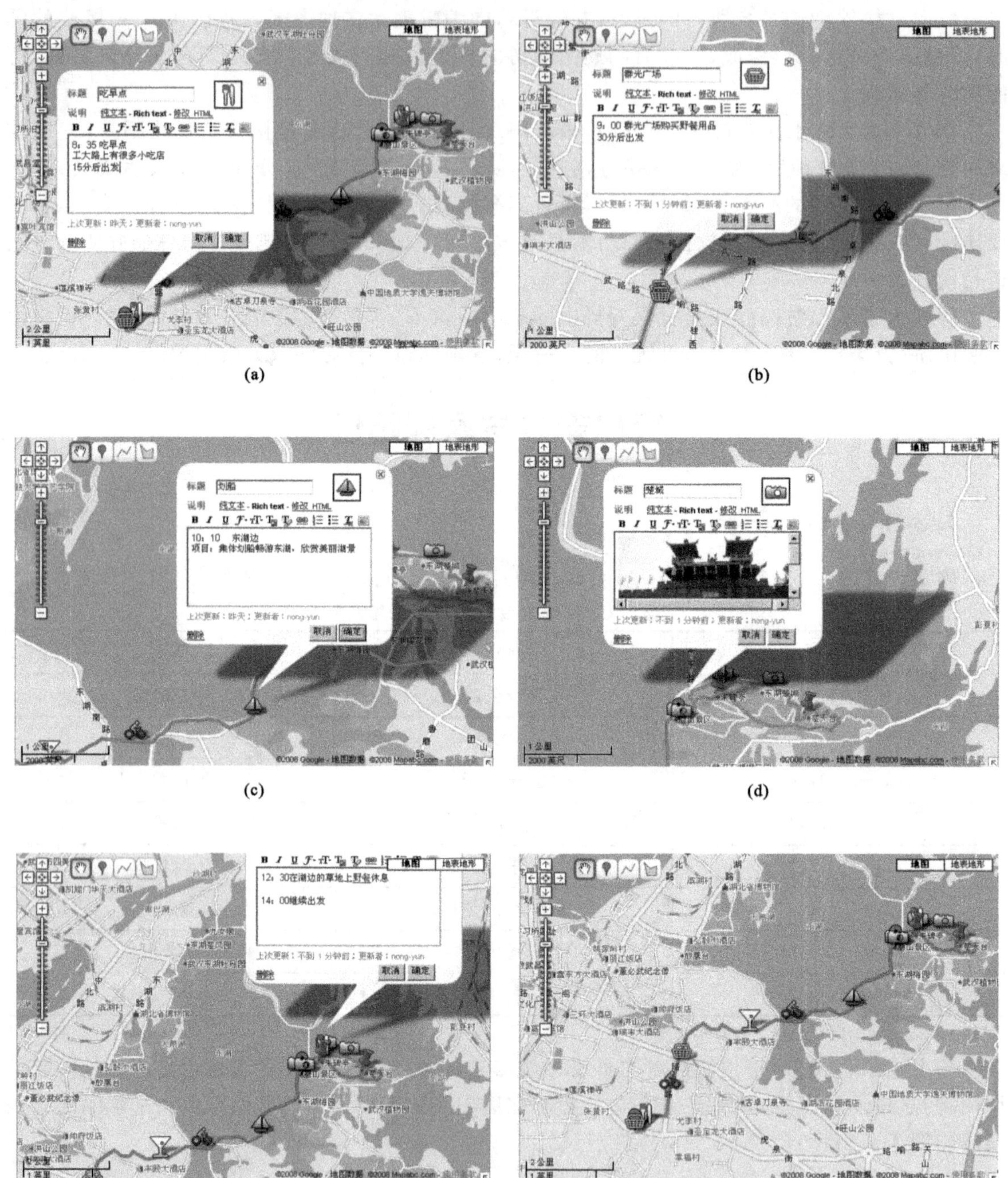

图 1.7 行程安排过程图

(a)出发；(b)安排准备野餐用品；(c)安排划船；

(d)到达目的地——磨山大门；(e)安排野餐；(f)整个自驾游行程安排全图

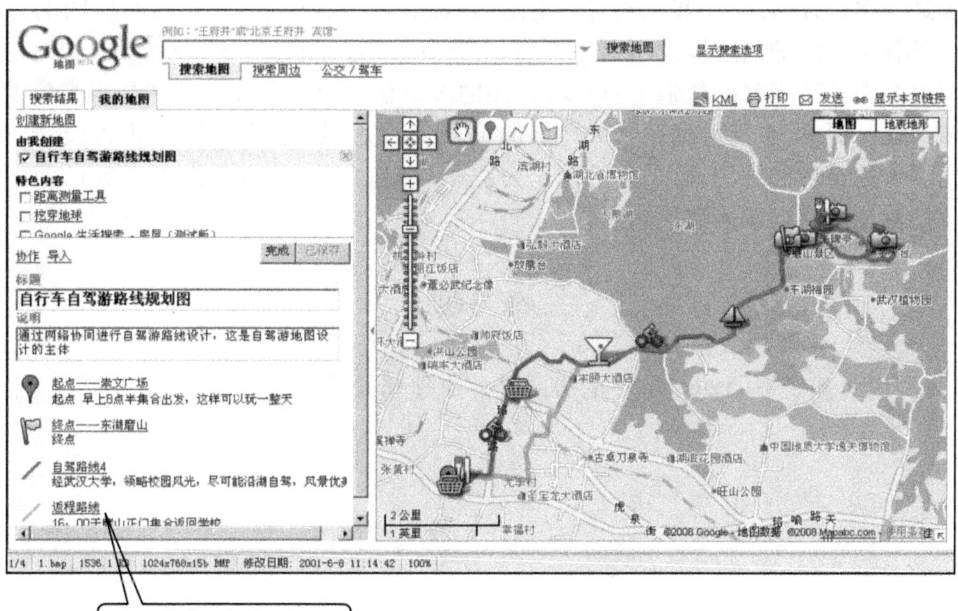

被隐藏的符号说明如下：

自行车出游

工大路小吃街
8：35 吃早点 工大路上有很多小吃店 15分后出发

武商量贩超市
八点半前或者前一天购买矿泉水、零食等野餐需要品

群光广场超市
9：00 群光广场购买野餐用品 30分后出发

酷饮
9：45左右，喝水、休息十分钟 武汉武昌区武昌湖北大学

划船
10：10 东湖边 项目：集体划船畅游东湖，欣赏美丽湖景

野餐
12：30在湖边的草地上野餐休息 14：00继续出发

磨山风景区

楚城

湖面风光

楚天台

朱碑亭
逗留游玩，休息

楚天台
逗留游玩

图 1.8 自行车自驾游路线规划最终结果图

这里是一次设计实践，初步探索自驾游地图概念、类型、特点以及自驾游地图的设计原则和方法。随着自驾游的兴起以及不断地发展，对自驾游地图的需求的日益增加，同时为自驾游地图的发展带来前所未有的机遇。自驾游地图的多维仿真可视化技术仍然是将来值得探讨的重要技术难题。同时，自驾游地图中如何贯彻 Web 2.0 思想，运用 Wiki 技术以设计出符合人们个性化需求的自驾游地图网站，以及基于公众参与制图方式的自驾游地图数据的质量保证和侦测及检测技术值得深入研究和探讨。

练习题

(1)简要说明基于 Google Maps 的协同设计原理和关键技术。

2 OSM 地图制图

2.1 OSM 简介

OSM 是一个开源项目，目标是创建并提供免费的地图数据。启动这个项目的原因是：大部分地图看起来是免费的，但实际使用中却会遇到法律或技术上的限制，限制人们创造性的、创新的和高效率的使用。OSM 是一个号称"Free Wiki World Map"的网站，它允许用户添加和编辑地图数据，达到最终开放的世界地图目标。目前它已经完成了荷兰的全部地图，荷兰也成了 OSM 的第一个完整的国家。OSM 依靠志愿者收集和上传制作地图所需要的 GPS 数据。目前，有 3600 多名志愿者每天上传 50 份资料。一旦 GPS 资料上传后，其他用户也可以对资料进行编辑，例如增添街道名称等。

OSM 包括 Main Page，The map，Mapping Projects，Map Feathers，Help，Blog，Shop，Donations 等子页面，每个页面都有很多的功能，如在 The map 页面，包含了浏览（View）、编辑（Edit）、导出（Export）、GPS 轨迹（GPS Traces）、用户日志（User Diaries）等功能，其界面可读性强，方便用户操作，同时由于 OpenStreetMap 是针对全球用户的，在某些功能使用时，还可以选择阅读语言，如简体中文、繁体中文、英文、日文等，这也给使用者带来了极大的便利。

在这个网站，用户可以将自己车载 GPS 测得的数据上传，对其道路或者是相关属性进行编辑；或者将原始地图数据进行下载，然后进行离线编辑再上传，对地图进行更新，这都是大众参与地图制图和地图更新很典型的应用。OSM 正在通过志愿者的努力建立一个公共版权的世界范围的街区图。每个贡献者可以使用 GPS 轨迹功能提供他本人生活街区的地图。这些个人贡献被汇集到一起，并且经过整理之后形成一个完整的地图。在这个过程中，广泛的元数据内容会被记录，因为每个地图片可能会有不同级别的准确度或取自不同的时间。

2.2 制图分析

目前，在国外基于 GPS 数据的地图制图和更新已经发展到了一个比较新的阶段，特别是在 Web2.0 技术越来越大众化、GPS 越来越普及的今天，国外一些网站，巧妙地建立了大众能编辑的基于 GPS 的地图制图和更新网站，如 OSM，让大众能把 GPS 数据用于地图制图，并服务于大众，从而有效满足道路日新月异的变化对地图实时更新的需求。

2.2.1 OSM 数据采集及预处理

(1)OSM 数据采集

GPS 是 OSM 数据收集最大众的方式。由于 GPS 的大众化，以及采集数据的方便性和准确性，使其成为当前人们采集空间数据的简单、快捷、有效的方式。这里所采集的数据位于路狮南路—雄楚大道(图 2.1)。

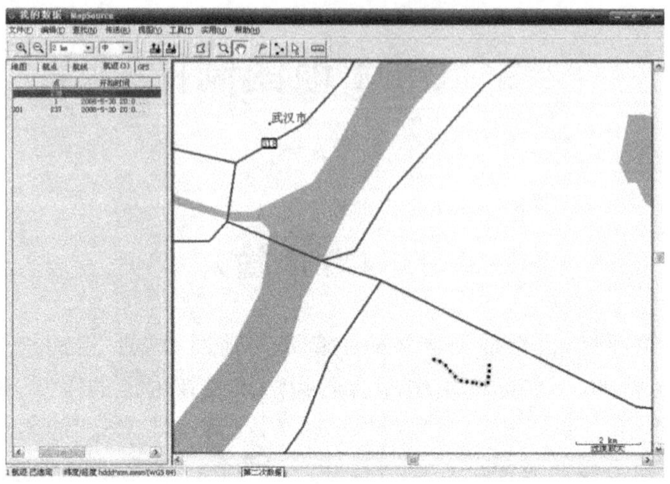

图 2.1　GPS **采集的数据**

如果空间数据是 gpd 格式,那么可以使用 OSM 提供的 GPSbabel 软件进行数据转换。虽然此次实验采用的是单点定位,具有较高的精度,但通过对所测数据第九位小数进行四舍五入,从而降低了数据精度,确保了数据的隐私性。

(2)OSM 数据上传

打开 OSM,登录,进入 GPS trace 页面,选择"查看你的轨迹,或上传轨迹"浏览磁盘找到要上传的文件,命名,并注上帮助标签,以便以后可以较容易地找到这条轨迹。如果想让数据能被其他人使用,可以将其设为 Public,然后确定即可。下图即为上传成功的 GPS 轨迹在 OSM 中的显示(图 2.2)。

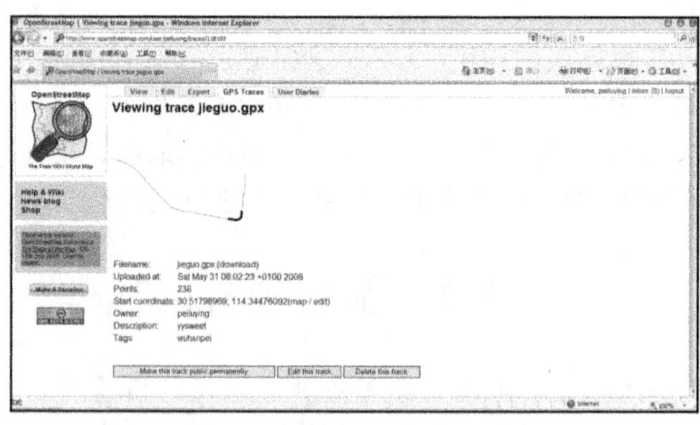

图 2.2　OSM **中显示的** GPS **轨迹**

2.2.2　OSM 数据编辑

2.2.2.1　在线编辑

使用 OSM 的 Potlatch 在线编辑软件即可对地图进行简单的修改和编辑。当只需要对地图的一些地物增加或者修改标签,或生成一条简单的道路时,建议使用 Potlatch 在线编辑软件。

①登录后，查看“我的 GPS 轨迹”，然后点击 edit 便可开始进行编辑了，如果想让自己的编辑生效，则点击“start”。否则点击“play”。

②修改背景，为了提高地图的精度，选择 Aerial－Yayoo！背景（图 2.3）。

图 2.3　实验数据所在的 Aerial－Yayoo！航片

③绘制道路，将地图放大至一定的范围，直接点击鼠标就可以画线了（图 2.4）。

图 2.4　在线编辑后的道路

④绘制地物，结合 Aerial－Yayoo！背景在相应的地物处绘制道路节点。

⑤添加标注和详细信息。选择道路，点击“添加属性标签”，在前一个属性栏中输入较大类的标签，如“amenity”、“shop”、“landuse”、“name”等等，在后一个属性栏中选择详细的信息，如果 OSM 本身没有所需要的标签，也可以自己输入。

对于地物属性，在 OSM 中也有详细的介绍和图式（图 2.5）。

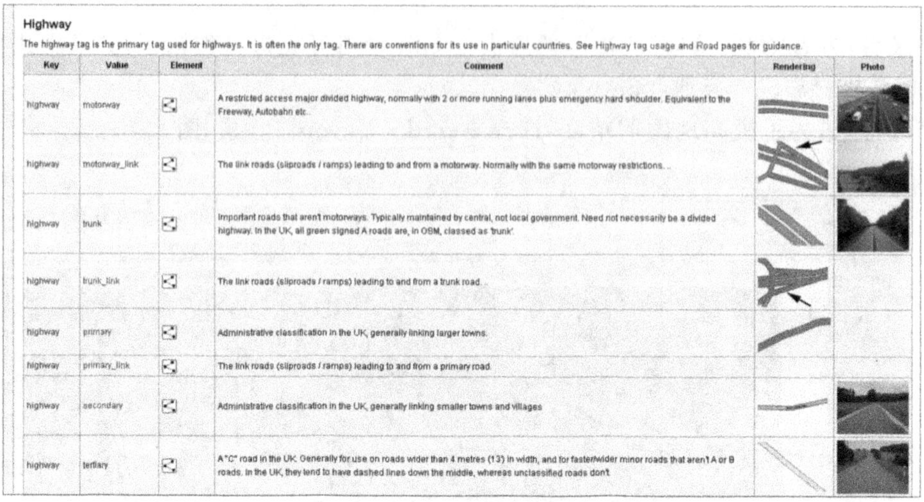

Highway

The highway tag is the primary tag used for highways. It is often the only tag. There are conventions for its use in particular countries. See Highway tag usage and Road pages for guidance.

Key	Value	Element	Comment	Rendering	Photo
highway	motorway		A restricted access major divided highway, normally with 2 or more running lanes plus emergency hard shoulder. Equivalent to the Freeway, Autobahn etc..		
highway	motorway_link		The link roads (sliproads / ramps) leading to and from a motorway. Normally with the same motorway restrictions..		
highway	trunk		Important roads that aren't motorways. Typically maintained by central, not local government. Need not necessarily be a divided highway. In the UK, all green signed A roads are, in OSM, classed as 'trunk'.		
highway	trunk_link		The link roads (sliproads / ramps) leading to and from a trunk road..		
highway	primary		Administrative classification in the UK, generally linking larger towns.		
highway	primary_link		The link roads (sliproads / ramps) leading to and from a primary road.		
highway	secondary		Administrative classification in the UK, generally linking smaller towns and villages		
highway	tertiary		A "C" road in the UK. Generally for use on roads wider than 4 metres (13') in width, and for faster/wider minor roads that aren't A or B roads. In the UK, they tend to have dashed lines down the middle, whereas unclassified roads don't.		

图 2.5 OSM 地图图式

2.2.2.2 离线编辑

(1)JOSM 软件

离线编辑软件主要有 JOSM,JOSM 是一个给有经验的 OSM 地图制作人员使用的功能众多的编辑软件,也支持整合和解决因离线编辑可能导致的异步冲突。

从 OSM 下载相应地图,打开 JOSM,点击菜单"file/open",浏览文件路径,找到要编辑的 GPX 文件,点击"file/download from osm"确定即可,软件会自动从 OSM 下载 GPX 数据所在的地图(图 2.6)。如果不手动加载 GPX 文件,那么在 download from osm 时,在对话框中粘贴要编辑的地图所对应的网址,确定即可。

(2)地图编辑

①增加点要素。

首先,点击 draw node,在"中百仓储"处绘制一个节点,点击菜单栏"presets/shopping/supermarket",在对话框中输入"name",并确定。然后,在节点处就会出现中百仓储的标志。

②修改属性。

将雄楚大道的 amenity 由 primary 改为 trunk,从图中可以清楚地看到,道路的颜色出现了变化。

③增加面要素。

首先,点击 draw node,画出连续的点。然后,点击菜单"tool/Align nodes in circle"或者是"Align nodes in rectangle"将线生成闭合的面元素。最后,设置属性。用此方法在地图上添加了运动场和商业区两个地块(图 2.7)。

如果在采集 GPS 轨迹的同时,用数码相机拍下沿途的照片或者是录下了声音(不方便记录时),也可以将相应的图片和音频上传至 JOSM。但是一定要注意,拍照片和录音时,一定要保证相机、录音机的时间设置与 GPS 上的一样,否则在上传图片和音频时,软件找不到对应的图片和音频。

2.2.2.3 上传至 OSM

对编辑好的地图在上传至 OSM 之前最好先下载此区域当前的地图,并分析此区域地图

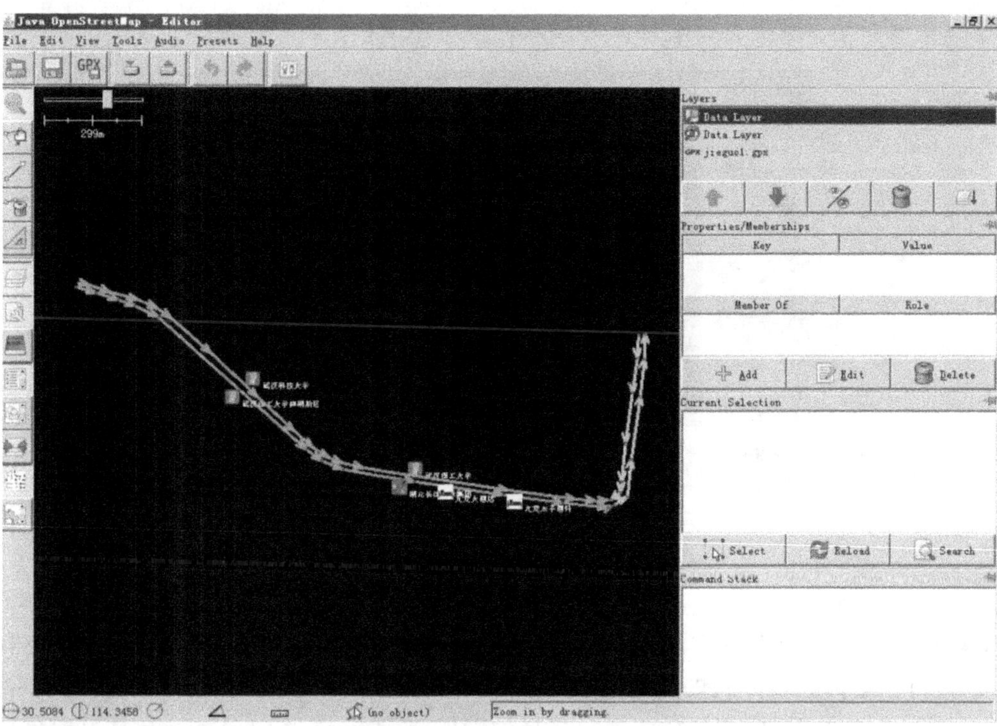

图 2.6 在 JOSM 中的在线编辑后的地图

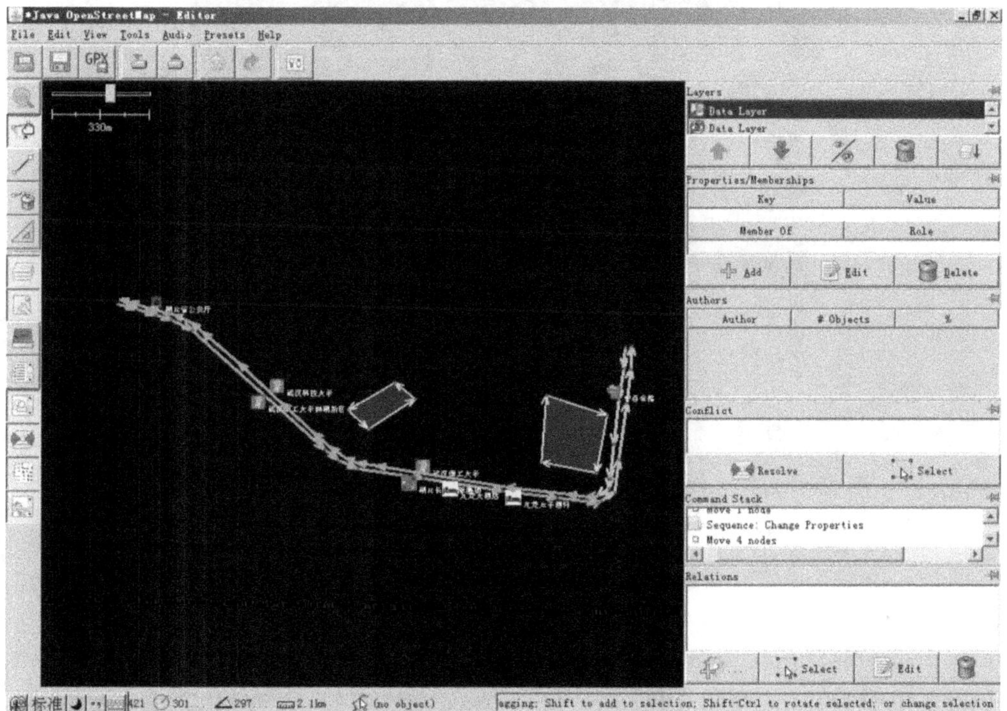

图 2.7 离线编辑后的地图

是否同时有其他人编辑。如果有并存在着冲突,则挑选认为较正确合适的进行上传。点击"file/upload to osm",则将自己对地图的修改上传至地图(图 2.8)。

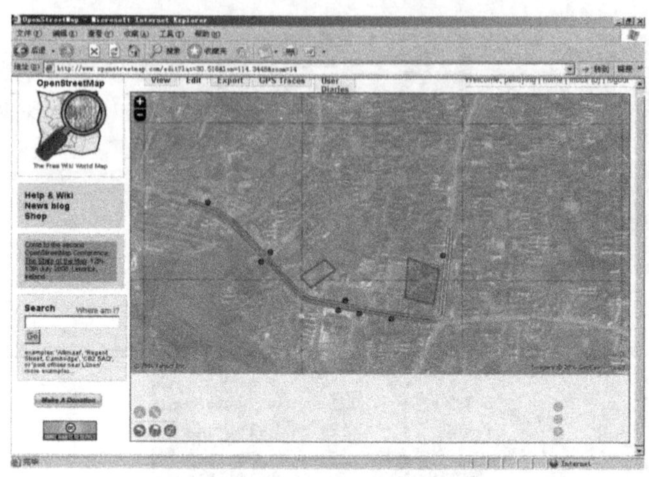

图 2.8 上传至 OSM 的地图部分

2.2.2.4 成果

OSM 的地图显示有多种方式,如果对地图进行了更新,那么在 OSM 主页上应该有显示(图 2.9)。由于不同显示方式的更新速度不同,可以根据需要选择不同的显示方式来查看所编辑的地图。点击主页地图右边的"+",选择地图的显示方式,其中,Mapnik 是每周更新一次地图;Osmareder 是一旦有新数据上传,就对地图进行自动更新。

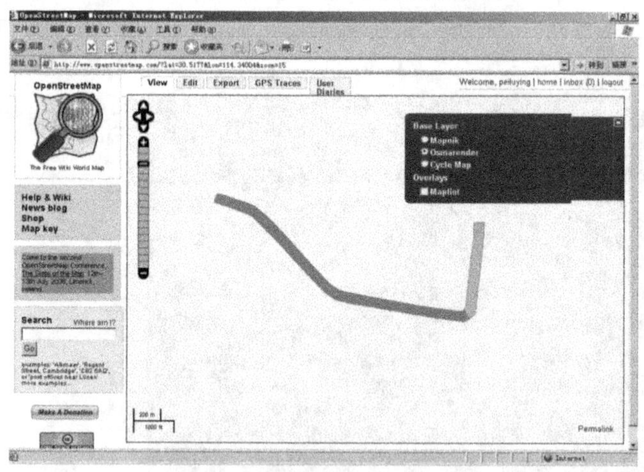

图 2.9 GPS 测量数据的地图表达

练习题

(1)什么是 OSM? 分析 OSM 的特点及其如何体现 Web 2.0 理念。

(2)简要说明 OSM 的制图过程。

3 空间气象信息服务

Web GIS 在现实生活中的许多行业有着广泛的应用，如交通、旅游、商业、金融、电信、天气等行业。许多企业希望拥有自己的 Web GIS，但独立开发和运营 Web GIS 系统对中小企业负担太重，于是借助开放的 Web GIS 平台进行二次开发，既可行又经济（王芳　等，2010）。

Google Map 为公共气象服务信息的图形化显示提供了一个很好的解决方案。基于 Google Map 的公共气象服务信息显示平台可以将各类气象数据叠加在地理信息之上，提供地图的缩放、漫游、鹰眼导航、测距、添加自定义游标等功能，支持卫星影像、地形、混合标注地图等多种地图类型显示方式，并且可以方便地输出为图形图像文件，极大地提升用户体验。

利用 Google Map API 开发的公共气象服务信息显示平台符合 Google 公司对于免费 API 用户非营利性和公益性的要求，同时 Google Map 是一套在线的 Web GIS 系统，对客户端的要求很低，兼容性好，公众只要打开网站无须安装任何插件就能访问气象和地理数据，对于公共气象服务来说，是一个很好的应用。

（1）业务数据读取

Google Map API 提供了一个“GXml”命名空间，此命名空间的 parse 方法可以处理 XML 文档并返回 DOM 表示。数据库中的气象业务数据可以在后台转换为 XML 文档供前台程序调用。

（2）地图标记的创建和显示

GMarker 是用来表示地图标记的类，可以通过 GLatLng 和 GMarkerOptions 来构造它，前者表示标记的经纬度坐标，后者用来存放标记图标、工具提示、是否可点击、是否可拖动、是否弹跳、是否隐藏等参数属性，创建好 GMarker 类以后可以通过 addOverlay 方法来添加到地图上。地图标记的样式可以通过对 GIcon 类的设置来个性化。

通过地图标记的个性化可以用不同的天气图标（如晴天、多云等）代表不同的天气实况，标记在对应的城镇坐标点上，实现天气实况的显示（图 3.1）。

（3）地图标记的监听事件

为了实现点击地图标记显示更多气象服务信息的功能，需要为创建好的地图标记添加监听事件，命名空间 GEvent 的 addListener 方法可以为对象注册事件处理程序，例如语句“GEvent. addListener(mark，click，function(){mark. openInfo WindowHtml(code)；})；”就为标记 mark 添加了一个鼠标单击的监听事件，当事件发生时打开一个内容为 code 的信息窗口。值得注意的是，code 可以是任意 html 标记语言，因此单击标记出现信息窗口的内容和样式都非常丰富，可以是包含 JS 特效的网页，可以调用任意图片或对象，可以连接数据库读取业务数据，给开发人员很大的设计空间，图 3.2 是点击地图标记显示信息窗口的效果（朱健　等，2011）。

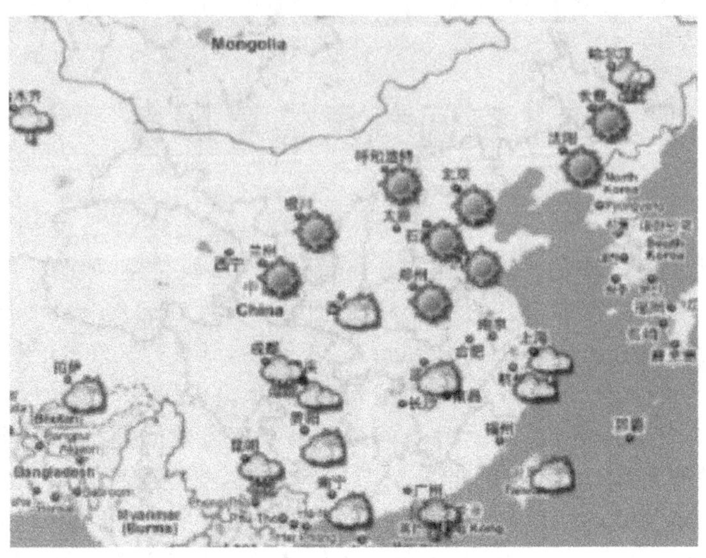

图 3.1 天气地图标记

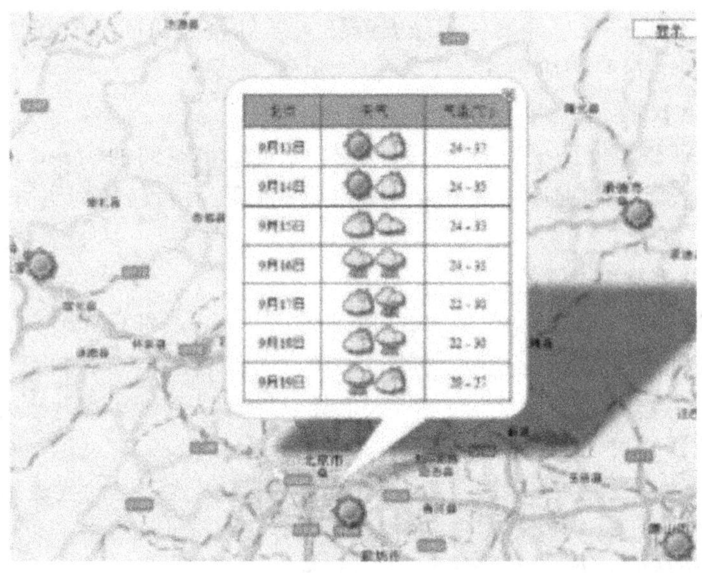

图 3.2 气象服务的信息窗口

练习题

(1)空间气象信息服务系统中体现了哪些 Web 2.0 地理信息技术?

参考文献

1. 裴璐颖.基于GPS数据的地图制图与更新[D].武汉:武汉理工大学,2008
2. 农耘.基于maps.google的自行车自驾游路线规划图设计[D].武汉:武汉理工大学,2008
3. 王芳.Google地图开发研究[J].计算机与数字工程,2010,38(3):146-149
4. 朱健,李建,庄科旻,吴孟春.基于Google Map的公共气象服务信息显示平台研究[J].科技通报,2011,27(1):14-17

附录　常用术语及缩写汇编

Ajax，Asynchronous JavaScript and XML，异步 JavaScript 和 XML
APl，Application Programming Interface，应用程序编程接口
Atom Syndication Format，Atom 供稿格式
APP，AtomPub，Atom Publishing Protocol，Atom 出版协定
AWFS，Aggregation Web Feature Services，聚合网络要素服务
B2B，Business To Business，企业对企业
Blog，博客
B/S，Browser/Server，浏览器-服务器
CartoML，Cartographic Markup Language，制图标记语言
C/S，Client/Server model，主从式架构
CGI，Common Gateway Interface，公共网关接口
CML，Chemical Markup Language，化学标记语言
COM，Component Object Model，组件对象模型
CORBA，Common Object Request Broker Architecture，通用对象请求代理体系结构
CSCW，Computer Supported Cooperative Work，计算机支持协同工作
CSML，Cave Survey & Cave Map Markup Language，曲线地图标记语言
CSS，Cascading Style Sheets，层叠样式表
DC，Dublin Core，都柏林核心元数据
DLL，Dynamic Link Library，动态链接库
DLM，Digtial Landscape Model，数字景观模型
DOM，Document Object Model，文档对象模型
DOS，Disk Operating System，磁盘操作系统
DTD，Document Type Definition，文档类型定义
FAQ，Frequently Asked Questions，常见问题解答
FPS，Feature Portrayal Service，要素服务
GE，Google Earth，谷歌地球
Geographic Information Portrayal，地理信息一图示表达
GIS，Geographic Information System，地理信息系统
GPS，Global Positioning System，全球定位系统
GML，Geographic Markup Language，地理标记语言
GUI，Graphical User Interface，图形用户界面
HTML，Hyper Text Markup Language，超文本标记语言
ICA，International Cartographic Association，国际制图学协会
IDL，Interface Description Language，接口描述语言
IM，Instant Messenger，即时信息
ISO，International Organization for Standardization/International Standard Organized，国际标准化组织

JSON, JavaScript Object Notation,轻量级数据交换格式

KML, Keyhole Markup Language,Keyhole 标记语言

MapMML, MapMaking Markup Language, 地图制图标记语言

Mashup, 混搭, 糅合

Metadata, 元数据

MML, Map/Markup Language,地图标记语言

MS, Microsoft, 微软

MSN, Microsoft Service Network, 微软网络服务

NCGIA, The National Center for Geographic Information and Analysis, 美国国家地理信息与分析中心

OEM, Object Exchange Model, 对象交换模型

OGC, Open GIS Consortium, 开放地理信息系统协会

OLE, Object Linking and Embedding, 对象连接与嵌入

OSM, OpenStreetMap,开放的地图数据

OWL, Web Ontology Language,网络语言

P2P, Peer to Peer, 对等联网

PCDATA, Parsed Character Data, 被解析的字符数据

PGIS, Participation GIS, 参与地理信息系统

PPGIS, Public Participation GIS, 公共参与地理信息系统

Placemark, 地标

POI, Point Of Interests, 用户感兴趣的点

RIA, Rich Internet Applications, 丰富互联网应用程序

RDF, Resource Description Framework, 资源描述框架

REST, Representational State Transfer, 表述性状态转移式

RPC, Remote Procedure Call, 远程过程调用

RSS, Rich Site Summary,RDF (Resource Description Framework) Site Summary, Really Simple Syndication, 简易信息聚合

SAX, Simple API for XML,基于 XML 的文档解析标准

SGML, Standard Generalized Markup Language

SLD, Styled Layer Destribution, 样式化图层描述器

SMIL, Synchronized Multimedia Integration Language, 同步多媒体集成语言

SMML, Simple Map Markup Language,简单地图标记语言

SMS, Symbology Management Service, 符号表示管理服务

SNS, Social Network Sofwaret, 社会网络

SOA, Service Oriented Architecture, 面向服务的体系结构

SOAP, Simple Object Access Protocol, 简单对象访问协议

SSD, Semi-Structrued Data, 半结构化数据

SVG, Scalable Vector Graphics, 矢量图形标记语言

SWF, Shock Wave Flash,一种矢量 Flash 格式

Tag, 分类,开放分类, 大众分类,标签

UDDI, Universal Description, Discovery, and Integration, 统一描述、发现和集成

URI, Uniform Resource Identifier, 通用资源标志符

URL, Uniform Resource Locator, 统一资源定位符

VBA, Visual Basic for Applications, 一种 Visual Basic 宏语言

VGI, Volunteered Geographic Information, 民众自发提供的信息
UGC, User Generated Content, 用户贡献内容
UGGC, User Generated Geographic Content,用户贡献地理信息内容
WAP, Wireless Application Protocol, 无线应用协议
WS, Web Service, Web 服务
W3C, World Wide Web Consortium, 万维网联盟
WCS, Web Coverage Service, 网络覆盖服务
WebCGM, Web Computer Graphics Metafile
WFS, Web Feature Service, Web 要素服务
WGS, World Geodetic System, 世界大地坐标系
Wiki, 维基
WMS, Web Mapping Server, 网络制图服务
WSDL, Web Services Description Language, Web 服务描述语言
WWW, World Wide Web, 环球信息网
XML, eXtensible Markup Language,可扩展标记语言
XHTML, The Extensible Hyper Text Markup Language, 可扩展超文本标识语言
XSL, eXtensible Stylesheet Language, 扩展样式表语言
XSL－FO, XSL－Formatting Objects, 可扩展样式表语言格式化对象
XSLT, eXtensible Stylesheet Language Transformations, 扩展样式表转换语言

后　记

本书是从现有的网络 GIS 教程中延伸出来的，主要工作是将 Web 2.0 地理信息相关的内容独立出来，而弱化了传统的 Web GIS 或 Web 1.0 GIS 的内容，因此本书只是网络 GIS 的一部分。在写作过程中，使用最多的工具是网络查询，大部分的技术代码和知识分类来自于网络。这说明了 Web 2.0 地理信息技术作为网络信息技术的一部分，已经得到社会的广泛认可，将这些 Web 2.0 地理信息技术进行总结和归纳是本书写作的初衷。本书写作过程中参考了大量的资料，对本书参考文献中列出的作者和引用而没有列出的作者都表示由衷的感谢，感谢你们为本书的完稿提供的内容，更提供了对本书价值的有力支持。还要感谢我系地理信息系统专业的同行，包括崔巍、黄解军、詹云军、吴浩、俞燕、彭华等老师。此外，还要感谢我的爱人和女儿，她们为我的写作提供了时间保障。